Theiß
Sitzungsdienst des Staatsanwalts

Sitzungsdienst des Staatsanwalts

Vorbereitung – Verhandlung
Plädoyer

von

Dr. Christian Theiß

Richter am Amtsgericht Wunsiedel

2. Auflage

Verlag C. H. Beck München 2011

Verlag C. H. Beck im Internet:
beck.de

ISBN 978 3 406 61313 5

© 2011 Verlag C. H. Beck oHG
Wilhelmstraße 9, 80801 München
Druck: Nomos Verlagsgesellschaft
In den Lissen 12, 76547 Sinzheim

Satz: DTP-Vorlagen des Autors

Gedruckt auf säurefreiem, alterungsbeständigem Papier
(hergestellt aus chlorfrei gebleichtem Zellstoff)

Vorwort

Das vorliegende Büchlein richtet sich an Referendare und junge Staatsanwälte, die vor der Aufgabe stehen, erstmals als Vertreter der Staatsanwaltschaft vor Gericht die Anklage zu vertreten. Es will die möglicherweise bestehende Angst oder Nervosität mindern und anhand eines chronologischen Vorgehens – von der Sitzungsvorbereitung bis zum Verlassen des Sitzungssaales – dem Jungstaatsanwalt praktische Hilfestellungen geben. Dabei sollen praktische Hinweise für typischerweise in einer Hauptverhandlung auftretende Situationen und Fragestellungen im Vordergrund stehen. Dabei soll auch auf Problemkreise eingegangen werden, die mangels Examensrelevanz von Studium und Referendariat nicht bekannt sein dürften, in der Praxis aber häufig auftreten. Die Literaturhinweise beziehen sich vorwiegend auf die gängigen Kommentare zum StGB von *Fischer* und zur StPO von *Meyer-Goßner*, da Sie diese Werke aufgrund der Referendarzeit ohnehin besitzen dürften und so zur Vertiefung heranziehen können.

Selbstverständlich eignet sich dieses Büchlein auch zur Klausurvorbereitung für das Zweite Staatsexamen. Im Verlauf der Darstellung werden immer wieder spezielle Hinweise für die Klausurbearbeitung gegeben. Bei dieser wird zwar theoretisch ein praxistaugliches Plädoyer gefordert, die Ausführungen in der schriftlichen Examensarbeit müssen aber in aller Regel deutlich detaillierter ausfallen als im Sitzungsplädoyer. Denn in der Klausur muss letztlich dem Korrektor vorhandenes Wissen dargestellt werden.

Zu beachten ist, dass viele Fragen, die sich im Rahmen einer Hauptverhandlung stellen können kaum oder gar nicht examensrelevant sind, weil sie nicht Prüfungsstoff sind oder im Rahmen eines Klausurtextes nicht sinnvoll dargestellt werden können. Naturgemäß ist so z.B. das erste Kapitel, welches die Sitzungsvorbereitung behandelt, für Klausuren irrelevant.

Die Überschriften der für das schriftliche Examen in der Regel nicht relevanten Bereiche sind mit Sternchen gekennzeichnet. Ein Sternchen bedeutet, dass diese Fragen für den Referendar als Sitzungsvertreter gleichwohl relevant sein können. Zwei Sternchen bedeuten, dass die behandelte Problematik normalerweise nur für „Berufsstaatsanwälte", nicht jedoch für Referendare relevant werden kann.

Im Anhang finden Sie Sitzungsrenner sowie Kurzübersichten über ausgewählte Probleme der Sitzungsvertretung, die Sie kopieren können und die Ihnen möglicherweise in der Sitzung helfen.

Bei den nach der Lektüre dieses Büchleins noch verbleibenden Fragen helfen sicherlich der Ausbildungsstaatsanwalt oder die Kollegen weiter.

Die nun vorliegende zweite Auflage bringt die Darstellung auf den aktuellen Stand. Wesentliche Änderungen im Vergleich zur Vorauflage haben sich vor allem durch die zwischenzeitlich erfolgte gesetzliche Regelung der Verständigung im Strafprozess ergeben. Aufgrund der mit dieser Regelung verbundenen zahlreichen Probleme kann ich mir gut den Einbau der neuen Gesetzeskonstruktion in eine (Revisions-) klausur vorstellen. Das Kapitel über die Verständigung im Strafprozess ist daher im Gegensatz zur Vorauflage nun nicht mehr als „nicht klausurrelevant" eingestuft.

Über Hinweise, Fragen und Anregungen freue ich mich unter der Adresse jurakompakt@beck.de.

Wunsiedel, im März 2011 *Christian Theiß*

Inhaltsverzeichnis

Abkürzungsverzeichnis

StVO .... Straßenverkehrsordnung
u. .... und
u.a. .... unter anderem
u.U. .... unter Umständen
v.a. .... vor allem
vgl. .... vergleiche
VZR .... Verkehrszentralregister
z.B. .... zum Beispiel
ZStV .... Zentrales Strafverfahrensverzeichnis

Literaturverzeichnis

Bender, Rolf /
Nack, Armin /
Treuer, Wolf-Dieter

Tatsachenfeststellung vor Gericht. Glaubwürdigkeits- und Beweislehre, Vernehmungslehre, C. H. Beck, 3. Auflage, München 2007

Brunner, Rudolf /
Dölling, Dieter

Jugendgerichtsgesetz, de Gruyter, 11. Auflage, Berlin, New York 2002

Brunner, Raimund /
von Heintschel-Heinegg, Bernd

Staatsanwaltschaftlicher Sitzungsdienst, Luchterhand. 12. Auflage, München 2010

Eisenberg, Ulrich

Jugendgerichtsgesetz, C. H. Beck, 14. Auflage, München 2010

Fischer, Thomas

Strafgesetzbuch und Nebengesetze, C. H. Beck, 58. Auflage. München 2011

Huber, Michael

Das Strafurteil, C. H. Beck, 2. Auflage, München 2004

Jansen, Gabriele

Zeuge und Aussagepsychologie, C.F. Müller, Heidelberg 2004

Meyer-Goßner, Lutz

Strafprozessordnung, C. H. Beck, 54. Auflage, München 2011

Schmehl, Martin /
Vollmer, Walter /
Heidrich, Andreas

Die Assessorklausur im Strafprozess, C. H. Beck, 9. Auflage, München 2008

Schneider, Egon

Beweis und Beweiswürdigung, Franz Vahlen, 5. Auflage, München 1994

Solbach, Günter /
Klein, Herbert /
Auchter-Mainz, Elisabeth

Anklageschrift, Einstellungsverfügung, Dezernat und Plädoyer, Lange, 13. Auflage, Düsseldorf 2007

Kapitel 1. Die Vorbereitung*

Der Sitzungsdienst und das Plädoyer sind – bei sorgfältiger Vorbe- **1**
reitung – auch für Referendare und Berufsanfänger gut zu bewältigen.
Nur wenn Sie wissen, worum es im Verfahren geht, auf welche tatsächlichen und rechtlichen Probleme Sie sich einstellen müssen und
was Sie in etwa im Plädoyer sagen werden, können Sie konzentriert der
Hauptverhandlung folgen, eventuell erforderliche Nachfragen stellen
und auf Veränderungen der Sach- oder Rechtslage reagieren. Der Ver-
such, das Plädoyer und vielleicht gar noch den Akteninhalt erst in der
Verhandlung zu erarbeiten, ist gerade bei Anfängern zum Scheitern
verurteilt.

A. Das Aktenstudium

Da die Hauptakte mit der Anklage an das Gericht übersandt wird **2**
steht dem Staatsanwalt für die Sitzungsvorbereitung in der Regel nur
eine dünne Handakte zur Verfügung Diese enthält zumindest die
Anklageschrift bzw. den Strafbefehl, einen BZR[1]-Auszug, die Verfahrensliste, ggf. einen ZStV[2]-Auszug und einen leeren Sitzungsbericht.
Weitere Bestandteile der Handakte können sein: der Eröffnungsbeschluss des Gerichtes, die Terminsladung, ein Asservatenbogen und
Kopien aus der Hauptakte. Bei umfangreichen oder schwierigen Verfahren existiert neben der Handakte eine Zweitfertigung der Hauptakte.

I. Erfassen der Anklageschrift

Sehen Sie zunächst die Handakte daraufhin durch, ob eventuell wei- **3**
tere Verfahren hinzuverbunden wurden und demgemäß mehrere Anklageschriften vorliegen. Lesen Sie die(se) Anklageschrift(en) sorgfältig durch (dabei sollten Sie auch gleich „Angeschuldigten"[3] bzw. bei
einem Strafbefehl „Sie" durch „Angeklagten" ersetzen)[4] und überprü-

---

*Zur Bedeutung der Sternchen beachten Sie bitte das Vorwort.
[1] Bundeszentralregister.
[2] Zentrales Strafverfahrens Verzeichnis
[3] Im Folgenden wird aus sprachlichen Gründen (und weil die überwiegende
Zahl der Angeklagten männlich sind) nur die männliche Form verwendet.
[4] Beim Strafbefehl müssen dabei auch die Endungen der Verben angepasst
werden.

fen Sie, ob Ihnen der Sachverhalt tatsächlich und rechtlich klar ist. In den meisten Fällen wird dies kein Problem sein. Gelegentlich sind Anklageschriften aber etwas unglücklich formuliert. Sie sind dann zwar für den Sachbearbeiter und den Richter, die Kenntnis vom Inhalt der Hauptakte haben, nicht aber für den Sitzungsvertreter ohne weiteres verständlich. Insbesondere bei Beteiligung mehrerer Personen, z.b. im Rahmen einer Schlägerei, ist es wichtig, sich klar zu machen, wer was gemacht haben soll. Ist Ihnen der tatsächliche Sachverhalt nicht klar, schreiben Sie sich auf, was Ihnen in der Hauptverhandlung klärungswürdig erscheint. Dies ist unerlässlich, da Sie kein vernünftiges Plädoyer halten können, wenn Sie nicht verstanden haben, was eigentlich passiert ist.

4   Achten Sie beim Lesen der Anklageschrift auch insbesondere darauf, ob Asservate eingezogen werden müssen (§ 74 StGB), ein Entzug der Fahrerlaubnis angezeigt ist (§§ 69, 69a StGB) oder ein Fahrverbot verhängt werden muss (§ 44 StGB). Dies ist gelegentlich nur an der Angabe der entsprechenden Paragraphen ersichtlich.

> **Beispiele:** „[…] strafbar als vorsätzliches Fahren ohne Fahrerlaubnis gemäß §§ 21 I Nr. 1 StVG, 44 StGB" bedeutet, dass der Verfasser der Anklageschrift die Verhängung eines Fahrverbotes für erforderlich hält und der Sitzungsvertreter dies beantragen sollte.
>
> „[…] strafbar als vorsätzliches Fahren ohne Fahrerlaubnis gemäß §§ 21 I Nr. 1 StVG, 69a StGB" bedeutet, dass der Verfasser der Anklageschrift die Verhängung einer isolierten Sperrfrist für die Wiedererteilung der Fahrerlaubnis für erforderlich hält (ein Fahrerlaubnisentzug scheidet aus, da ja gemäß dem Tatvorwurf gerade keine Fahrerlaubnis besteht).

5 | **Hinweis:** Inzwischen unüblich, aber doch immer wieder anzutreffen ist die Angabe von Tateinheit oder Tatmehrheit mehrerer Delikte durch die Formulierungen „rechtlich zusammentreffend mit" (Tateinheit) oder „sachlich zusammentreffend mit" (Tatmehrheit).

II. Verfahrensliste, BZR und ZStV

6   BZR-Auszug, ZStV-Mitteilung und die Verfahrensliste geben Auskunft über das strafrechtliche Vorleben des Angeklagten.

7   Die **Verfahrensliste** weist die Ermittlungsverfahren aus, die bei Ihrer Staatsanwaltschaft bisher gegen den Angeklagten geführt wurden, sowie die Art der Erledigung.

Beispiel einer Verfahrensliste s. folgende Seite.

```
1.10.2010
StA Musterstadt
Verfahrensliste auf Grund manueller Anforderung

FamName:            Angeklagter
GebName:            Angeklagter
Vornamen:           Alfons
Anschrift:          Schuldturm 5
                    12345 Musterdorf
Staatsangeh.:       Deutschland
Geschl.:            männlich
GebOrt:             Musterdorf
GebLand:            Deutschland            GebDat: 1.1.1970
-----------------------------------------------------------------------
Beschuldigter
Az.:                247 Js 7777/10              Eing.: 14.9.2010
Tatvorw.:           Uneidliche Falschaussage nach § 153 StGB
Sachgebiet.:        99 – sonstige allgemeine Straftat
Tatzeit:            1.8.2010
Verf.Status:        anhängig
Herk.-Bh.:          PI Musterstadt
Herk.-Az.:          45678/7777-10/6

Beschuldigter
Az.:                110 Js 123/08               Eing.: 1.1.2008
Tatvorw.:           Betrug nach § 263 StGB
Sachgebiet.:        26 – Betrug und Unterschlagung
Tatzeit:            24.7.2007
Erledigt:           Einstellung nach § 170 II StGB
                                                Erl.Dat.: 15.1.2008
Verf.Status:        erledigt
Herk.-Bh.:          PI Musterstadt
Herk.-Az.:          12345/4567-08/9
-----------------------------------------------------------------------
E n d e der Verfahrensliste
```

So können Sie beispielsweise ersehen, ob gegen den Angeklagten **8** bereits wegen eines ähnlichen Deliktes ein Ermittlungsverfahren gemäß § 153 StPO oder § 153a StPO eingestellt wurde. In diesem Fall wird in der Hauptverhandlung in aller Regel eine Einstellung des neuen Verfahrens nach §§ 153, 153a StPO nicht mehr in Betracht kommen.

Des Weiteren können Sie ersehen, ob bezüglich weiterer Verfahren **9** gegen den Angeklagten nach §§ 154, 154a StPO im Hinblick auf das Ihnen vorliegende Verfahren vorläufig von der Strafverfolgung abgesehen wurde. Sollte es in der Hauptverhandlung nicht zu einer Verur-

teilung kommen, werden diese Verfahren wieder aufgenommen und
der Angeklagte hat dann in diesen Verfahren eine weitere Anklage und
Verurteilung zu erwarten. Dies kann in der Hauptverhandlung durchaus im Rahmen einer Verständigung relevant werden.

10   Der **BZR-Auszug** (Beispiel s. folgende Seite) weist die Vorstrafen
und Vorahndungen des Angeklagten aus. Staatsanwaltschaft und
Gericht erhalten dabei eine **unbeschränkte Auskunft**, § 41 BZRG.
Diese geht über das **Führungszeugnis** (§§ 30 ff. BZRG) hinaus. Während die in § 32 II BZRG aufgelisteten BZR-Eintragungen nicht in das
Führungszeugnis aufgenommen werden (so dass u.a. Geldstrafen bis
insgesamt 90 Tagessätze oder Freiheitsstrafen bis drei Monate nicht im
Führungszeugnis auftauchen) sind derartige Verurteilungen in der
unbeschränkten Auskunft enthalten und stellen auch verwertbare
Vorstrafen dar. Dieser Unterschied ist juristischen Laien oft nicht
bewusst. Es kann daher vorkommen, dass ein Angeklagter behauptet,
er sei nicht vorbestraft, weil in seinem Führungszeugnis keine Eintragungen enthalten sind. Dies kann und darf der Angeklagte außerhalb
der strafrechtlichen Hauptverhandlung berechtigt behaupten. Im Rahmen des Strafverfahrens sind jedoch alle tatsächlich vorhandenen
Vorstrafen und Eintragungen im BZR beachtlich.

11   Da allerdings nach Ablauf bestimmter Tilgungsfristen[5] Vorstrafen
aus dem BZR gelöscht werden kann es sein, dass auch ein strafrechtlich erheblich vorbelasteter Angeklagter ein „straffreies Vorleben" hat.
Ob dem tatsächlich so ist, können Sie anhand der Verfahrensliste und
des ZStV-Auszuges überprüfen, die auch frühere Ermittlungsverfahren
auflisten. Natürlich ist ein Angeklagter dessen BZR aufgrund der
Tilgung (wieder) leer ist als nicht vorbestraft zu behandeln. Die getilg-
ten oder auch nur tilgungsreifen Vorverurteilungen dürfen nicht mehr –
auch nicht mittelbar – zu seinen Lasten gewertet werden.

12   Wichtig für die Vorbereitung des Plädoyers ist es insbesondere, die
angeklagte Tat zeitlich im Verhältnis zu den im BZR aufscheinenden,
bereits abgeurteilten Taten einzuordnen. Maßgeblich ist dabei aus der
Anklage das Datum der Tatbegehung (nicht der Anklage), bei den
Eintragungen im BZR ist hingegen grundsätzlich das Datum der Verurteilung (nicht der Rechtskraft des Urteils) maßgeblich. Im Zweifel
sollten Sie einen Zeitstrahl anfertigen, um dann den BZR-Auszug
daraufhin zu überprüfen, ob eine nachträgliche Gesamtstrafbildung
möglicherweise in Betracht kommt (angeklagter Sachverhalt hat sich
zeitlich vor der letzten Verurteilung im BZR ereignet).[6]

---

[5] Siehe §§ 46 ff. BZRG.
[6] Siehe hierzu im Einzelnen Rn. 218 ff.

Auskunft des Bundeszentralregisters vom 1.10.2010

Nr. der Auskunft:	2222222-3458000000-22234323-AB-/-B888-X1234R
Empfänger der Auskunft:	Staatsanwaltschaft Musterstadt
Gesch-Nr. des Empfängers:	123 Js 2345/10
Verwendungszweck:	Strafverfahren gegen den Betroffenen

Auskunft aus dem Zentralregister und dem Erziehungsregister

Angaben zur Person des Betroffenen:

Geburtsname:	Schuldig
Familienname(n):	
Vorname:	Alfi
Geburtsdatum:	1.1.1970
Geburtsort:	Musterau
Staatsangehörigkeit:	deutsch
Anschrift:	Knaststr. 7, 55555 Einsam

Registerinhalt: **Das Register enthält 4 Eintragungen**

1. 2.7.2006 AG Hart
   A2343 1 Ds 22 Js 7899/05
   Rechtskräftig seit 2.7.2006
   Tatbezeichnung: Diebstahl in 3 Fällen
   Datum der (letzten) Tat: 4.5.2005
   Angewendete Vorschriften: § 242, § 53 STGB
   Geldstrafe 100 Tagessätze zu je 35 Euro

2. 4.10.2006 AG Musterstadt
   A2343 1 Ds 22 Js 19992/06
   Rechtskräftig seit 11.10.2006
   Tatbezeichnung: Diebstahl in 5 Fällen
   Datum der (letzten) Tat: 2.9.2006
   Angewendete Vorschriften: § 242, § 53, § 56 STGB
   6 Monat(e) Freiheitstrafe
   Bewährungszeit bis 4.10.2009
   Strafaussetzung widerrufen
   Strafrest zur Bewährung ausgesetzt bis 1.8.2011 durch
   Beschluß des Amtsgerichts Musterstadt vom 25.7.2008

3. 3.1.2008 AG Milde
   A2343 1 Ds 22 Js 22349/07
   Rechtskräftig seit 15.1.2008
   Tatbezeichnung: Betrug
   Datum der (letzten) Tat: 7.6.2007
   Angewendete Vorschriften: § 263, § 56 STGB
   2 Monat(e) Freiheitstrafe
   Strafvollstreckung erledigt am 1.4.2008

4. 5.5.2010 AG Milde
   A2343 1 Ds 22 Js 456/10
   Rechtskräftig seit 5.5.2010
   Tatbezeichnung: Fahrlässige Trunkenheit im Verkehr
   Datum der (letzten) Tat: 1.1.2010
   Angewendete Vorschriften: § 316 ABS. 1, ABS. 2, § 69,
   § 69 A STGB
   Geldstrafe 50 Tagessätze zu je 30 Euro, Sperre für die
   Wiedererteilung der Fahrerlaubnis bis 1.1.2011

Zudem kann dem BZR die Rückfallgeschwindigkeit,[7] die Anzahl
und Art der Vorstrafen, sowie eine gegebenenfalls bei Begehung der
angeklagten Tat offene Bewährung entnommen werden. Insbesondere
im Hinblick auf eine gegebenenfalls offene Bewährung müssen Sie den
BZR-Auszug sorgfältig prüfen. Eine laufende Bewährung bei Tatbegehung muss nicht aus der zeitlich letzten Verurteilung stammen. Es
können auch mehrere Bewährungen gleichzeitig laufen. Unter Umständen wurde eine Bewährung auch widerrufen, ein Teil der Strafe
verbüßt und der Strafrest (erneut) zur Bewährung ausgesetzt.

13   Aus der **ZStV-Mitteilung** (Beispiel s. folgende Seite) können Sie
Ermittlungsverfahren ersehen, die bei anderen Staatsanwaltschaften
geführt werden/wurden, sowie deren Erledigungsart. Diese Kenntnis
kann, wie bei der Verfahrensliste, wichtig sein für die Frage einer
eventuellen Einstellung der angeklagten Tat nach §§ 153, 153a StPO.
Zudem können Sie ersehen, ob gegen den Angeklagten weitere Strafverfahren laufen, die noch nicht angeklagt, noch nicht abgeurteilt oder
deren Ergebnis möglicherweise noch nicht an das BZR mitgeteilt sind.

III. Die übrigen Handaktenbestandteile

14   Neben für die Vorbereitung weniger wichtigen Unterlagen, wie z.B.
Terminsladungen, findet sich in der Handakte in der Regel der **Eröffnungsbeschluss** des Gerichtes, mit dem die Anklage zugelassen wird.
Gelegentlich wird das Verfahren nicht wie angeklagt, sondern abweichend eröffnet. Dies können Sie aus dem Eröffnungsbeschluss ersehen.
Die Anklage muss dann im Hauptverhandlungstermin entsprechend
dem abweichenden Eröffnungsbeschluss verlesen werden. In den
Fällen des § 207 II Nr. 1 und 2 StPO wird bei abweichender Eröffnung
eine neue Anklageschrift gefertigt, die in der Handakte liegt und entsprechend verlesen wird. Lediglich in den Fällen des § 207 II Nr. 3 und
4 StPO muss der Anklagesatz in der rechtlichen Würdigung bzw. bei
den tatsächlichen oder rechtlichen Gesichtspunkten entsprechend dem
abweichenden Eröffnungsbeschluss ergänzt werden. Um in der Verhandlung beim Verlesen der Anklageschrift nicht improvisieren zu
müssen, empfiehlt es sich, diese Änderungen bereits bei der Sitzungsvorbereitung per Hand in der Anklageschrift vorzunehmen.

15   Wenn die Sachlage schwierig ist, z.B. aufgrund divergierender Zeugenaussagen, finden sich häufig **Ablichtungen der Zeugenaussagen**
in der Handakte. Dann ist ein sorgfältiges Studium dieser Aussagen
erforderlich, um in der Hauptverhandlung gegebenenfalls zielgerichtet
nachfragen zu können.

---

[7] Zeitraum zwischen der letzten Verurteilung und Begehung der neuen Tat.

ZStV-Mitteilung	Berlin, den 1.10.2010
Empfänger: StA Musterstadt	

Zum Geschäftszeichen :	22 Js 41567/10
Zu Geschäftsstelle Nr. :	22 Referat Nr.: 223

Betroffene Person	
Familienname	: Mager
Geburtsname	: Mager
Vorname/n	: Karl-Heinz
Geschlecht	: männlich
Geburtsdatum	: 22.1.1976
Geburtsort	: Berlin
Staatsangehörigkeit	: deutsch
Anschrift	
Postleitzahl	: 55555
Ort	: Einsam
Straße	: Siedlungsstr.
Hausnummer	: 3

Mitteilungsgrund: **Auskunft aufgrund eines Neueintrags**	**Zu dieser Person existieren folgende von anderen Behörden gemeldete Vorgänge:**

Zur obigen Person existieren die folgenden 1 Verfahren:

1. Verfahren zur Person

Personendaten:

Familienname	: Mager
Geburtsname	: Mager
Anschrift	
Postleitzahl	: 55555
Ort	: Einsam
Straße	: Siedlungsstr.
Hausnummer	: 3

Verfahrendaten:

Behörde	: StA Meierdorf
Aktenzeichen	: 222 Js 567776/09
Datum der Einleitung	: 3.4.2009
Polizeidienststelle	: PD Meiershausen
Tatvorwurf	
Straftat	: Betrug nach § 263 StGB
Tatzeit von/am	: 1.4.2009
Verfahrensstand	
Datum der Erledigung	: 1.6.2009
Erledigungsart	: Einstellung ohne Auflagen gemäß § 153 StPO (Geringfügigkeit)

16   Zur Klärung des tatsächlichen Geschehens kann auch ein Sachverständiger bereits im Ermittlungsverfahren eingeschaltet worden sein, z.b. bei einer Trunkenheitsfahrt im Bereich der relativen Fahruntüchtigkeit oder etwa zur Beantwortung der Frage, ob bei einem unerlaubten Entfernen vom Unfallort der Unfall bemerkbar war. Eine Kopie des schriftlichen **Sachverständigengutachtens** befindet sich dann in der Regel in der Handakte. Um den gleichen Wissensstand wie der Verteidiger zu haben, sollten Sie nicht nur die Zusammenfassung, sondern das gesamte Gutachtens sorgfältig lesen.

17   Ist die Schuldfähigkeit des Angeklagten fraglich kann die Handakte eine Ablichtung eines **Schuldfähigkeitsgutachtens** enthalten. Steht nach dem Gutachten Schuld*un*fähigkeit oder verminderte Schuldfähigkeit im Raum muss besonderes Augenmerk darauf gerichtet werden, ob eine Unterbringung nach den §§ 63, 64 StGB in Betracht kommt.[8] Hierzu enthält das Gutachten in der Regel bereits Ausführungen. Da aber der Gutachter nur Angaben zu den medizinischen Voraussetzungen der Unterbringung machen kann, zusätzlich jedoch rechtliche Fragen zu beantworten sind, müssen Sie sich, sollte das Gutachten eine Unterbringung befürworten, auf diese Problematik vorbereiten.

18   Sind noch Beweismittel sichergestellt befindet sich in der Handakte ein **Asservatenbogen** bzw. **Asservatenverzeichnis**, auf welchem die Beweismittel aufgelistet sind. Sie müssen dann prüfen, ob diese Gegenstände nach Verfahrensabschluss wieder herausgegeben werden können oder ob sie eingezogen werden müssen (z.B. Rauschgift, verbotene Waffen, Einbruchswerkzeug, Handys, die zur Tatbegehung verwendet wurden). Dies müssen Sie auf Ihrem Sitzungsrenner unbedingt vermerken und dürfen, falls der Angeklagte sich nicht mit der form- und entschädigungslosen Einziehung einverstanden erklärt, auf keinen Fall in der Sitzung vergessen, die Einziehung zu beantragen. Nachträglich kann die Einziehung nur im Rechtsmittelweg, nach Rechtskraft des Urteils gar nicht mehr nachgeholt werden.

19   Schließlich befindet sich in der Handakte noch ein Formblatt für die Erstellung eines Sitzungsberichtes. Dieser **Sitzungsbericht** muss am Ende des Hauptverhandlungstermines ausgefüllt werden. Im Rahmen der Vorbereitung können Sie lediglich die „Rahmendaten" ausfüllen (Aktenzeichen, Datum des Hauptverhandlungstermines, Kenntnisnahmevermerk für Sachbearbeiter).

---

[8] Siehe hierzu Rn. 304 ff.

B. Vorbereitung des Plädoyers

I. Erstellung eines Renners

Die Erstellung eines Renners ist fast unerlässlich. Beispiele für ei- **20** nen solchen Renner finden Sie im Anhang. Sie können diese überneh- men oder sich eigene Muster erstellen Bereits bei der Vorbereitung können Sie dort Gesichtspunkte eintragen, die Sie in der Hauptver- handlung fragen oder im Plädoyer ansprechen wollen. Insbesondere Strafzumessungsgesichtspunkte, die schon aus der Handakte ersichtlich sind, sollten Sie bereits vermerken.

Der nicht zu unterschätzende Vorteil eines solchen Renners ist, dass Sie wesentliche Aspekte für die Verhandlung und das Plädoyer über- sichtlich notiert haben und in der Verhandlung neu auftretende Ge- sichtspunkte ebenfalls übersichtlich einfügen können. Dadurch wird die Gestaltung des Plädoyers erheblich erleichtert.

II. Vorüberlegung des Strafantrages

Teil der Sitzungsvorbereitung ist, dass Sie sich überlegen, welche **21** Strafe Sie voraussichtlich beantragen werden. Dabei handelt es sich natürlich nur um eine Vorüberlegung, die gegebenenfalls in der Haupt- verhandlung noch zugunsten oder zu Lasten des Angeklagten ange- passt werden muss. Da aber viele Strafzumessungsgesichtspunkte[9] bereits aus der Handakte ersichtlich sind, ergeben sich in der Sitzung nur gelegentlich neue Erkenntnisse, die – den Tatnachweis vorausge- setzt – zu einer spürbaren Abänderung des vorüberlegten Strafantrages führen.

Anders kann dies vor allem in Vefahren vor dem Jugendgericht **22** sein. Da dort der Erziehungsgedanke im Vordergrund steht und die Bandbreite der möglichen Sanktionen weiter gestreut ist als im Er- wachsenenstrafrecht, müssen Sie Ihren vorüberlegten Strafantrag hier immer nochmals kritisch überprüfen, wenn Sie einen Eindruck von der Person des Angeklagten erhalten haben.

Prüfen Sie bei der Vorbereitung des Strafantrages auch unbedingt, **23** ob Sie nicht Nebenstrafen oder Maßregeln der Besserung und Siche- rung übersehen haben (Fahrverbot, Fahrerlaubnisentzug usw.).

Bei komplexeren Strafanträgen, z.B. bei einer nachträglichen Ge- **24** samtstrafenbildung kann es sich empfehlen, bereits den zusammenfas- senden Antrag (nicht jedoch das komplette Plädoyer!) auszuformulie- ren, um in der Sitzung nicht über die Formulierung zu stolpern.

---

[9] Siehe hierzu Rn. 178 ff.

Kapitel 2. Die Hauptverhandlung

Die §§ 226–275 StPO regeln die Hauptverhandlung, wobei v.a. die **25**
§§ 243, 244 und 258 StPO einen guten Eindruck über den Ablauf bis
zum Plädoyer des Staatsanwalts geben.

Die Richtlinien für das Straf- und Bußgeldverfahren (RiStBV)[10]
widmen sich in den Nummern 123–145 der Hauptverhandlung, wobei
speziell die Nummern 123, 124 II, 127, 128, 130 S. 2 HS 2, 130a–131a,
133, 135 IV, 136, 138 und 139 sich mit den Aufgaben und Pflichten
des Staatsanwaltes im Rahmen der Hauptverhandlung befassen. Dabei
handelt es sich natürlich nicht um eine vollumfängliche Anleitung zum
Verhalten in der Hauptverhandlung, die Lektüre dieser Richtlinien gibt
aber einen guten Eindruck davon, was der Staatsanwalt in der Hauptverhandlung alles zu beachten hat.

A. Die Rolle des Staatsanwaltes*

Weit verbreitet ist die Ansicht, dass der Staatsanwalt als „scharfer **26**
Hund" nur belastende Beweise sucht und vorlegt, entlastende Umstände kaum oder gar nicht sieht oder sehen will und es ihm vor allem um
eine möglichst harte Verurteilung des Angeklagten geht. Dieses Bild
wird regelmäßig durch Gerichtsfernsehsendungen und (vor allem US-
amerikanische)[11] Spielfilme gestärkt. Mit eben dieser Vorstellung im
Hinterkopf werden viele Angeklagte und – falls vorhanden – Zuschauer den Sitzungsstaatsanwalt sehen.

Diese Vorstellung von der Rolle des Staatsanwalts im (deutschen) **27**
Strafprozess ist falsch. Die Staatsanwaltschaft als „objektivste Behörde
der Welt" muss bereits vor Anklageerhebung alle für und gegen die
Täterschaft des Angeklagten sprechenden Umstände von Amts wegen
ermitteln und, wenn eine Täterschaft nicht nachweisbar ist, das Verfahren einstellen. Anklage wird nur bei hinreichendem Tatverdacht erhoben. Im Verlauf der Sitzung ist der Staatsanwalt Garant für die Einhal-
tung des Gesetzes.[12] Zudem muss er darauf hinwirken, dass nicht nur
die Tat wahrheitsgemäß aufgeklärt wird,[13] sondern auch *alle* Umstände

---

[10] Diese finden Sie bei *Meyer-Goßner*, StPO, im Anhang 12.

[11] Wobei dies nicht unwesentlich durch das vom kontinentaleuropäischen
Rechtssystem abweichende anglo-amerikanische Rechtssystem und die damit
anders ausgestaltete Stellung des Staatsanwalts im Strafprozess begründet ist.

[12] Nr. 127 I RiStBV.

[13] Siehe etwa auch Nr. 128 II RiStBV.

erörtert werden, die für die Strafzumessung relevant sind.[14] Bei auftauchenden Zweifeln an der Täterschaft des Angeklagten muss er diesen durch z.B. Nachfragen bei den Zeugen oder durch entsprechende Beweisanträge nachgehen. Das Plädoyer schließlich sollte einen Antrag enthalten, der idealerweise dem entspricht, was der Staatsanwalt an der Stelle des Richters als Urteil ausprechen würde und dem das Gericht in seiner Entscheidung auch (möglichst) folgt.

28   Richtig kann ein nachdrückliches Auftreten des Sitzungsvertreters jedoch bei sich ungebührlich verhaltenden Angeklagten oder offensichtlich lügenden Zeugen sein.[15] Zwar obliegt die Sitzungsleitung dem Gericht, in bestimmten Fällen ist es aber angezeigt, dem Angeklagten oder einem Zeugen zu verdeutlichen, wo seine Grenzen sind bzw. in welche Lage er sich mit einer Falschaussage manövriert.[16]

29   Insbesondere im Verfahren gegen Jugendliche ist es gelegentlich notwendig, diesen klarzumachen, dass die Verhandlung keine Unterhaltungsveranstaltung für den Angeklagten ist. Auch wenn dann die Strafe milder ausfällt oder das Verfahren eingestellt wird, besteht zumindest die Chance, dass klare Worte beim Angeklagten einen Denkprozess in Gang setzen.

30   Erklärbar ist die geschilderte (Außen-)Wahrnehmung des Staatsanwaltes insoweit, als der Staatsanwalt nicht der Verteidiger des Angeklagten ist. Seine Aufgabe ist es daher nicht, den Angeklagten in Schutz zu nehmen oder nur zu dessen Gunsten sprechende Gesichtspunkte zu suchen. Vielmehr muss er auch Belastendes vorbringen. Da er eine Anklage vertritt, die nach Auswertung der Ergebnisse des Ermittlungsverfahrens verfasst und vor Zulassung nochmals durch das Gericht geprüft wurde, spricht nach Aktenlage vieles dafür, dass der Angeklagte tatsächlich die angeklagte Tat begangen hat. Freisprüche in der Hauptverhandlung sind daher deutlich seltener, als dies z.B. die einschlägigen Fernsehsendungen suggerieren. Als Sitzungsvertreter wird der Staatsanwalt daher in aller Regel einen Antrag auf Verurteilung des Angeklagten stellen. Es ist indes nicht ausgeschlossen, dass sich in der Verhandlung aufgrund der Beweisaufnahme die (Beweis-) Situation anders darstellt, als bei Anklageerhebung. Dann darf der Sitzungsstaatsanwalt hiervor nicht die Augen verschließen.

31   Schließlich hat der Staatsanwalt bei seinem Plädoyer auch die Möglichkeit, von verschiedenen – nach dem Ergebnis der Hauptverhandlung sachgerechten – Sanktionen die härtere Strafe zu fordern, wenn er diese für erforderlich hält. Kommt beispielsweise eine Freiheitsstrafe

---

[14] Nr. 127 I RiStBV.
[15] Siehe hierzu auch Nr. 128 RiStBV.
[16] Siehe auch Nr. 136 RiStBV beim Verdacht auf eine Falschaussage.

sowohl mit als auch ohne Bewährung in Betracht, kann der Staatsanwalt durchaus eine Freiheitsstrafe ohne Bewährung fordern, selbst wenn er letztlich auch eine vom Gericht verhängte Bewährungsstrafe akzeptieren sollte. Wichtig ist indes, dass auch der härtere Strafantrag wirklich vertretbar und sachgerecht sein muss. Hüten sollte man sich davor, „irgend etwas" zu beantragen, um „Eindruck" auf den Angeklagten zu machen. Zum einen ist es ausgesprochen peinlich, wenn der Strafantrag des Staatsanwaltes völlig überzogen erscheint. Zum anderen ist auch der Staatsanwalt zur Objektivität und Hinwirkung auf eine sachgerechte Entscheidung verpflichtet.

In dem aufgezeigten Rahmen zwischen „objektivstem" und „parteiischem" Prozessbeteiligten agiert der Sitzungsstaatsanwalt. Es bleibt **32** dabei dem persönlichen Stil überlassen, ob Sie mehr den einen oder den anderen Aspekt betonen. Stets bedenken sollten Sie allerdings, dass es sich auch bei den Angeklagten um Menschen handelt, deren Würde unantastbar ist. Meines Erachtens sollten Sie daher zwar in der Sache hart, im Stil aber verbindlich auftreten. Nur ausnahmsweise sollten Sie auch mal „auf den Tisch schlagen", wenn es anders nicht geht. Vermeiden sollten Sie unnötige Provokationen und Eskalationen. Auch sollten Sie sich von Verteidigern oder Angeklagten nicht provozieren lassen. Denn weder trägt dies zur Verbesserung der Verhandlungsatmosphäre teil, noch erhöht es die Chance, dass der Angeklagte das Urteil akzeptiert.

B. Das Betreten des Sitzungssaales*

Der Sitzungsvertreter hat die Pflicht, bereits vor dem Erscheinen des **33** Gerichtes im Sitzungssaal anwesend sein.[17] Er hat während der gesamten Hauptverhandlung und bereits vor Betreten des Sitzungssaales alles zu vermeiden, was den Anschein einer unzulässigen Einflussnahme auf das Gericht erwecken könnte.[18] Deshalb soll z.B. der Sitzungssaal nicht zusammen mit dem Richter, ggf. noch in ein Gespräch vertieft, betreten werden. Auch sollten Sie selbstverständlich den Richter in Anwesenheit des Angeklagten stets Siezen, auch wenn Sie ansonsten mit diesem ggf. per Du sein sollten. Gleiches gilt übrigens auch für Verteidiger oder Nebenklägervertreter. Andernfalls erwecken Sie beim Angeklagten doch allzu schnell unzutreffende Vermutungen nach dem Motto: „Die kennen sich doch und haben eh' alles abgesprochen."[19]

---

[17] Nr. 124 II RiStBV.

[18] Nr. 123 RiStBV.

[19] Dass Staatsanwalt und Richter in der Praxis tatsächlich mitunter *sehr* unterschiedliche Ansichten über einen Fall haben, werden Sie bald feststellen!

34   Beim Betreten des Sitzungssaales empfiehlt es sich, bereits anwesende Personen kurz zu begrüßen. Sie können auch den Angeklagten grüßen. Ich rate aber davon ab, auf Anwesende zuzugehen und per Handschlag begrüßen. Sie müssen sich nicht andienen. Andererseits spricht nichts dagegen, sollte der Verteidiger zu Ihnen an den Tisch treten, um Sie per Handschlag zu begrüßen, diese Begrüßung anzunehmen.

35   Beim Erscheinen des Gerichtes erheben sich alle Anwesenden, auch der Staatsanwalt, bis das Gericht Platz genommen hat.[20]

C. Der Aufruf der Sache*

36   Bei Aufruf der Sache werden, soweit nicht schon anwesend, der bzw. die Angeklagten und Zeugen in den Sitzungssaal gerufen. Zu diesem Zeitpunkt sollten Sie kurz überprüfen, ob Sie die richtige Handakte aufgeschlagen haben. Bei mehreren Angeklagten werden diesen nun ggf. die Plätze zugewiesen. Sie sollten sich notieren, welcher Angeklagte wo sitzt, um später nicht durcheinander zu kommen.

I. Nichterscheinen eines Zeugen*

37   Sofern ein ordnungsgemäß[21] geladener Zeuge unentschuldigt[22] nicht erschienen ist, können Sie sich bereits überlegen, in welcher Höhe Sie ein Ordnungsgeld (üblicherweise ca. 150–300 €) und ersatzweise Ordnungshaft (üblicherweise 3–4 Tage) nebst Kostenauferlegung beantragen, sollte der Zeuge auch im weiteren Verlauf der Sitzung nicht mehr eintreffen.

> **Formulierungsbeispiel:** *„Ich beantrage, gegen den nicht erschienenen Zeugen ein **Ordnungsgeld** in Höhe von 150 Euro, ersatzweise 3 Tage Ordnungshaft, festzusetzen und dem Zeugen die durch sein Ausbleiben entstandenen **Kosten** aufzuerlegen, § 51 I StPO."*

38   Wurde gegen einen Zeugen bereits in einem früheren Termin wegen unentschuldigten Ausbleibens ein Ordnungsgeld festgesetzt, ist zu beachten, dass Ordnungsgeld gegen einen Zeugen insgesamt nur zwei Mal verhängt werden kann, § 51 I 4 StPO. Ist die Verhängung eines weiteren Ordnungsgeldes aus diesem Grund nicht zulässig, bleibt die Möglichkeit, einen Vorführbefehl zu beantragen, § 51 I 3 StPO.

---

[20] Nr. 124 II RiStBV.
[21] Zu den Voraussetzungen hierfür siehe *Meyer-Goßner*, StPO, § 51 Rn. 2.
[22] Zu den Anforderungen an eine genügende Entschuldigung s. *Meyer-Goßner*, StPO, § 51 Rn. 10 ff.

Erscheint ein Zeuge, gegen den in einem früheren Termin wegen **39**
unentschuldigtem Nichterscheinens ein Ordnungsgeld verhängt wurde
und bringt dieser eine nachträgliche Entschuldigung für sein Ausblei-
ben vor, ist die **Aufhebung** des Ordnungsgeldbeschlusses nur dann
zwingend zu beantragen, wenn die Entschuldigung ausreichend ist und
der Zeuge glaubhaft macht, dass ihn an der Verspätung der Entschuldigung kein Verschulden trifft, § 51 II 3 StPO.[23] Ist die Entschuldigung
zwar ausreichend aber verschuldet verspätet, wird in der Praxis
gleichwohl häufig der Ordnungsgeldbeschluss aufgehoben. Hier müssen Sie sich erkundigen, wie dies in Ihrem Bezirk gehandhabt wird.

II. Nichterscheinen des Angeklagten*

Sofern der ordnungsgemäß[24] geladene Angeklagte unentschuldigt **40**
nicht erschienen und seine Anwesenheit nicht ausnahmsweise entbehrlich[25] ist, wird der Richter in der Regel zunächst ca. 15 Minuten zuwar-
ten. Danach ist über das weitere Vorgehen zu entscheiden.

1. Antrag auf Verwerfung des Einspruchs

Findet der Hauptverhandlungstermin aufgrund Einspruches gegen **41**
einen Strafbefehl statt, kann sich der Angeklagte durch einen schriftlich bevollmächtigten Rechtsanwalt vertreten lassen, § 411 II StPO.
Die schriftliche Vollmacht muss allerdings bereits bei Verhandlungs-
beginn vorliegen[26] und ausdrücklich auch die Vertretung in Abwesenheit des Angeklagten umfassen. Die allgemeine Verteidigervollmacht
genügt hierfür nicht.[27]

Liegt eine derartige Vertretung, die eine Verhandlung auch in Ab- **42**
wesenheit des Angeklagten ermöglicht, *nicht* vor, beantragt der Sitzungsstaatsanwalt gemäß §§ 412 S. 1, 329 I 1 StPO,

> *„den Einspruch des Angeklagten zu verwerfen."*

---

[23] Siehe hierzu auch die Kommentierung bei *Meyer-Goßner*, StPO, § 51
Rn. 10–12 und 25 f.

[24] Siehe §§ 216, 217 StPO.

[25] Wichtig ist vor allem § 411 II StPO im Strafbefehlsverfahren; zu weiteren
Ausnahmen siehe §§ 232, 233 und 387 I StPO, sowie § 329 II StPO im Berufungsverfahren (hierzu in Kapitel 4).

[26] *Meyer-Goßner*, StPO, § 411 Rn. 5 m.w.N.: Eine spätere schriftliche Bestä-
tigung einer mündlichen Vollmacht genügt nicht.

[27] *Meyer-Goßner*, StPO, § 234 Rn. 5 m.w.N.

2. Antrag auf Übergang in das Strafbefehlsverfahren

43   War Anklage erhoben, kann der Staatsanwalt im Verfahren vor dem Strafrichter oder dem Schöffengericht unter den Voraussetzungen der §§ 407, 408a StPO den Übergang in das Strafbefehlsverfahren beantragen.[28] Nr. 175a RiStBV sowie die Kommentierung bei *Meyer-Goßner*, StPO, § 408a Rn. 1 nennen einige Fallgestaltungen, in denen ein solcher Übergang in das Strafbefehlsverfahren namentlich in Betracht kommt. Maßgeblich sind in der Regel Verhältnismäßigkeitserwägungen. Der Antrag kann in der Sitzung mündlich oder schriftlich gestellt werden, § 408a StPO. Da allerdings der Sitzungsstaatsanwalt im Sitzungssaal in der Praxis keinen kompletten Strafbefehl schriftlich erstellen kann, wird er mündlich den Antrag stellen, ins Strafbefehlsverfahren überzugehen und die Akten zur Erstellung eines Strafbefehls an die Staatsanwaltschaft zurückzuleiten. Die für den Strafbefehlsantrag beabsichtigte Rechtsfolge muss er aber bereits in der Sitzung benennen.

> **Formulierungsbeispiel:** *„Ich beantrage, ins Strafbefehlsverfahren überzugehen und gegen den Angeklagten wegen der angeklagten Tat eine Geldstrafe von 40 Tagessätzen zu je 30 € zu verhängen."*

Der Antrag des Staatsanwaltes wird dann mitsamt der beantragten Rechtsfolge protokolliert und der Rest im Büroweg erledigt.

3. Antrag auf Erlass eines Vorführ-/Haftbefehles

44   Ist Anklage erhoben und kommt ein Übergang in das Strafbefehlsverfahren nicht in Betracht, stellt sich die Frage nach einem Antrag auf Vorführung des Angeklagten bzw. Erlass eines Sitzungshaftbefehles. Aus Verhältnismäßigkeitsgründen ist regelmäßig ein **Vorführbefehl** nach § 230 II Alt. 1 StPO ausreichend, aufgrund dessen der Angeklagte – wenn zeitlich möglich – sofort oder zu einem neu anzuberaumenden Hauptverhandlungstermin vorgeführt wird.

45   Ist eine Vorführung nicht möglich[29] oder bereits einmal gescheitert, beantragt der Staatsanwalt einen **Sitzungshaftbefehl** nach § 230 II

---

[28] Dies gilt auch im beschleunigten Verfahren nach §§ 417 ff. StPO, s. § 418 III 3 StPO.

[29] Etwa weil der Angeklagte im Ausland wohnt. Da der Vorführbefehl die Festhaltung des Angeklagten nur im zeitlichen Rahmen des § 135 S. 2 StPO ermöglicht (dazu *Welp*, JR 91, 270), ist auch bei einem Wohnort in einem anderen Bundesland die Vorführung nicht möglich. Da die Landespolizei jeweils nur für den Transport in ihrem Bundesland zuständig ist, kann eine Verschubung durch mehrere Länder in aller Regel nicht innerhalb von 1-2 Tagen erfolgen.

Alt. 2 StPO zu erlassen. Voraussetzung für den Erlass ist nur das nicht (oder nicht ausreichend) entschuldigte Fernbleiben des Angeklagten; ein Haftgrund nach den §§ 112, 112a StPO muss nicht vorliegen.[30]

Im **beschleunigten Verfahren** nach den §§ 417 ff. StPO darf ein **46** Haftbefehl jedoch in der Regel nicht erlassen werden.[31] Möglich ist hier nur eine Vorführung. Kommt eine solche nicht in Betracht, kann nach § 419 III StPO das Hauptverfahren eröffnet werden, in dessen Rahmen – sollte der Angeklagte zum nächsten Hauptverhandlungstermin erneut nicht erscheinen – dann ein Sitzungshaftbefehl erlassen werden kann.

D. Die Feststellung der Personalien*

Ist der Angeklagte erschienen, werden zunächst vom Richter dessen **47** Personalien festgestellt. Die Personalien umfassen den Namen, Ort und Tag der Geburt, Staatsangehörigkeit, Familienstand, Beruf und Anschrift. **Nicht** zu den Personalien gehören Angaben zu den persönlichen und wirtschaftlichen Verhältnissen (Einkommen, Kinder u.a.). Die Ermittlung dieser Umstände erfolgt erst in der Vernehmung des Angeklagten zur Sache.[32] Nachfragen zu den Personalien von Seiten der Staatsanwaltschaft werden nur in Ausnahmefällen erforderlich sein. Abweichungen von den in der Anklage enthaltenen Personalien sollten allerdings in der Handakte vermerkt werden.

Wird der Angeklagte aus der Haft vorgeführt, erhalten Sie – je nach **48** Gepflogenheit an Ihrem Einsatzort[33] – von den Vorführbeamten einen **Vorführbericht**. Diesen müssen Sie am Ende der Sitzung sorgfältig ausgefüllt an die Vorführbeamten zurückgeben, wobei Sie vor allem darauf achten müssen, das Ergebnis der Verhandlung einzutragen.

E. Das Verlesen des Anklagesatzes*

Nach der Feststellung der Personalien des Angeklagten wird die An- **49** klage verlesen. Manche Richter stellen jedoch zuvor fest, dass und von wann eine Anklageschrift vorliegt, wann diese zugestellt wurde und wann die Ladungen zum Hauptverhandlungstermin erfolgten. Andere Richter fordern den Staatsanwalt unmittelbar nach der Personalienfest-

---

[30] *Meyer-Goßner*, StPO, § 230 Rn. 21.
[31] *OLG Hamburg* NStZ 83, 40.
[32] *Meyer-Goßner*, StPO, § 243 Rn. 12.
[33] Bei manchen Gerichten wird der Vorführbericht vom Richter ausgefüllt.

stellung auf, den Anklagesatz zu verlesen und treffen die erwähnten Feststellungen im Anschluss. Der Sitzungsstaatsanwalt muss daher bei jedem Richter neu darauf achten, wann er „an der Reihe" ist.

50 Zum Verlesen des Anklagesatzes erhebt sich der Staatsanwalt von seinem Platz. Verlesen wird *nur* der zur Last gelegte Sachverhalt einschließlich der rechtlichen Würdigung und der Paragraphenangaben. D.h. verlesen wird aus der Anklage bzw. dem Strafbefehl von „*Die Staatsanwaltschaft legt aufgrund Ihrer Ermittlungen dem Angeklagten folgenden Sachverhalt zur Last: [...]* " bis „*[...] strafbar als [z.B.] Diebstahl gemäß § 242 StGB.* " Nicht verlesen werden der Kopf der Anklage, die Liste der Beweismittel und das wesentliche Ergebnis der Ermittlungen.

51 Beim Verlesen wird „Angeschuldigter" durch „Angeklagter" ersetzt. Beim Strafbefehl wird statt „Sie" ebenfalls „Angeklagter" gelesen, wobei auch die Verben an die dritte Person Singular angepasst werden müssen. Dies sollte bereits bei der Vorbereitung erfolgt sein.

52 Ist die Anklage mit Änderungen zugelassen worden, ist sie entsprechend diesen Änderungen zu verlesen.[34]

53 Sind mehrere Anklagen zu verlesen, sollte nach dem Verlesen der ersten Anklageschrift zu den weiteren übergeleitet werden.

> **Formulierungsbeispiel:** „*Des Weiteren liegt dem Angeklagten noch Folgendes zur Last: [...]* "

F. Die Vernehmung des Angeklagten zur Sache*

54 Ist der Angeklagte nach Belehrung, dass es ihm frei steht sich zur Anklage zu äußern oder nichts zur Sache auszusagen, § 243 IV 1 StPO, bereit, Angaben zu machen, befragen manche Richter zunächst zu den **persönlichen Verhältnissen**, d.h. v.a. zu Werdegang, beruflicher Situation, Einkommens- und Vermögensverhältnissen, eventuellen Unterhaltspflichten usw. Sie sollten sich dann gleich entsprechende Aufzeichnungen machen, insbesondere hinsichtlich der Einkommens- und Familienverhältnisse (Unterhaltspflichten), um die Informationen für eine eventuelle Berechnung der Tagessatzhöhe zu nutzen. Andere Richter wiederum warten mit der Feststellung dieser Umstände bis zum Ende der Beweisaufnahme.[35]

---

[34] Siehe oben Rn. 14.
[35] Siehe Rn. 106.

Sodann kann der Angeklagte seine Sicht der Dinge schildern. Befindet **55**
sich in der Handakte eine frühere **Einlassung des Angeklagten** sollten
Sie abgleichen, ob diese mit den in der Hauptverhandlung geäußerten
Angaben übereinstimmt. Sollten gravierende Abweichungen vorliegen
oder gar eine gänzlich andere Einlassung erfolgen, müssen Sie, wo möglich, die Diskrepanz aufklären. Ein (häufiger) Wechsel der Einlassung
begründet allemal Zweifel an deren Wahrheitsgehalt, denen in der Beweisaufnahme nachgegangen werden muss.

Vom Angeklagten behauptete Umstände, die seine Strafbarkeit aus- **56**
schließen oder die Schuld mildern können sollten Sie notieren, da diese
im Verlauf der Beweisaufnahme – z.B. durch Vernehmung von Zeugen – überprüft werden müssen.

Nachdem der Angeklagte seine Ausführungen abgeschlossen hat **57**
wird er in der Regel ergänzend vom Richter befragt. Danach hat auch
der Staatsanwalt die Möglichkeit, nicht die Pflicht, Fragen zu stellen.
Meist werden alle relevanten Aspekte bereits vom Richter abgefragt.

Für die Fragetechnik gilt das Gleiche, wie bei der Befragung von
Zeugen.[36] Einlassungen des Angeklagten sollten Sie kritisch gegenü-
berstehen. Der Angeklagte hat nämlich das Recht zu lügen, weshalb
weder ein Bestreiten der Tat noch ein Geständnis der Wahrheit entsprechen müssen. Es kommt auch in der Praxis vor, dass ein Angeklagter die Schuld auf sich nimmt um einen Bekannten zu schützen.

G. Die Beweisaufnahme

Nach der Vernehmung des Angeklagten folgt die Beweisaufnahme **58**
(§ 244 I StPO). Dabei ist das Gericht von Amts wegen verpflichtet, zur
Erforschung der Wahrheit alle Tatsachen und Beweismittel einzubeziehen, die für die Entscheidung von Bedeutung sind (Amtsaufklärungspflicht), § 244 II StPO. Im Rahmen des § 245 StPO sind grundsätzlich alle präsenten Beweismittel in die Beweisaufnahme einzubeziehen. Nachdem dies erfolgt ist, kann sich die Frage stellen, ob weitere Beweiserhebungen notwendig sind und hierzu entsprechende Beweisanträge gestellt werden müssen.

Beweismittel im Strafverfahren sind Zeugen, Sachverständige, Augenschein sowie Urkunden und andere Schriftstücke.[37]

---

[36] Siehe sogleich Rn. 61 ff.
[37] *Meyer-Goßner*, StPO, Einl. Rn. 49.

I. Zeugenvernehmung

59   Der Zeuge ist ein persönliches Beweismittel, d.h. eine Beweisperson, die in einem nicht gegen sie selbst gerichteten Strafverfahren Auskunft über die Wahrnehmung von Tatsachen gibt.[38] Der Zeugenbeweis wird in den §§ 48–71 StPO und den Nr. 64–68 RiStBV behandelt.

Zeugen sind wohl das wichtigste, allerdings bekanntermaßen auch das unzuverlässigste, Beweismittel im Strafprozess.

60   Für den Sitzungsstaatsanwalt sind bei der Vernehmung von Zeugen zwei wichtige Komplexe zu bewältigen. Zunächst die Befragung des Zeugen und, im Rahmen des Plädoyers, die Würdigung der Aussage.

1. Befragung der Zeugen*

61   Der Richter belehrt den Zeugen über die Pflicht zur wahrheitsgemäßen Aussage und gegebenenfalls bestehende Zeugnis- oder Auskunftsverweigerungsrechte. Zeugnisverweigerungsrechte können sich aus den §§ 52 ff. StPO ergeben und berechtigen den Zeugen dazu, keinerlei Angaben zu machen. Das Auskunftsverweigerungsrecht nach § 55 StPO berechtigt dagegen nur zur Verweigerung der Beantwortung einzelner Fragen, es sei denn, dass die Antwort auf jede denkbare Frage den Zeugen oder einen Angehörigen i.S.d. § 52 StPO der Gefahr der Strafverfolgung aussetzen würde. Im Anschluss an die Belehrung befragt zunächst der Richter den Zeugen. Danach hat der Staatsanwalt das Fragerecht. Meist wird der Richter alle tatrelevanten Fragen bereits gestellt haben, so dass häufig nur ergänzende Fragen notwendig sind. Sofern Unklarheiten bestehen, kann und soll der Sitzungsstaatsanwalt versuchen, diese zu beseitigen. Bedenken Sie bei der Entscheidung, ob Sie dem Zeugen Fragen stellen möchten, dass Sie im Plädoyer dessen Aussage würdigen müssen. Das ist schwierig bis unmöglich, wenn Ihnen die Aussage – sei es auch nur in Teilaspekten – unklar ist."

62   Die Befragung von Zeugen ist allerdings nicht ganz einfach. Um eine – möglichst – wahrheitsgemäße Aussage zu erhalten, sind bestimmte Fragetechniken hilfreich.[39]

63   Die Befragung sollte mittels „Trichtertechnik"[40] erfolgen, wonach zunächst offene und erst danach spezielle Fragen gestellt werden.

---

[38] *Meyer-Goßner*, StPO, vor § 48 Rn. 1 m.w.N.

[39] Vertiefend zum Folgenden: *Bender/Nack/Treuer*, Tatsachenfeststellung vor Gericht; *Nack*, StV 1994, 555 ff.; *Salditt*, StraFo 1992, 51 ff.; *Jansen*, Zeuge und Aussagepsychologie.

[40] *Jansen*, a.a.O., Rn. 186.

Dabei sollten Sie bei der Fragestellung Folgendes **beachten**: **64**

- Stellen Sie **offene Fragen**, d.h. Fragen, die keine direkte Antwort vorgeben. Dies sind vor allem sogenannte „W-Fragen" (wer, wie, was, wieso, weshalb, warum usw.).

  Beispiel: „Was ist passiert?" statt „Hat der Angeklagte das Opfer geschlagen?"

- Formulieren Sie die Fragen **klar**.

- **Unterbrechen** Sie ausschweifende Antworten **nicht zu früh**. Eine Erzählung des Zeugen beinhaltet in der Regel mehr Informationen, als kurze Sätze. Nur bei offensichtlicher Verfehlung des Fragethemas sollten Sie auf dieses nochmals hinweisen.

- Frühere abweichende Aussagen sollten nicht zu früh vorgehalten werden. Formulieren Sie zunächst Ihre Frage um, um Missverständnisse zu vermeiden.

- Stellen Sie **sachliche**[41] Fragen in einem **neutralen** Ton; ein energischer Tonfall kann jedoch angebracht sein, wenn der Zeuge offensichtlich lügt, die Aussage nachlässig angeht oder offensichtlich keine Lust hat, Angaben zu machen.

Vermeiden sollten Sie: **65**

- **Suggestive Fragen**

  Beispiel: Falsch: „Sie haben doch sicherlich gesehen, dass ..." oder „War es nicht so, dass ..." Besser: „Was können Sie dazu sagen?"

- **Geschlossene Fragen,**[42] d.h. Fragen, die eine von zwei Antworten als richtig nahe legen.

  Beispiel: Falsch: „Hat er mit der Faust oder mit der flachen Hand zugeschlagen?" Besser: „Wie wurde geschlagen?"

- **Ja-Nein-Fragen** werden im Zweifel eher bejaht als verneint[43] und sind daher weniger geeignet, den tatsächlichen Sachverhalt aufzuklären.

  Beispiel: Falsch: „Haben Sie den Schlag gesehen?" Besser: „Was haben Sie gesehen?"

- Fragen, die auf **Schlussfolgerungen oder Wertungen des Zeugen** zielen. Der Zeuge soll die Tatsachen schildern, die er in Erinnerung hat, nicht jedoch werten.

---

[41] Beachte in diesem Zusammenhang auch § 68a StPO.

[42] Diese und die folgenden Fragearten werden z.B. von *Jansen*, a.a.O., Rn. 440, *Scholz*, NStZ 2001, 572 ff. als Unterformen suggestiver Fragen angesehen.

[43] Dazu *Scholz*, NStZ 2001, 572 ff.

– **Juristische Fachbegriffe** in den Fragen. Zeugen als juristische
   Laien verbinden damit oft andere Bedeutungen als Juristen, was zu
   Fehlinterpretationen der Frage oder Antwort führen kann.

– **Fremdwörter** in den Fragen.

– Sowohl einen **agressiven oder drohenden** als auch einen **entschuldi-
   genden Vernehmungsstil.** Im ersteren Fall besteht die Gefahr, durch
   eine Konfrontation mit dem Zeugen diesen zu Ihrem Gegner zu machen. Dies kann dazu führen, dass der Zeuge aus Trotz nur noch knapp-
   ste Angaben macht oder versucht, sich selbst zu schützen und mögliche
   Erinnerungslücken leugnet. Bei einem offensichtlich lügenden Zeugen, gegen den wegen Falschaussage ein Verfahren einzuleiten sein
   wird, können und sollten Sie diesem aber durchaus vorhalten, dass Sie
   die Einleitung eines Falschaussageverfahren veranlassen.[44] Dem
   Zeugen wird dadurch deutlich die Konsequenz seiner Aussage vor
   Augen geführt, was gegebenenfalls noch zu einer Korrektur der Angaben führen kann. Im letzteren Fall vermitteln Sie Unsicherheit,
   was den Zeugen zu unüberlegten Antworten verleiten kann.

66   Versuchen Sie, Fragen an den Zeugen unter Beachtung des Vorste-
       henden zu formulieren. Nachdem der Zeuge jedoch bereits auf Fragen
       des Richters geantwortet hat, bleiben für den Vertreter der Staatsan-
       waltschaft häufig (nur) noch klarstellende Fragen. Dabei ist es durch-
       aus möglich, dem Zeugen auch geschlossene Fragen bzw. Ja-Nein-
       Fragen zu stellen, solange wirklich nur bereits angesprochene Aspekte
       noch klargestellt werden sollen. Nicht jedoch sollte ein ganz neuer
       Gesichtspunkt mit solchen Fragen eingeleitet werden.

67   Im Anschluss an die Vernehmung wird über die **Vereidigung** des
       Zeugen entschieden. Zeugen werden regelmäßig *nicht* vereidigt. Nur
       wenn das Gericht wegen der ausschlaggebenden Bedeutung der Aussa-
       ge oder zur Herbeiführung einer wahrheitsgemäßen Aussage dies für
       notwendig hält, werden Zeugen vereidigt, § 59 I 1 StPO. Hierüber
       entscheidet allein das Gericht nach eigenem Ermessen. Anträge oder
       Erklärungen der übrigen Prozessbeteiligten zur Frage der Vereidigung
       sind unbeachtlich.[45] Der Sitzungsvertreter braucht daher auf die – gele-
       gentlich noch in Anlehnung an die frühere Rechtslage – vom Richter
       gestellte Frage nach Vereidigungsanträgen keine Erklärung abzugeben.
       Entsprechende Erklärungen sind aber jedenfalls unschädlich.

---

[44] Siehe dazu Rn. 382.
[45] *Meyer-Goßner*, StPO, § 59 Rn. 8.

2. Würdigung der Zeugenaussage

Eigentlich ist die Würdigung der Zeugenaussage erst eine Frage des **68**
Plädoyers. Wegen des Sachzusammenhanges soll diese Problematik
jedoch bereits hier abgehandelt werden.[46]

Stimmen die Zeugenaussagen im Wesentlichen mit den Angaben **69**
des Angeklagten und der Anklage überein, sind in der Regel keine
langwierigen Überlegungen und Ausführungen zur Glaubwürdigkeit
der Zeugenaussage erforderlich.

Sofern jedoch Abweichungen zwischen den Angaben des Ange- **70**
klagten und den Angaben von Zeugen und/oder den Zeugenaussagen
untereinander zu Tage treten, letztlich also Aussage gegen Aussage
steht, muss der Sitzungsstaatsanwalt im Rahmen des Plädoyers ausfüh-
ren, warum er welchen Angaben glaubt, während er den anderen Aussagen keinen Glauben schenkt.

Dabei kann einerseits die **Glaubhaftigkeit der Aussage** erörtert **71**
werden, d.h. ob die Aussage in sich nachvollziehbar, widerspruchsfrei
und schlüssig ist. Andererseits kann auch die **Glaubwürdigkeit des
Zeugen** angesprochen werden, d.h. warum der an sich glaubhaften
Aussage gerade dieses Zeugens, z.B. aufgrund des persönlichen Ein-
drucks in der Hauptverhandlung, geglaubt oder nicht geglaubt wird.

> **Klausurtipp**: Auch in der Klausur kann eine (kurze) Würdigung
> von Zeugenaussagen erforderlich sein. Da kein persönlicher Ein-
> druck von den Zeugen vorliegt, können in der Regel die Ausfüh-
> rungen nur anhand des Aussageinhaltes erfolgen. Das Augenmerk
> der Ausführungen in der Klausur sollte daher bei der Beurteilung
> der Glaubhaftigkeit der Aussage, nicht jedoch der Glaubwürdigkeit
> des Zeugen liegen. Zur Glaubwürdigkeit des Zeugen können in der
> Klausur allenfalls allgemeine Angaben gemacht werden (z.B. Vor-
> liegen oder Fehlen von Belastungseifer).

Ein Schema oder eine Checkliste, anhand deren man **absolute Ge-** **72**
wissheit über den Wahrheitsgehalt einer Aussage erlangen könnte,
gibt es nicht. Es gibt auch keine typischen Signale, die auf das Vorlie-

---

[46] Vertiefend zum Folgenden: *Schneider*, Beweis und Beweiswürdigung;
Jansen, Zeuge und Aussagepsychologie, insbes. Rn. 495 ff., *Bender/Nack/Treu-
er*, Tatsachenfeststellung vor Gericht, jeweils m.w.N. Lesenswert auch BGHSt
45, 164 = NJW 99, 2746, diese Grundsatzentscheidung befasst sich mit den
Anforderungen an aussagepsychologische Gutachten, und geht dabei auch auf
mögliche Kriterien für die Unterscheidung wahrer und bewusst unwahrer Angaben ein.

gen einer Lüge hindeuten.[47] Der Sitzungsstaatsanwalt muss sich seine eigene Meinung bilden, welcher Zeuge die Wahrheit sagt, wo Erinnerungslücken vorliegen und welcher Zeuge möglicherweise bewusst lügt. Die nachfolgend aufgeführten Gesichtspunkte können bei der Beurteilung helfen, stellen aber weder eine abschließende Aufzählung dar, noch können sie gar eine fehlerfreie Beurteilung garantieren. Mit „wahrheitskonformer" Aussage ist im Folgenden eine Aussage gemeint, die dem tatsächlichen Geschehensablauf entspricht. Eine nicht wahrheitskonforme Aussage ist demnach eine Aussage, die aus welchen Gründen auch immer, nicht das wiedergibt, was sich tatsächlich ereignet hat.

73   **Für** eine wahrheitskonforme Aussage können sprechen:[48]
  – Präzise, detailreiche Angaben. Solche Angaben enthalten häufig auch situationsbedingte, ausgefallene Details, die schwer zu erfinden sind. Auch die Schilderung von Komplikationen im Handlungsablauf oder nebensächlichen Einzelheiten sprechen für die Wiedergabe des tatsächlich erlebten Geschehens.
  – Widerspruchsfreiheit, die auch bei Nachfragen fortbesteht.
  – Bekundung eigener Wahrnehmungen.
  – Fehlendes Interesse des Zeugen am Verfahrensausgang. Personen, die weder Verletzte der angeklagten Straftat sind, noch mit dem Angeklagten oder dem Verletzten in Kontakt stehen, haben in der Regel kein Interesse, bewusst oder unbewusst zugunsten eines der Beteiligten auszusagen.
  – Fehlender Belastungseifer. So kann es durchaus vorkommen, dass zwar der Verletzte den Tatvorwurf inhaltlich voll bestätigt, gleichwohl aber versucht, den Vorfall abzumildern (z.B.: „Der Faustschlag auf die Nase hat zwar weh getan, die Schmerzen ließen aber schnell nach ").
  – Spontane, d.h. nicht durch Nachfragen bedingte, Korrektur der eigenen Aussage. Falsch aussagende Zeugen vermeiden i.d.R. solche Korrekturen, um eine möglichst „sichere" Aussage zu präsentieren.

74   **Gegen** eine wahrheitskonforme Aussage können sprechen:
  – Schwammige, unpräzise Angaben.
  – Deutlicher Belastungseifer, z.B. indem der Zeuge Entlastendes nur auf wiederholte Nachfrage preisgibt und ansonsten versucht, jeden Aspekt seiner Aussage zum Nachteil des Angeklagten auszugestalten.

---

[47] *Jansen*, a.a.O., Rn. 217 f. m.w.N.
[48] Vertiefend siehe v.a. die in Fn. 47 Genannten.

– Wiedergabe von Wertungen, Schlussfolgerungen und Schätzungen, durch die der Zeuge eventuell vorhandene Erinnerungslücken zu schließen versucht.

– Beschränkung der Aussage auf die Kernfrage unter Verwendung von Erfahrungswerten. Ein lügender Zeuge versucht oft aus Angst vor Widersprüchen nichts über die Begleitumstände der Tat auszusagen.

– Starkes Eigeninteresse am Verfahrensausgang.

– Mangelnde Möglichkeit der Wahrnehmung der geschilderten Situation.

– Erhebliche Abweichungen der Aussage in der Hauptverhandlung von früheren Aussagen, insbesondere, wenn der Zeuge im Ermittlungsverfahren bereits mehrfach vernommen wurde und jedes Mal andere Angaben gemacht hat.

– Verdächtiges Verhalten des Zeugen, wie etwa Rotwerden, Hpyerventilieren, Fahrigkeit oder Stottern, sowie die Suche nach Hilfe beim Anwalt. Diese Verhaltensmuster können aber auch auf Nervosität eines gerichtsunerfahrenen Zeugen beruhen.

II. Sachverständige*

Der Sachverständige ist ebenfalls ein persönliches Beweismittel. Er **75** gibt aufgrund seiner Sachkunde in einem bestimmten Wissensgebiet Auskunft über Tatsachen oder Erfahrungssätze oder beurteilt einen bestimmten Sachverhalt.[49] Der Sachverständigenbeweis ist in den §§ 72–85 StPO und den Nr. 69–72 RiStBV geregelt. Der Sachverständige erstattet im Rahmen der Hauptverhandlung mündlich sein Gutachten, das er meist bereits im Vorfeld schriftlich ausgearbeitet hat. Eine Kopie des Gutachtens sollte sich in der Handakte befinden. Das schriftliche Gutachten sollte bei der Sitzungsvorbereitung sorgfältig durchgearbeitet werden. Nur dann sind Sie in der Lage, den Ausführungen des Sachverständigen in der Hauptverhandlung zu folgen.

Die **Vernehmung** des Sachverständigen folgt grundsätzlich den **76** gleichen Regeln wie die Zeugenvernehmung, § 72 StPO.[50] Nach Gutachtenerstattung und eventuellen Fragen des Gerichtes erhält der Sitzungsvertreter der Staatsanwaltschaft das Fragerecht. Zur Klärung von eventuellen Unklarheiten muss beim Gutachter nachgefragt werden. Haben Sie hierbei keine Scheu. Im Rahmen des Plädoyers müssen die Ausführungen des Sachverständigen gewürdigt werden. Dazu ist es unerlässlich, dass Sie das Gutachten auch verstanden haben.

---

[49] *Meyer-Goßner*, StPO, vor § 72 Rn. 1.
[50] Zu den Ausnahmen s. *Meyer-Goßner*, StFO, § 72 Rn. 1.

77   Bei der **Würdigung** des Gutachtens ist vor allem relevant, ob der Sachverständige die Beweisfrage richtig verstanden und präzise beantwortet hat. In der Regel ergeben sich hier aber keine Probleme.

III. Augenscheinnahme*

78   Augenschein ist jede sinnliche Wahrnehmung durch Sehen, Hören, Riechen, Schmecken oder Fühlen, sofen die Beweisaufnahme nicht als Zeugen-, Sachverständigen- oder Urkundsbeweis gesetzlich besonders geregelt ist.[51] Der Augenschein ist in den §§ 86–93 StPO geregelt. In der Praxis ist die Augenscheinnahme in der Regel unproblematisch. Der Sitzungsstaatsanwalt muss sich „nur" das Beweisproblem vergegenwärtigen und bei der Augenscheinnahme auf die entsprechenden Gesichtspunkte achten.

In der Hauptverhandlung werden häufig in der Akte befindliche Lichtbilder in Augenschein genommen. Dazu empfiehlt es sich, an den Richtertisch vorzutreten. Lassen Sie sich dabei nicht von Verteidiger, Angeklagtem und gegebenenfalls anwesenden Zeugen abdrängen!

IV. Urkunden und sonstige Schriftstücke*

79   Urkundenbeweis ist die Ermittlung und Verwertung des gedanklichen Inhaltes eines Schriftstückes.[52] Die Art der Verwertung von Urkunden und anderen Schriftstücken ist in den §§ 249–256 StPO geregelt. Danach werden Urkunden grundsätzlich in der Hauptverhandlung verlesen, § 249 I StPO. Möglich ist außerdem die Anordnung des Selbstleseverfahrens, § 249 II StPO, sowie ein mündlicher Bericht des Richters über den Urkundeninhalt.[53]

Zu beachten ist, dass die Vernehmung eines Zeugen grundsätzlich nicht durch die Verlesung einer Urkunde ersetzt werden darf, § 250 StPO. Ausnahmen regeln die §§ 251 und 256 StPO.

> **Praxistipp:** Wichtig für den Sitzungsvertreter ist die Verlesung des Bundeszentralregisterauszuges. Sie sollten überprüfen, ob der verlesene Auszug mit dem in der Handakte befindlichen Auszug übereinstimmt oder ob sich Änderungen ergeben haben. Steht die Bildung einer nachträglichen Gesamtstrafe im Raum,[54] müssen Sie gegebenenfalls nach Verlesung des BZR-Auszuges den Angeklag-

---

[51] *Meyer-Goßner*, StPO, § 86 Rn. 1.
[52] *Meyer-Goßner*, StPO, § 249 Rn. 1.
[53] *Meyer-Goßner*, StPO, § 249 Rn. 25 ff.
[54] Dazu unten Rn. 218 ff.

ten fragen, ob die einbeziehungsfähigen Verurteilungen bereits vollständig vollstreckt sind.

V. Beweisanträge

In der Regel nach Ausschöpfung aller präsenten Beweismittel[55] **80** stellt sich die Frage, ob weitere Beweiserhebungen erforderlich sind. Der Sitzungsvertreter hat, ebenso wie die übrigen Prozessbeteiligten, dann die Möglichkeit, Beweisanträge zu stellen, die auf die Erhebung weiterer Beweise gerichtet sind. Ein Beweisantrag kann **nur** in den Fällen der §§ 244 III–V, 245 II StPO durch begründeten förmlichen Gerichtsbeschluss abgelehnt werden.

Stellt der **Verteidiger** einen Beweisantrag, wird der Staatsanwalt **81** gefragt, ob er hierzu eine Stellungnahme abgibt. Der Staatsanwalt ist gehalten, eine mündliche Stellungnahme dahingehend abzugeben, wie das Gericht aus seiner Sicht über den Antrag zu entscheiden hat.

> **Praxistipp:** Diese Stellungnahme des Sitzungsstaatsanwaltes ist indes nicht zwingend vorgeschrieben. Sie können sich daher auch darauf beschränken, zu erklären, dass Sie keine Stellungnahme abgeben.

Der **Staatsanwalt** wird einen Beweisantrag dann stellen, wenn an **82** der Täterschaft des Angeklagten oder der sachgerechten Rechtsfolge Zweifel bestehen und zu erwarten ist, dass diese durch Erhebung weiterer Beweise behoben werden können. Allerdings wird in einem solchen Fall i.d.R. bereits das Gericht aufgrund der Amtsaufklärungspflicht von Amts wegen die Erhebung weiterer Beweise anordnen. Sofern dies jedoch nicht erfolgt, sollte der Sitzungsstaatsanwalt einen Beweisantrag stellen. Die zulässige Stellung eines Beweisantrages setzt eine sorgfältige Fassung des Antrages voraus. Da der Antrag **in** der Hauptverhandlung **mündlich** gestellt und ins Protokoll aufgenommen werden muss, empfiehlt es sich, eine kurze Unterbrechung der Hauptverhandlung zu beantragen, den Beweisantrag schriftlich zu fassen und anschließend mündlich vorzutragen. In diesem Fall ist der Sitzungsvertreter auch vorbereitet, wenn das Gericht ihm auferlegen sollte, den Antrag schriftlich zu stellen, § 257a StPO.

---

[55] Vergl. § 245 I StPO, nur für den Fall, dass Staatsanwaltschaft oder Verteidigung eigenständig Beweismittel mitgebracht haben, kann auch bezüglich eines präsenten Beweismittels ein förmlicher Beweisantrag erforderlich sein, § 245 II StPO.

1. Inhalt

83   Ein Beweisantrag muss enthalten:
- den formellen **Antrag** auf die Erhebung eines Beweises,
- die Benennung einer **bestimmten** Beweis**tatsache**, die für die Schuld- oder Rechtsfolgenfrage von Bedeutung ist und
- die Benennung eines **bestimmten** Beweis**mittels**.
- In Ausnahmefällen eine Begründung des Zusammenhangs zwischen Beweistatsache und -mittel, sofern dieser nicht ersichtlich ist.

84   Fehlt einer dieser Bestandteile des Beweisantrages wird dieser dadurch *nicht* unzulässig. Es liegt dann aber nur ein sog. **Beweisermittlungsantrag** vor, der lediglich eine Anregung an das Gericht darstellt, im Rahmen der Amtsaufklärungspflicht entsprechenden Beweis zu erheben. Gebietet die Amtsaufklärungspflicht die Erhebung des Beweises nicht, kann das Gericht den Beweisermittlungsantrag ohne weitere Voraussetzungen ablehnen oder einfach übergehen, ohne dass insoweit ein Verfahrensfehler vorliegt.

a) Formeller Antrag

85   Es muss deutlich werden, dass die Beweiserhebung verlangt und nicht nur in das Ermessen des Gerichts gestellt wird.[56] Dies schließt nicht aus, dass der Antrag unter einer Bedingung (bedingter Beweisantrag, z.B. für den Fall des Eintrittes einer bestimmten Prozesslage), nur hilfsweise (Hilfsbeweisantrag, der im Schlussplädoyer erfolgt und vom Abweichen des Urteil vom Antrag des Staatsanwaltes oder Verteidigers abhängig gemacht wird) oder hilfsweise unter einer Bedingung (Eventualbeweisantrag, d.h. ein bedingter Beweisantrag, der im Schlussvortrag hilfsweise erfolgt) gestellt wird.[57] Wichtig ist dabei jedoch, dass die Formulierung des Beweisantrages klar erkennen lässt, dass für den Fall des Bedingungseintritts die Beweiserhebung verlangt wird. Tritt die Bedingung nicht ein, wird der Antrag nicht verbeschieden. Über Hilfs- bzw. Eventualbeweisanträge kann das Gericht auch erst in den Urteilsgründen entscheiden.

Formulierungsbeispiel: *„Es wird beantragt, [...]".*

Im Fall eines bedingten Beweisantrages empfiehlt es sich, am Ende des Antrages anzufügen:

„Dieser Antrag wird nur für den Fall gestellt, dass [...]"

---

[56] *Meyer-Goßner*, StPO, § 244 Rn. 19.
[57] Hierzu im Einzelnen *Meyer-Goßner*, StPO, § 244 Rn. 22-22b.

b) Bestimmte Beweistatsache

Es muss eine bestimmte Tatsache behauptet werden. Dies beinhaltet **86** zweierlei, nämlich die Behauptung einer (1.) bestimmten (2.) Tatsache.

Der Beweisantrag kann nur auf den Beweis einer Tatsache zielen. Wer- **87** tungen oder Schlussfolgerungen, die aus bestimmten Tatsachen gezogen werden sollen, können nicht Gegenstand eines Beweisantrages sein.

Die zu beweisende Tatsache muss bestimmt behauptet werden. Dies **88** schließt nicht aus, dass der Beweisantragsteller einen Beweis über Tatsachen beantragt, die er nur vermutet oder für möglich hält, sofern die Tatsache nicht lediglich aufs Geratewohl behauptet wird.[58] In der Formulierung des Beweisantrages darf sich eine solche Ungewissheit aber nicht niederschlagen. Dort muss vielmehr eine konkrete Tatsache behauptet werden. **Fehlerhaft** – mit der Folge, dass kein Beweis-, sondern nur ein Beweisermittlungsantrag vorliegt – sind daher Formulierungen wie *„Ich beantrage zum Beweis dafür, **ob** sich die Gartentüre nach innen oder außen öffnet [...]"* oder *„Ich beantrage zum Beweis dafür, dass die Gartentüre nach innen aufgehen **müsste** [...]"*. **Richtig** hingegen sind Formulierungen wie:

> *„Ich beantrage zum Beweis dafür, dass die Gartentüre des Anwesens Meierstr. 9 in 34455 Modrig nach innen aufgeht, [...]"*.

c) Bestimmtes Beweismittel

Als Beweismittel kommen die oben genannten Beweismittel Zeuge, **89** Sachverständiger, Augenschein und Urkunde in Betracht. Das gewünschte Beweismittel ist so konkret wie möglich zu bezeichnen.

Bei **Zeugen** sind daher Vor- und Nachname, sowie die Anschrift **90** des zu vernehmenden Zeugen zu benennen. Ist dies nicht möglich, muss der Zeuge derart individualisiert werden, dass er vom Gericht bzw. der Polizei von anderen Personen unterschieden und ermittelt werden kann.

> **Formulierungsbeispiel:** *„Es wird beantragt zum Beweis dafür, dass die Gartentüre des Anwesens Meierstr. 9 in 34455 Modrig nach innen aufgeht, die Vernehmung des Zeugen Fritz Fröhlich, Meierstr. 9, 34455 Modrig."*

Die Auswahl von **Sachverständigen** obliegt dem Gericht, so dass **91** kein konkreter Sachverständiger benannt werden muss. Es genügt, unter Angabe der Beweistatsache die Erholung eines Sachverständigengutachtens zu beantragen.

---

[58] *Meyer-Goßner*, StPO, § 244 Rn. 20.

> **Formulierungsbeispiel:** *„Es wird beantragt zum Beweis dafür, dass die Gartentüre des Anwesens Meierstr. 9 in 34455 Modrig nach innen aufgeht, ein Sachverständigengutachten zu erholen. "*

92   Beim **Augenschein** ist das in Augenschein zu nehmende Objekt anzugeben.

> **Formulierungsbeispiel:** *„Es wird beantragt zum Beweis dafür, dass die Gartentüre des Anwesens Meierstr. 9 in 34455 Modrig nach innen aufgeht, diese in Augenschein zu nehmen. "*

93   Beim **Urkundenbeweis**, ist die zu verlesende Urkunde anzugeben.

d) Begründung

94   Eine Darlegung des Zusammenhanges zwischen Beweistatsache und -mittel ist nur in Ausnahmefällen notwendig. In der Regel wird sich dieser Zusammenhang von selbst eröffnen.

Darüberhinaus ist auch im Fall des § 244 IV 2 StPO die Angabe einer Begründung erforderlich.

2. Ablehnungsgründe

95   Grundsätzlich muss das Gericht einem Beweisantrag stattgeben, sofern nicht einer der in den §§ 244 III–V, 245 II StPO gesetzlich abschließend aufgeführten Ablehnungsgründe vorliegt. Die Entscheidung über die Ablehnung eines Beweisantrages erfolgt durch begründeten Gerichtsbeschluss. Behalten Sie in Erinnerung, dass dies für einen Beweis*ermittlungs*antrag nicht gilt.

Für den Sitzungsvertreter der Staatsanwaltschaft ist die Frage, ob eine Ablehnung des Beweisantrages zu Recht erfolgt, letztlich erst im Rahmen einer eventuell zu fertigenden Revisionsbegründung relevant. Im Folgenden werden die Ablehnungsgründe daher nur *kurz* erläutert, um bei der Stellung von Beweisanträgen von vornherein aussichtslose Anträge zu vermeiden. Vertiefend sollten Sie die angegebenen Fundstellen bei *Meyer-Goßner* heranziehen.

> **Praxistipp:** Im Zweifel sollten Sie lieber einen Beweisantrag stellen, der möglicherweise abgelehnt wird, als dies aus falscher Scheu zu unterlassen. Mehr als eine Ablehnung durch das Gericht kann nicht passieren.

a) Unzulässigkeit der Beweiserhebung

Besteht ein Beweiserhebungs- oder Beweisverwertungsverbot, ist **96** der Beweisantrag gem. § 244 III 1 StPO (bei nicht präsenten Beweismitteln), bzw. § 245 II 2 StPO (bei präsenten Beweismitteln) abzulehnen.[59]

b) Offenkundigkeit der Beweistatsache oder eigene Sachkunde des Gerichtes

Ist die Beweistatsache oder ihr Gegenteil offenkundig, d.h. allge- **97** mein- oder gerichtskundig, kann der Beweisantrag gem. § 244 III 2 Fall 1 StPO abgelehnt werden.[60]

Ist die Vernehmung eines Sachverständigen beantragt, kann das Ge- **98** richt diesen Antrag ablehnen, wenn es selber die erforderliche Sachkunde besitzt, § 244 IV 1 StPO.[61]

c) Bedeutungslosigkeit der Beweistatsache

Ist die Beweistatsache aus rechtlichen oder tatsächlichen Gründen **99** ohne Bedeutung für die Entscheidung liegt der Ablehnungsgrund des § 244 III 2 Fall 2 StPO vor.[62]

d) Erwiesensein der Beweistatsache

Ist die Beweistatsache bereits erwiesen, liegt der Ablehnungsgrund **100** des § 244 III 2 Fall 3 StPO vor. Nicht ausreichend ist grundsätzlich, dass bereits das Gegenteil der Beweistatsache erwiesen ist.[63] Ist aber bereits das Gegenteil der Beweistatsache durch ein früheres Sachverständigengutachten bewiesen und wird nunmehr die Vernehmung eines weiteren Sachverständigen zu dieser Beweistatsache beantragt, kann dieser Antrag wegen Erwiesenseins des Gegenteils abgelehnt werden, § 244 IV 2 StPO.

e) Völlige Ungeeignetheit des Beweismittels

Ist das Gelingen des Beweises aufgrund völliger Ungeeignetheit des **101** Beweismittels von vorneherein ausgeschlossen, liegt der Ablehnungsgrund des § 244 III 2 Fall 4 StPO vor.[64]

---

[59] Siehe hierzu *Meyer-Goßner*, StPO, § 244 Rn. 48 f.
[60] Siehe hierzu *Meyer-Goßner*, StPO, § 244 Rn. 50 ff.
[61] Siehe hierzu *Meyer-Goßner*, StPO, § 244 Rn. 72 ff.
[62] Siehe hierzu *Meyer-Goßner*, StPO, § 244 Rn. 54 ff.
[63] Siehe hierzu *Meyer-Goßner*, StPO, § 244 Rn. 57.
[64] Siehe hierzu *Meyer-Goßner*, StPO, § 244 Rn. 58 ff.

f) Unerreichbarkeit des Beweismittels

102   Unerreichbarkeit des Beweismittels liegt vor, wenn alle Bemühungen des Gerichts, die der Bedeutung des Beweismittels entsprechen, zu dessen Beibringung erfolglos geblieben sind und keine begründete Aussicht besteht, es in absehbarer Zeit herbeizuschaffen. Dann liegt der Ablehnungsgrund des § 244 III 2 Fall 5 StPO vor.[65]

g) Verschleppungsabsicht

103   Der Ablehnungsgrund des § 244 III 2 Fall 6 StPO umfasst alle „Scheinbeweisanträge", die bewusst nur deshalb gestellt werden, um das Verfahren nicht unerheblich zu verzögern.[66] Es dürfte offenkundig sein, dass der Sitzungsvertreter keinerlei Anträge stellt, die in diese Kategorie fallen könnten.

h) Wahrunterstellung der Beweistatsache

104   Der Ablehnungsgrund der Unterstellung der Beweistatsache als wahr bzw. als erwiesen, § 244 III 2 Fall 7 StPO, kommt nur bei den Angeklagten entlastenden Tatsachen in Betracht.[67] Die unter Beweis gestellte Tatsache muss in diesem Fall als bewiesen behandelt werden.

i) Augenschein

105   Die Einnahme eines Augenscheines kann das Gericht nach pflichtgemäßem Ermessen, welches auch in diesem Fall durch die Amtsaufklärungspflicht (mit-)bestimmt wird, ablehnen, § 244 V StPO.[68]

H. Die Feststellung der Verhältnisse des Angeklagten*

106   Sofern die Feststellungen zu den persönlichen und wirtschaftlichen Verhältnissen nicht bereits zu Beginn der Vernehmung des Angeklagten erfolgt sind, befragt der Richter diesen hierzu gewöhnlich nach Ende der Beweisaufnahme.

> **Praxistipp:** Fragt der Richter nach der Beweisaufnahme, ob auf die Feststellung der Verhältnisse des Angeklagten verzichtet werden kann, bedeutet dies, dass das Gericht zu einem Freispruch tendiert oder zumindest eine Verfahrenseinstellung nach § 153 StPO in Be-

---

[65] Siehe hierzu *Meyer-Goßner*, StPO, § 244 Rn. 62 ff.
[66] Siehe hierzu *Meyer-Goßner*, StPO, § 244 Rn. 67 ff.
[67] Siehe hierzu *Meyer-Goßner*, StPO, § 244 Rn. 70 ff.
[68] Siehe hierzu *Meyer-Goßner*, StPO, § 244 Rn. 78.

tracht zieht. Nur sofern Sie einen Freispruch beantragen wollen, können Sie auf die Feststellung der persönlichen und wirtschaftlichen Verhältnisse des Angeklagten verzichten.

Da die persönlichen und wirtschaftlichen Verhältnisse für die Be- **107** messung der Tagessatzhöhe, einer eventuellen Bewährungsauflage oder im Rahmen einer Einstellung nach § 153a StPO relevant sind, müssen Sie versuchen, so viele Angaben wie möglich zu erhalten. Macht der Angeklagte, wozu er berechtigt ist, keine Angaben, muss sein Einkommen ggf. gemäß § 40 III StGB geschätzt werden. Notieren bzw. nachfragen sollten Sie:
- Die Höhe des Nettoeinkommens aus sämtlichen Einkünften, einschließlich Zinsen und aus Vermietung und Verpachtung.
- Anzahl, Alter und ggf. Beruf von Kindern.
- Familienstand und ggf. bestehende Unterhaltspflichten, sowie ob der Angeklagte diesen auch tatsächlich nachkommt.
- Schulden und deren Grund, sowie die Höhe laufender Tilgungszahlungen.
- Krankheiten und dadurch bedingte Aufwendungen.

I. Die Verständigung im Strafprozess

Die Verständigung im Strafprozess hatte sich in der Praxis bereits **108** etabliert und ist jetzt zentral in § 257c StPO gesetzlich geregelt. Verständigungen außerhalb des § 257c StPO, insbesondere sogenannte Deals, sind nunmehr unzulässig und unbeachtlich.[69]

Unter einem Deal verstand man bislang eine Absprache zwischen **108a** Gericht, Verteidigung und – i.d.R. – Staatsanwaltschaft, wonach der Angeklagte ein (ggf. Teil-)Geständnis ablegt und im Gegenzug vom Gericht die Verhängung einer milderen Strafe und/oder eine Einstellung anderer Verfahren oder Teile des laufenden Verfahrens nach §§ 154, 154a StPO zugesagt wurde.[70]

Die nunmehrige gesetzliche Ausgestaltung der Verständigung in **108b** § 257c StPO wirft neben rechtstheoretischen Fragen auch praktische Anwendungsprobleme auf.[71]

---

[69] *Meyer-Goßner*, StPO, § 257c, Rn. 4.

[70] *Meyer-Goßner*, StPO, Einl. Rn. 119a.

[71] Siehe hierzu im Einzelnen, insbesondere zu den Problemen im Hinblick auf die gerichtliche Aufklärungspflicht, die Kommentierung bei *Meyer-Goßner*, StPO, § 257c.

108c   Es kann fast zu jedem Zeitpunkt der Hauptverhandlung zu einer Verständigung kommen. Zumeist wird dies jedoch vor einer Beweisaufnahme erörtert werden. Eine Verständigung kommt durch Annahme einer vom Gericht vorgeschlagenen Vereinbarung durch den Angeklagten und die Staatsanwaltschaft zustande, § 257c III 4 StPO. Die Anregung zu einer Verständigung kann auch von der Staatsanwaltschaft oder dem Angeklagten ausgehen, muss dann aber vom Gericht aufgegriffen werden.

Durch die Zustimmung von Staatsanwaltschaft und Angeklagtem wird eine die Verfahrensbeteiligten bindende Vereinbarung getroffen. Die Zustimmung des Angeklagten kann auch von dessen Verteidiger erklärt werden. Die Zustimmung des Verteidigers selber ist hingegen nicht erforderlich.[72]

108d   Der mögliche **Gegenstand einer Verständigung** ist nunmehr recht weit gefasst. Zu beachten ist, dass die Grenzen zulässiger Verständigung penibel einzuhalten sind, da die Verständigung Grundlage des Urteils wird und eine unzulässige Verständigung zur Aufhebung des Urteils in der Revisionsinstanz führt.

Gegenstand einer Verständigung können nur die Rechtsfolgen sein, die Inhalt des Urteils und der dazugehörigen Beschlüsse sein können, sonstige verfahrensbezogene Maßnahmen im zugrundeliegenden Erkenntnisverfahren, sowie das Prozessverhalten der Verfahrensbeteiligten, § 257c II 1 StPO.

108e   Unzulässig sind daher Absprachen über den Schuldspruch, weshalb auch nicht etwa ein einvernehmliches „Weglassen" von Qualifikationstatbeständen vereinbart werden kann.[73] Zulässig hingegen sind Absprachen über die Annahme bzw. die Verneinung von Regelbeispielen, da diese die Rechtsfolgenseite betreffen.[74]

108f   Verhandelbar sind die zu verhängenden **Rechtsfolgen** einschließlich Nebenstrafen[75] und Nebenfolgen[76] sowie die Frage der Strafaussetzung zur Bewährung und die Bewährungsauflagen, nicht jedoch Maßregeln der Besserung und Sicherung (§§ 61–72 StGB), § 257c II 1, 3 StPO. Daher können auch ein Entzug der Fahrerlaubnis, sowie die Dauer der Sperrfrist (§§ 69, 69a StGB) nicht verhandelt werden, wohl aber ein Fahrverbot nach § 44 StGB als Nebenstrafe.[77] Theoretisch möglich dürfte nun auch sein, Nebenstrafen oder Nebenfolgen auszuschließen oder eine Bewährung zuzusagen, obwohl die materiell-rechtlichen

---

[72] *Meyer-Goßner,* StPO, § 257c Rn. 25.

[73] *Meyer-Goßner*, StPO, § 257c Rn. 4.

[74] *Meyer-Goßner*, StPO, § 257c Rn. 10.

[75] Z.B. ein Fahrverbot nach § 44 StGB.

[76] Z.B. Einziehung und Verfall nach §§ 73 ff StGB.

[77] *Meyer-Goßner*, StPO, § 257c Rn. 9 f.

Voraussetzungen hierfür nicht vorliegen.[78] Nicht zur Disposition stehen jedoch die gesetzlichen Mindeststrafen, die nicht unterschritten werden können.[79]

> **Tipp:** Im Hinblick auf die rechtstheoretischen Bedenken und die möglichen Folgen in einem Revisionsverfahren empfehle ich Ihnen, nur solche Vereinbarungen zu Rechtsfolgen zu treffen, die mit dem Gesetz auch ohne Vorliegen einer Verständigung vereinbar wären.

Zu beachten ist, dass die Vereinbarung einer konkreten Strafe unzu-   **108g**
lässig, vielmehr lediglich die Zusage einer Unter- und Obergrenze der Strafe möglich ist (§ 257c III 2 StPO).

> **Tipp:** Unklar ist, ob die Zusage einer Strafuntergrenze künftig automatisch dazu führen wird, dass die verhängte Strafe dieser zugesagten Untergrenze entspricht.[80] Sie sollten aber diese Möglichkeit bedenken und möglichst einem nicht zu großen Strafrahmen zustimmen. Als Staatsanwalt haben Sie eine starke Verhandlungsposition, da ohne Ihre Zustimmung eine Verständigung nach § 257c StPO nicht möglich ist.

Bei der Festsetzung dieses Strafrahmens sind die allgemeinen Grundsätze der Strafzumessung zu berücksichtigen, § 257c III 2 StPO. Es ist daher unzulässig, auf den Angeklagten mit einer strafzumessungsrechtlich unvertretbaren Differenz zwischen der im Verständigungsverfahren in Aussicht gestellten und der ohne Verständigung bei einer Verurteilung zu erwartenden Strafe (sog. Sanktionsschere) Druck auszuüben.[81]

Sonstige verfahrensbezogene Maßnahmen i.S.d. § 257c II 1 StPO   **108h**
sind z.B. Teileinstellungen bzw. ein Absehen von der Strafverfolgung nach § 154 II StPO.[82] Für die Frage, ob Sie Teileinstellungen aushandeln können, gilt das unter Rn. 110 ff. Ausgeführte entsprechend. Zu beachten ist, dass Entscheidungen im Strafvollstreckungsverfahren oder solche im Erkenntnisverfahren vor anderen Spruchkörpern einer Verständigung nicht zugänglich sind.[83]

---

[78] *Meyer-Goßner*, StPO, § 257c Rn. 10, 12.

[79] BGH, StV 2004, 274.

[80] So etwa *Meyer-Goßner*, StPO, § 257c Rn. 21.

[81] *Meyer-Goßner*, StPO, § 257c Rn. 19, der einen „Strafrabatt" von 20-30% im Vergleich zu einer Verurteilung ohne Verständigung i.d.R. für zulässig hält.

[82] Weitere Beispiele für verfahrensbezogene Maßnahmen finden Sie bei *Meyer-Goßner*, StPO, § 257c Rn. 13.

[83] *Meyer-Goßner*, StPO, § 257c Rn. 15a.

108i   Auch über das (weitere) **Prozessverhalten der Verfahrensbeteilig-ten**, d.h. vor allem die Geltendmachung prozessualer Rechte, können Vereinbarungen geschlossen werden. Nicht mehr zwingend notwendig ist die Zusage eines Geständnisses durch den Angeklagten, vgl. § 257c II 2 StPO. Ohne ein Abgabe eines glaubhaften, qualifizierten[84] Geständnisses wird jedoch wegen des Verbotes von Absprachen über den Schuldspruch für ein auf der Verständigung beruhendes Urteil meist die Tatsachengrundlage fehlen.

> **Tipp:** Ich empfehle einer Verständigung nur zuzustimmen, wenn der Angeklagte zur Abgabe eines qualifizierten Geständnisses bereit ist. Nur dann lässt sich letzlich auch nachvollziehbar der gewährte „Strafrabatt" rechtfertigen.[85]

Nicht möglich ist die Vereinbarung eines Rechtsmittelverzichts, vgl. § 302 I 2 StPO.

108j   Abgesehen von den angesprochenen Aspekten werden sich hier jedoch voraussichtlich zahlreiche Zweifelsfragen ergeben, was noch Gegenstand einer zulässigen Vereinbarung sein darf und wo eine unzulässige Verknüpfung von Prozessverhalten und Strafzumessung erfolgt.[86] Ich empfehle hier Zurückhaltung und sorgfältige Prüfung!

109   Der Sitzungsvertreter ist an eine ausgehandelte Verständigung gebunden und muss entsprechende Anträge stellen. Im Plädoyer muss jedoch regelmäßig auf das Vorliegen einer Verständigung allenfalls knapp eingegangen und das Geständnis des Angeklagten entsprechend gewürdigt werden.

109a   Sofern sich das Gericht nach § 257c IV StPO von der Verständigung löst, muss es hierauf hinweisen. Dann entfällt auch die Bindung der übrigen Verfahrensbeteiligten. Das vereinbarungsgemäß erfolgte Geständnis des Angeklagten ist nicht mehr verwertbar, § 257c IV 3 StPO. Aufgrund des Geständnisses ggf. erlangte weitere Beweise bleiben aber i.d.R. verwertbar.[87]

> **Hinweis:** Abzuwarten bleibt, in welchem Umfang die Regelung der Verständigung in der Praxis angewendet wird oder ob – nunmehr unzulässige – Absprachen „außerhalb des Protokolles" erfolgen und durch einen anschließenden Rechtsmittelverzicht der Überprüfung

---

[84] D.h. eines detaillierten Geständnisses, das über ein bloß formales Einräumen der Tat hinausgeht.

[85] So zu recht auch *Meyer-Goßner*, StPO, § 257c Rn. 16 f.

[86] Näher *Meyer-Goßner*, StPO, § 257c Rn. 14 ff.

[87] *Meyer-Goßner*, StPO, § 257c Rn. 28.

durch die Obergerichte entzogen werden. Sofern Ihnen eine solche geheime Absprache angetragen wird sollten Sie daran denken, dass Sie als Organ der Rechtspflege an das Gesetz gebunden sind.

J. (Teil-)Einstellungen*

Werden keine weiteren Beweisanträge gestellt, kommt es an dieser **110** Stelle der Hauptverhandlung bei „problematischen" Fällen häufig zu einer kurzen Erörterung der Beweis- und/oder Rechtslage. Es stellt sich dann die Frage, ob eine teilweise oder vollständige Einstellung des Verfahrens in Betracht kommt.

I. §§ 153, 153a StPO

Ist das **Gericht** nach der Beweisaufnahme der Auffassung, dass die **111** Schuld des Angeklagten gering wäre und sieht es kein öffentliches Interesse an der Strafverfolgung, regt es eine Einstellung des Verfahrens oder eines Teiles hiervon nach **§ 153 StPO**, d.h. ohne weitere Auflagen oder Weisungen, an. Aus der Formulierung des Gesetzes, dass die Schuld gering „wäre ", ergibt sich, dass ein zweifelsfreier Tatnachweis noch nicht geführt sein muss. Eine Einstellung nach dieser Vorschrift im Rahmen der Opportunität kann daher auch zur Vermeidung weiterer aufwändiger Ermittlungen/Beweiserhebungen dienen. Es sollten aber zumindest gewisse Anhaltspunkte für die Täterschaft des Angeklagten vorliegen. Die Vermeidung eines Freispruches sollte nicht das Motiv für eine Einstellung nach § 153 StPO sein.

Hält das Gericht hingegen ein öffentliches Interesse an der Strafver- **112** folgung für gegeben, kommt eine vorläufige[88] Einstellung nach **§ 153a StPO**, d.h. unter Auflagen und/oder Weisungen in Betracht, wenn die Schwere der Schuld nicht entgegensteht und die Auflagen/Weisungen geeignet sind, das öffentliche Interesse an der Strafverfolgung zu beseitigen. Dies kann bis zu „mittlerer" Schuldschwere der Fall sein. Als Auflage kommen i.d.R. die Zahlung eines Geldbetrages oder, wenn der Angeklagte in beengten finanziellen Verhältnissen lebt aber arbeitsfähig ist, die Ableistung einer bestimmten Stundenzahl gemeinnütziger Arbeit in Betracht. Die Höhe liegt im Ermessen des Gerichts.

---

[88] Wird die Auflage/Weisung fristgerecht erfüllt, wird das Verfahren im Büroweg nach – schriftlicher – Zustimmung der Staatsanwaltschaft endgültig eingestellt. Wird die Auflage/Weisung nicht oder nicht fristgerecht erfüllt, wird das Verfahren wieder aufgenommen und ein neuer Hauptverhandlungstermin anberaumt.

113   Eine solche Einstellung nach den §§ 153, 153a StPO setzt die Zustimmung des Angeklagten und des Vertreters der Staatsanwaltschaft voraus. Der Sitzungsvertreter muss sich daher zu der beabsichtigten Verfahrenseinstellung äußern.

114   Auch von Seiten der **Verteidigung** wird häufig eine Verfahrenseinstellung nach §§ 153, 153a StPO angeregt. Auch dann müssen Sie, wenn das Gericht nicht ohnehin eine Verfahrenseinstellung ablehnt, sich äußern.

Praxistipp: Als **Referendar** müssen Sie, sofern eine mögliche Einstellung nach §§ 153, 153a StPO nicht vorbesprochen wurde, in diesen Fällen unbedingt eine Sitzungsunterbrechung beantragen und Rücksprache mit Ihrem Sitzungsstaatsanwalt nehmen. Sie können zwar rechtswirksam einer Einstellung zustimmen, dürfen dies aber nur nach Rücksprache mit Ihrem Ausbildungsstaatsanwalt.

Als **Dienstanfänger** sollten Sie, wenn der Fall nicht völlig klar liegt, ebenfalls eine Unterbrechung beantragen und kurz Rücksprache mit dem für die Anklage verantwortlichen Referenten nehmen. Unter Umständen hält dieser eine Einstellung für nicht angezeigt. Auch kann nicht geleugnet werden, dass vereinzelt Richter oder Rechtsanwälte versuchen, die Unerfahrenheit eines Dienstanfängers auszunutzen und diesen zu einer Einstellung zu drängen, um ein unangenehmes Verfahren zu erledigen.

---

115   Häufig fragt das Gericht bei einer Einstellung nach § 153a StPO, welche Auflage die Staatsanwaltschaft für angemessen erachtet. Dies ist natürlich eine Einzelfallfrage, die Sie im Zweifelsfall mit Ihrem Ausbildungsstaatsanwalt oder einem Kollegen telefonisch in einer Sitzungspause klären sollten. Als ganz grobe Orientierung können Sie betragsmäßig die Hälfte der in der Sitzungsvorbereitung anvisierten Geldstrafe nehmen.

   Beispiel: Wollen Sie im Fall einer Verurteilung eine Geldstrafe von 20 Tagessätzen zu je 30 Euro (d.h. insgesamt 20 x 30 = 600 Euro) beantragen, können Sie bei einer vorläufigen Einstellung nach § 153a StPO eine Geldauflage von 300 Euro anregen.

116   Es kommt gelegentlich vor, dass der Angeklagte oder sein Verteidiger versuchen, die vom Staatsanwalt vorgeschlagene Höhe der Auflage „herunterzuhandeln". Hierauf sollten Sie sich nicht einlassen, es sei denn, dass wirklich noch beachtenswerte Gesichtspunkte vorgetragen werden.

Praxistipp: Auch die **Staatsanwaltschaft** kann selbstverständlich eine Verfahreneinstellung anregen. Bevor Sie jedoch eine Einstellung nach §§ 153, 153a StPO ins Spiel bringen, sollten Sie bedenken, dass der Sachbearbeiter sich durch die Anklageerhebung grundsätzlich gegen eine derartige Sachbehandlung entschieden hat.

II. §§ 154, 154a StPO

Die §§ 154, 154a StPO ermöglichen eine Beschränkung des Verfahrens aus verfahrensökonomischen Überlegungen. **§ 154 StPO** ist dabei einschlägig, wenn es um die Einstellung einzelner von **mehreren prozessualen Taten** i.S.d. §§ 155, 264 StPO geht. **§ 154a StPO** kommt hingegen zur Anwendung, wenn **innerhalb einer prozessualen Tat** einzelne Tatteile oder Einzelakte von der weiteren Verfolgung ausgenommen werden sollen. 117

Nach **§ 154 StPO** kann **auf Antrag der Staatsanwaltschaft** das Verfahren insgesamt im Hinblick auf die in einem anderen Verfahren zu erwartende Strafe vorläufig eingestellt werden, wenn die wegen der eingestellten Taten zu erwartende Strafe im Vergleich zu der anderweitig zu erwartenden Strafe nicht erheblich ins Gewicht fallen würde. Ebenso können innerhalb des angeklagten Verfahrens einzelne prozessuale Taten im Hinblick auf die wegen der übrigen (prozessualen) Taten in diesem Verfahren zu erwartende Strafe herausbeschränkt werden. 118

Während bei Einstellungen nach den §§ 153, 153a, 154a StPO die Zustimmung der Staatsanwaltschaft ausreicht, muss der Sitzungsvertreter im Fall einer (Teil-) Einstellung nach § 154 StPO einen ausdrücklichen Antrag stellen.

Formulierungsbeispiel: *„Ich beantrage, das Verfahren hinsichtlich des angeklagten Betruges am 24.11.2009 im Hinblick auf die wegen der übrigen angeklagten Betrugsdelikte zu erwartende Strafe vorläufig einzustellen."*

Nach **§ 154a StPO** kann das Verfahren auf einzelne Teile der angeklagten Tat im prozessualen Sinn beschränkt werden. Bezüglich der auszuscheidenden Teile wird von der Verfolgung abgesehen. 119

Entscheidend ist bei §§ 154, 154a StPO, dass die eingestellten bzw. herausbeschränkten Taten bei der zu erwartende Strafe nicht wesentlich ins Gewicht fallen (würden). Eine Berechnungsformel hierfür gibt es nicht. Es handelt sich letztlich um Ermessensentscheidungen, bei denen häufig hinzukommt, dass sich in der Hauptverhandlung heraus- 120 gestellt hat, dass ein Freispruch hinsichtlich dieser Taten derzeit nicht erfolgen kann, zum sicheren Nachweis der Taten andererseits noch erheblicher Nachermittlungsaufwand erforderlich wäre. Der Schwerpunkt einer Anklage kann nicht nach den §§ 154, 154a StPO dem Verfahren entzogen werden. Die Praxis handhabt die §§ 154, 154a StPO jedoch in der Regel großzügig.

Praxistipp: Auch bei einer (Teil-)Einstellung nach den §§ 154, 154a StPO gilt für Referendare und Berufsanfänger das zu den §§ 153, 153a StPO Ausgeführte.

K. Hinweise gem. § 265 StPO*

121 Die gerichtliche Fürsorgepflicht, die Aufklärungspflicht, der Grundsatz des fairen Verfahrens sowie der Grundsatz des rechtlichen Gehörs gebieten, dass für den Fall einer drohenden Verurteilung der Angeklagte vor Urteilsfällung auf Änderungen rechtlicher oder tatsächlicher Gesichtspunkte hinsichtlich des angeklagten Sachverhaltes hingewiesen wird.[89]

122 Hält das Gericht nach der Beweisaufnahme eine von der Anklage abweichende rechtliche Würdigung der Tat für möglich, ergeht ein Hinweis gem. § 265 I StPO auf die Veränderung des rechtlichen Gesichtspunktes bzw. gem. § 265 II StPO auf ggf. vorliegende straferhöhende Umstände, und dass auch eine Verurteilung entsprechend dieses Hinweises in Betracht kommt.

Dabei ist zu beachten, dass § 265 I StPO immer greift, wenn das Gericht von der Rechtswertung der Anklageschrift abweichen will, d.h. auch dann, wenn nach dem Ergebnis der Beweisaufnahme ein milderes Gesetz anzuwenden ist, als angeklagt wurde.

Beispiel: Hält das Gericht statt gefährlicher Körperverletzung eine einfache vorsätzliche Körperverletzung für erwiesen, ist ein Hinweis nach § 265 I StPO erforderlich

123 Ist das Gericht nach der Beweisaufnahme der Auffassung, dass sich das tatsächliche Geschehen abweichend von der Darstellung in der Anklageschrift ereignet hat, gleichwohl aber von der Anklage erfasst ist, ergeht ein Hinweis auf die Veränderung des tatsächlichen Gesichtspunktes entsprechend § 265 I, II StPO.

---

[89] *Meyer-Goßner*, StPO, § 265 Rn. 2 ff.

Beispiele: Der Angeklagte hat dem Geschädigten statt, wie angeklagt einmal, mit der Faust zweimal kurz hintereinander in den Bauch geschlagen; als Tatzeit wird 11.30 Uhr statt 10.00 Uhr angenommen.

Staatsanwaltschaft und Verteidigung erhalten nach derartigen Hin- **124** weisen Gelegenheit zur Stellungnahme.

> **Praxistipp:** In der Regel ist keine Stellungnahme erforderlich. Sie sollten jedoch prüfen, ob Sie die geäußerte abweichende Auffassung teilen und auf jeden Fall im Plädoyer begründen, warum sie an der Rechtsauffassung aus der Anklage festhalten oder, entsprechend dem gerichtlichen Hinweis, die Tat nunmehr rechtlich anders beurteilen. Ein gutes Plädoyer kann das Gericht durchaus noch überzeugen, dass die ursprüngliche, in der Anklageschrift niedergelegte, Beurteilung doch zutreffend ist.

Hält der Sitzungsvertreter der Staatsanwaltschaft nach der Beweis- **125** aufnahme eine rechtliche oder tatsächliche Abweichung von der Anklageschrift für gegeben und erteilt das Gericht von sich aus keinen entsprechenden Hinweis, sollte der Sitzungsvertreter einen solchen Hinweis beantragen. Dabei muss er angeben, welche Veränderung aus seiner Sicht vorliegt. Das Gericht wird dann in der Regel vorsorglich den beantragten Hinweis erteilen.

Ein gerichtlicher Hinweis auf die Veränderung eines rechtlichen **126** oder tatsächlichen Gesichtspunktes ist keine verbindliche Festlegung des Gerichtes dahingehend, dass es die Tat auch entsprechend diesem Hinweis aburteilt. Das Gericht weist lediglich darauf hin, dass möglicherweise eine von der Anklage abweichende Verurteilung erfolgt.

L. Asservate*

Sind im Verfahren noch Asservate, d.h. Beweisgegenstände, be- **127** schlagnahmt[90] oder sichergestellt[91] deren Herausgabe nach Verfahrensabschluss nicht in Betracht kommt, muss in der Hauptverhandlung über deren weiteren Verbleib entschieden werden. In Betracht kommen v.a. Tatmittel, aufgefundenes Rauschgift, Einbruchswerkzeug, gefälschte Urkunden, Falschgeld, aus der Tat erlöstes Bargeld u.ä.

---

[90] Von Beschlagnahme spricht man, wenn der Gegenstand gegen den Willen des Betroffenen in staatlichen Besitz gelangt ist.

[91] Eine Sicherstellung liegt demgegenüber vor, wenn der Betroffene mit der Besitzergreifung des Staates hinsichtlich des Gegenstandes einverstanden war.

128   Sofern der Richter dies nicht von sich aus anspricht, sollte der Angeklagte in der Hauptverhandlung gefragt werden, ob er sich mit der
form- und entschädigungslosen Einziehung der Asservate einverstanden erklärt. Eine entsprechende Erklärung des Angeklagten sollte in
das Hauptverhandlungsprotokoll aufgenommen und auch im Sitzungsbericht des Staatsanwaltes vermerkt werden.

129   Erklärt sich der Angeklagte *nicht* mit der form- und entschädigungslosen Einziehung einverstanden, muss im Plädoyer ein Antrag auf
Einziehung der Asservate bzw. ggf. auf Verfall oder Verfall von Wertersatz gestellt werden.[92] Unterbleibt eine entsprechende Entscheidung
durch das Gericht, darf kein Rechtsmittelverzicht erklärt werden, da
nach rechtskräftigem Verfahrensabschluss die Asservate herausgegeben werden müssten. Eine unterbliebene Einziehung kann nachträglich
nicht nachgeholt werden.

M. Die Einspruchsbeschränkung und -rücknahme beim Strafbefehl

130   War gegen den Angeklagten ein Strafbefehl erlassen worden,
kommt es häufig vor, dass dieser einen unbeschränkt eingelegten
Einspruch in der Hauptverhandlung beschränkt, z.B. auf den Rechtsfolgenausspruch. Hierzu ist die Zustimmung der Staatsanwaltschaft
erforderlich. Diese können Sie in der Regel erteilen. Wenn jedoch
durch die Einspruchsbeschränkung eine an sich erforderliche Anpassung des Strafbefehls nicht mehr erfolgen kann, sollten Sie die Zustimmung zur Einspruchsbeschränkung verweigern. So z.B. wenn die
rechtliche Würdigung der Tat im Strafbefehl ggf. aufgrund in der
Hauptverhandlung neu zu Tage getretener Umstände unzutreffend ist
oder wenn durch die Beschränkung eine unerlässliche Strafschärfung
vermieden werden soll.

Die gleichen Erwägungen gelten bei einer umfassenden Einspruchsrücknahme des Angeklagten.

N. Das Plädoyer

131   Der Staatsanwalt erhält nach Abschluss der Beweisaufnahme als Erster das Wort, § 258 StPO. Er ist dabei berechtigt *und verpflichtet*[93] zur
Frage der Täterschaft und der angemessenen Sanktion Stellung zu

---

[92] Näher hierzu Rn. 293 ff.
[93] *Meyer-Goßner*, StPO, § 258 Rn. 9 f.

nehmen. Im Rahmen des Plädoyers erörtert der Staatsanwalt das Gesamtergebnis der Hauptverhandlung, würdigt es umfassend tatsächlich und rechtlich und stellt einen konkreten Entscheidungsantrag an das Gericht.[94]

Das Plädoyer stellt für den Referendar oder Dienstanfänger die **132** größte Herausforderung im Rahmen des Sitzungsdienstes dar. Kann bezüglich der bisher angesprochenen Aspekte der Verhandlung im Notfall telefonisch Rücksprache mit dem Ausbilder oder Kollegen genommen werden, muss das Plädoyer alleine durchgestanden werden.

> **Praxistipp:** Wenn sich in der Verhandlung neue Aspekte ergeben, die Sie nicht ohne weiteres in Ihr Plädoyer einfügen können oder wenn Sie sich bezüglich bestimmter Rechtsfragen nunmehr unsicher sind, beantragen Sie eine kurze Unterbrechung der Sitzung. In der Sitzungspause nehmen Sie dann telefonisch Rücksprache mit Ihrem Ausbilder oder Kollegen. Lieber eine Sitzungsunterbrechung zu viel, als dass Sie sich in Ihrem Plädoyer verheddern, weil Sie versuchen, während des Plädoyers noch ein Problem zu lösen.

Das Schlussplädoyer ist auch ein geeigneter **Klausurgegenstand** **133** für das zweite Staatsexamen. Als Referendar profitieren Sie daher doppelt, wenn Sie sich sorgfältig mit Aufbau und Inhalt eines Plädoyers befassen. Gleichwohl unterscheidet sich ein „Klausurplädoyer" von einem „echten" Plädoyer (sehen Sie sich hierzu unbedingt den **Vergleich eines Praxis- und Klausurplädoyers im Anhang** an). Während Sie in der Klausur Zeit haben, sich die richtige Lösung zu überlegen und anschließend sorgfältig auszuformulieren, müssen Sie in der **Hauptverhandlung** grundsätzlich unmittelbar nach Abschluss der Beweisaufnahme mit dem Plädoyer beginnen. Zeit für große Überlegungen bleibt kaum. Zudem haben Sie „Zuhörer", was die Angelegenheit beim ersten Plädoyer auch nicht einfacher macht. Dennoch gilt:

> Ein **gut vorbereitetes** Plädoyer ist auch von einem Anfänger souverän zu bewältigen. Niemand erwartet ein perfektes Plädoyer. Gleichwohl dürfen Sie nicht vergessen, dass Sie beim Plädoyer als „Profi" in Erscheinung treten, weshalb eine professionelle Vorbereitung erwartet wird. Sollten trotz bester Vorbereitung Patzer unterlaufen, ist dies kein Beinbruch und wird Ihnen nachgesehen. Für schlampig vorbereitete Plädoyers gibt es hingegen keine Entschuldigung. Zudem dürfen Sie auch nicht den Eindruck unterschätzen, den Sie beim

---

[94] Vgl. Nr. 138, 139 RiStBV.

Angeklagten hinterlassen. Auch wenn Sie Referendar sind und das Plädoyer für Sie Übungscharakter hat, beantragen Sie Rechtsfolgen, die für das Leben des Angeklagten u.U. einschneidende Auswirkungen haben. Sie schulden es daher dem Angeklagten, die beantragte Sanktion für diesen nachvollziehbar zu begründen und nicht durch schlampige Ausführungen den Eindruck zu erwecken, dass Ihnen der Angeklagte und dessen Schicksal gleichgültig sind.

Sie sollten zur Vorbereitung mehrere Plädoyers ohne Unterbrechungen und ohne dass Sie bei einem Fehler von vorne anfangen laut ausformulieren und dies am Besten mit einer Videokamera aufnehmen. Durch solche „Probeplädoyers" sehen Sie auch, wo möglicherweise noch Schwachstellen in Ihrer Vorbereitung sind. Besser, Sie stellen dies im Vorfeld fest, als in der Verhandlung.

134   Es gibt keine gesetzlichen Vorschriften, wie ein Plädoyer abzuhalten ist. Gleichwohl haben sich bestimmte Regeln ausgebildet und bewährt:
- Der Staatsanwalt erhebt sich für sein Plädoyer.
- Das Plädoyer wird grundsätzlich in freier Rede gehalten.
- Die Nutzung schriftlicher Notizen ist angezeigt.
- Das Plädoyer folgt einem bestimmten Aufbau.

Zu diesen Punkten sei im Einzelnen angemerkt:

135 – Wenn das Gericht den **Staatsanwalt** um sein Plädoyer bittet, **erhebt sich** dieser für seine Ausführungen. Sie sollten sich in Ruhe erheben und eine gute Standposition einnehmen. Ein Aufspringen vom Stuhl ist nicht erforderlich und wirkt aufgeregt. Während des Plädoyers sollten Sie wissen, was Sie mit Ihren Händen machen. Sie können sich an Notizzetteln oder einem Stift „festhalten" oder die Hände frei bewegen. Vermeiden Sie aber ein Herumfuchteln mit den Händen.

Tipp: Schauen Sie sich eine Unterhaltungssendung im Fernsehen an und achten Sie darauf, was der frei auf der Bühne stehende Moderator während der Moderation mit seinen Händen macht und überlegen Sie, ob dies auch für Sie in Betracht kommt.

Nehmen Sie anschließend ein Probeplädoyer mit der Videokamera auf und versuchen Sie dabei auch auf Ihre Körperhaltung und Ihre Arme/Hände zu achten und kontrollieren Sie das Ergebnis.

Nach Abschluss des Plädoyers setzen Sie sich wieder, wobei ein „Zurückplumpsen" auf den Stuhl vermieden werden sollte.

136 – Das Plädoyer wird in der Regel in **freier Rede** gehalten. Ob Sie dabei die „Ich-Form" (*„Ich beantrage daher [...]"*) verwenden oder ob Sie sich hinter der Behörde „verstecken" (*„Die Staatsanwalt-schaft beantragt daher [...]"*) ist eine Frage des persönlichen Geschmacks. Auch wenn m.E. der „Ich-Form" der Vorzug zu geben ist, sollten Sie die Variante wählen, mit der Sie sich wohl fühlen.

Freie Rede bedeutet, dass Sie in der Sitzung den Schlussvortrag ohne ausformuliertes Manuskript halten. Keinesfalls sollten Sie ein vor der Hauptverhandlung niedergeschriebenes Plädoyer lediglich verlesen. Zum einen kann dies beim Angeklagten den Eindruck erwecken, dass der Sitzungsstaatsanwalt einer vorgefertigten Meinung folgt und die Hauptverhandlung auf die Meinungsbildung des Staatsanwalts keinerlei Einfluss hat. Zum anderen sind Sie, wenn sich in der Sitzung größere Änderungen ergeben, kaum in der Lage, während des Laufes der Hauptverhandlung ein vorformuliertes Plädoyer anzupassen. Bei lediglich kleineren Änderungen besteht zudem immer noch die Gefahr, dass Sie in der Hektik nicht alle Stellen finden, an welchen das Plädoyer angepasst werden muss.

Klausurhinweis: In der Klausur müssen sie so tun als ob das Plädoyer in freier Rede gehalten wird. D.h. die Formulierung muss zwar präzise sein, soll aber einer wörtlichen Rede nachempfunden sein, so dass Ihre Klausur theoretisch eine Mitschrift eines „live" gehaltenen Plädoyers sein könnte. Sehen Sie sich zu diesem Problem unbedingt den Vergleich von Praxis- und Klausurplädoyer im Anhang an!

— Freie Rede bedeutet jedoch nicht, dass Sie das Plädoyer improvisie- **137** ren oder ohne jegliche **schriftliche Notizen** abhalten müssen oder können. Neben den Sitzungsmitschriften, in denen u.a. die persönlichen Verhältnisse des Angeklagten und die Aussagen von Zeugen notiert werden, können Sie für absehbar problematische Punkte auch im Vorfeld bereits Stichpunkte für das Plädoyer notieren. Für komplexere Anträge, z.B. bei einer nachträglichen Gesamtstrafenbildung, sollten Sie einzelne Anträge ebenfalls bereits vorformulieren, um im Schlussvortrag nicht über die Formulierung zu stolpern. Schließlich sollten Sie sich auch Notizen zu Nebenfolgen oder weiteren Anträgen (z.B. Aufhebung/Aufrechterhaltung des Haftbefehls) machen, um nichts zu übersehen. Lediglich die Zusammenfügung dieser Einzelaspekte sollte in freier Rede, d.h. ohne ausformuliertes Manuskript erfolgen.
— Der **Aufbau** des Plädoyers richtet sich danach, ob Verurteilung, **138** Freispruch oder eine Kombination aus Teilverurteilung und Teilfreispruch beantragt wird. Zwar gibt es keine Bindung an einen bestimmten Aufbau, um jedoch ein nachvollziehbares, strukturiertes und voll-

ständiges Plädoyer abzuliefern, sollten Sie sich jedenfalls als Anfänger an die nachfolgend dargestellten Aufbauvorschläge halten und jeden Punkt – sei es auch knapp – abhandeln. **Dies gilt für Klausuren in besonderem Maße**.

I. Antrag auf Verurteilung

139   Wird eine Verurteilung des Angeklagten beantragt, nimmt der Staatsanwalt sein Ergebnis nicht gleich zu Beginn der Ausführungen vorweg, sondern führt die Zuhörer zu seinem Schlussantrag hin. Dazu handelt er folgende Punkte im Plädoyer ab:

Aufbauschema Plädoyer

1. Anrede
2. Darlegung des festgestellten Sachverhalts
3. Beweiswürdigung
4. Rechtliche Würdigung
5. Strafzumessung
6. [ggf.] Ausführungen zu weiteren Aspekten (Nebenfolgen, Maßregeln der Sicherung und Besserung, Einziehung usw.)
7. Kosten
8. Zusammenfassender Antrag

140   Sind in **Tatmehrheit** stehende Straftaten abzuurteilen, empfehle ich, zunächst für jede Tat einzeln die Punkte 2.–5. komplett zu durchlaufen und anschließend aus den ermittelten Einzelstrafen eine Gesamtstrafe zu bilden. Dadurch erhalten Sie in der Regel die Struktur und Übersichtlichkeit des Plädoyers am Besten. Im Einzelfall kann es aber vorteilhafter sein, innerhalb der Punkte 2.–5. die jeweiligen Aspekte aller Taten nacheinander abzuhandeln und anschließend eine Gesamtstrafe zu bilden.

1. Anrede

141   Das Plädoyer sollte mit einer Anrede beginnen. Dadurch haben Sie gleich einen Einstieg in Ihre Ausführungen. Da das Plädoyer als Entscheidungsvorschlag und -antrag an das Gericht adressiert ist, sollte meines Erachtens auch nur das Gericht angesprochen werden.

Formulierungsbeispiel: *„Hohes Gericht"*

Nicht unüblich ist es, auch den Verteidiger in die Anrede aufzunehmen.

Formulierungsbeispiel: *„Hohes Gericht, sehr geehrter Herr Verteidiger."*

Bei einer solchen erweiterten Anrede stellt sich allerdings die Frage, **142** wer alles in die Anrede einzubeziehen ist In Betracht kommen Nebenkläger und Nebenklagevertreter, noch anwesende Sachverständige, der Protokollführer, anwesende Zuschauer und der Angeklagte. Bereits diese Aufzählung zeigt, dass eine umfassende Anrede aller Anwesenden kaum möglich ist, allenfalls mit der Formulierung „Sehr geehrte Damen und Herren ". Wenn Sie außer dem Gericht noch weitere Beteiligte direkt mit Ihrem Plädoyer ansprechen möchten, empfehle ich, maximal noch den Verteidiger und eventuelle Nebenklagevertreter in die Anrede aufzunehmen. **Keinesfalls** sollten Sie den Angeklagten in die Anredeformel mitaufnehmen (etwa „Hohes Gericht, sehr geehrter Herr Angeklagter"). Eine Begründung für die von Ihnen gewählte Anredeformel müssen Sie selbstverständlich nicht geben.

2. Darlegung des festgestellten Sachverhaltes

Unmittelbar nach der Anrede wird der Sachverhalt so geschildert, **143** wie er sich für den Sitzungsvertreter nach der Beweisaufnahme darstellt. Ich rate davon ab, das Plädoyer dabei mit einem „Scherz" zu beginnen (obwohl dies gelegentlich empfohlen wird), mag ein solcher sich auch noch so sehr anbieten.

Für die **Praxis** gilt dabei: Hat sich der angeklagte Sachverhalt er- **144** wiesen und ist die Sachlage einfach, genügt eine kurze Bezugnahme auf die Anklageschrift. Weitere Ausführungen sind entbehrlich und sollten unterbleiben.

Formulierungsbeispiele: *„Die in der heutigen Hauptverhandlung durchgeführte Beweisaufnahme hat den Anklagevorwurf vollumfänglich bestätigt."*

„Aufgrund der in der heutigen Hauptverhandlung durchgeführten Beweisaufnahme steht fest, dass sich die Tat so abgespielt hat, wie in der Anklageschrift geschildert."

Haben sich Abweichungen von der Anklageschrift ergeben, muss **145** geschildert werden, welcher Sachverhalt dem Verurteilungsantrag zugrund gelegt wird. Bei *kleineren Abweichungen* empfiehlt es sich, die Schilderung der Veränderungen wie folgt einzuleiten:

> *„Aufgrund der durchgeführten Beweisaufnahme steht fest, dass sich der Sachverhalt wie angeklagt allerdings mit folgenden Abweichungen zugetragen hat: [...]."*

Anschließend wird dargelegt, was sich nunmehr anders darstellt, als in der Anklageschrift (z.B. „Der Angeklagte hat dem Geschädigten nicht mit der Faust, sondern mit der flachen Hand ins Gesicht geschlagen"). Haben sich *größere* Abweichungen ergeben, empfiehlt es sich, den Sachverhalt aus Gründen der Verständlichkeit komplett neu darzustellen.

> **Formulierungsbeispiele:** *„Aufgrund der durchgeführten Beweisaufnahme halte ich folgenden Sachverhalt für erwiesen: [...]."*
>
> *„Aufgrund der durchgeführten Beweisaufnahme stellt sich der Sachverhalt wie folgt dar: [...]"*

146   Im Anschluss daran wird der erwiesene Sachverhalt geschildert. Sind mehrere Delikte angeklagt, sollte der festgestellte Sachverhalt für jedes Delikt gesondert geschildert werden. Diese Schilderung muss inhaltlich den Anforderungen der Sachverhaltsschilderung in einer Anlage oder im Urteil entsprechen.[95] Es müssen unter Beschränkung auf das Wesentliche alle objektiven und subjektiven Merkmale der Strafvorschrift, wegen der Verurteilung beantragt wird, mit einer Tatsachenschilderung ausgefüllt werden. Wenn unter Zugrundelegung dieser Auführungen die Tat unter die Strafvorschrift, wegen der Verurteilung beantragt wird, subsumiert werden kann ist die Sachverhaltsschilderung richtig. Es gilt: so knapp wie möglich und dennoch vollständig.

147   In der **Klausur** muss – sofern nicht in der Aufgabenstellung ausdrücklich erlassen – hingegen **immer eine vollständige Sachverhaltsschilderung** erfolgen, auch wenn sich der erwiesene Sachverhalt vollständig mit der Anklageschrift decken sollte (eher unwahrscheinlich). Auch dann müssen Sie den Sachverhalt aus der Klausuranklageschrift abschreiben. Tatsächlich werden gerade in Klausuren jedoch meist Abweichungen vom angeklagten Sachverhalt vorliegen, die es dann in den neu gefassten Sachverhalt zu integrieren gilt.

148   Für die inhaltlichen Anforderungen an die Sachverhaltsschilderung gilt auch in der Klausur das oben Gesagte. Nach Ausformulierung des Sachverhaltes sollten Sie sich kurz für eine Kontrolle Zeit nehmen, ob Sie tatsächlich alle Merkmale des Gesetzes, einschließlich der für den subjektiven Tatbestand relevanten Merkmale, in Ihre Formulierung

---

[95] Siehe vertiefend z.B. *Huber*, Rn. 23 f., 62 ff.

aufgenommen haben. Stellen Sie sich Ihre Sachverhaltsschilderung als Falltext vor, den Sie erstmals sehen, und prüfen Sie dann sorfältig, welche Strafvorschriften Sie bei einem solchen Falltext als verwirklicht ansehen. Wenn Sie Ihren Sachverhalt unter die Vorschriften subsumieren können, wegen deren Sie eine Verurteilung beantragen, und keine überflüssigen Ausführungen im Sachverhalt enthalten sind, haben Sie den Sachverhalt richtig geschildert.

3. Beweiswürdigung

Im Anschluss an die Sachverhaltsschilderung erläutert der Staatsanwalt, auf welchen Beweisen seine Überzeugung beruht. Dabei sollte bei mehreren Delikten die Beweiswürdigung jeweils zunächst für ein Delikt abgeschlossen werden und erst danach die Beweise für die nächste Straftat gewürdigt werden. Auch wenn dadurch z.B. Zeugenaussagen mehrfach gewürdigt werden müssen, gewährleistet dieses Vorgehen die Übersichtlichkeit des Plädoyers am Besten. **149**

Dieser Teil des Plädoyers lässt sich in der **Klausur** nur schwer abprüfen, da die Beurteilung der Glaubwürdigkeit von Zeugenaussagen in schriftlichen Arbeiten kaum möglich ist. Glaubwürdigkeitsüberlegungen dürften daher kein Schwerpunkt der Klausur sein. In der Klausur dürften bei der Beweiswürdigung, sofern die wiedergegebenen Zeugenaussagen nicht offensichtlich widersprüchlich oder falsch sind, kurze Ausführungen zur Glaubhaftigkeit der Aussagen und ggf. der Einlassung des Angeklagten genügen. Gut abprüfen lässt sich hingegen die Frage der Verwertbarkeit einzelner Beweismittel (z.B. der Aussage des einzigen Belastungszeugen), die ebenfalls im Rahmen der Beweiswürdigung erörtert werden muss. **150**

In der **Praxis** ist die Beweiswürdigung in einfachen Fällen kein Problem. Ist der Angeklagte geständig und bestehen keine Zweifel an dem Wahrheitsgehalt des Geständnisses reicht es, auf dieses Geständnis zu verweisen. Ist der Angeklagte nicht geständig, aber durch die erhobenen Beweise eindeutig überführt reicht es aus, auf die Beweismittel zu verweisen und kurz zu begründen, warum der Staatsanwalt diesen Beweismitteln glaubt. Ist jedoch der Angeklagte nicht oder nicht vollumfänglich geständig und ist die Sachlage nicht eindeutig, insbesondere wenn eine Vielzahl widersprechender Zeugenaussagen zu würdigen sind, stellt die Beweiswürdigung gerade Anfänger nicht selten vor erhebliche Probleme. **151**

Bei der Beweiswürdigung wird zunächst auf die Einlassung des Angeklagten und anschließend auf die weiteren in der Beweisaufnahme erhobenen Beweismittel eingegangen. Es ist dabei jeweils darzulegen, **warum** der Staatsanwalt **welche Angaben** glaubt oder nicht glaubt.

Bezüglich der Beurteilung der Glaubwürdigkeit und Glaubhaftigkeit von Zeugenaussagen, aber auch der Einlassung des Angeklagten, können die oben[96] erwähnten Kriterien als Hilfe dienen. Zur Würdigung von Zeugenaussagen können die folgenden Formulierungen als Hilfestellung für die Einleitung der Beweiswürdigung dienen.[97]

> **Formulierungsbeispiele:** *„Der Sachverhalt steht fest aufgrund des Geständnisses des Angeklagten und des Ergebnisses der Beweisaufnahme. Das Geständnis ist glaubhaft. Es deckt sich auch mit den Angaben der Zeugen.“*
>
> *„Der Sachverhalt steht fest aufgrund der Einlassung des Angeklagten und der durchgeführten Beweisaufnahme. Der Angeklagte hat angegeben [...]. Diese Ausführungen sind jedoch widerlegt durch die Angaben der Zeugen Meierhuber und Hubermeier. Der Zeuge Meierhuber hat ausgesagt, [...]. Diese Aussage ist auch glaubwürdig weil [...]. Der Zeuge Hubermeier hat ausgesagt [...]. Auch diese Aussage ist glaubwürdig, weil [...]. Soweit demgegenüber die Zeugin Hörig ausgesagt hat, dass [...] kann dieser Aussage kein Glaube geschenkt werden, weil [...]“*
>
> *„Der Sachverhalt steht fest aufgrund der durchführten Beweisaufnahme. Der Angeklagte hat keine Angaben gemacht. Er ist jedoch überführt durch die vernommenen Zeugen [...].“*

152   Wenn die **Verwertbarkeit eines Beweismittels,** z.B. wegen eventueller Beweisverwertungsverbote, problematisch ist (was sich vor allem in Klausuren gut einbauen lässt!), muss dies ebenfalls an dieser Stelle erörtert werden. Hält der Staatsanwalt das Beweismittel für verwertbar, sollte zunächst geschildert werden, was durch dieses Beweismittel zur Überzeugung des Staatsanwaltes bewiesen wurde. Unmittelbar anschließend wird ausgeführt, dass und warum dieses Beweismittel auch **verwertbar** ist. Eingeleitet werden kann dies wie folgt:

> *„Die Aussage des Zeugen Meierhuber ist auch verwertbar. Dem steht nicht entgegen, dass [...]“*

153   Hält der Staatsanwalt hingegen ein Beweismittel für **unverwertbar,** braucht und darf dieses natürlich nicht zunächst gewürdigt werden.

---

[96] Rn. 73 f.

[97] *Solbach/Klein/Auchter-Mainz*, S. 215; *Brunner/von Heintschel-Heinegg*, Rn. 116 ff.

Vielmehr muss dann gleich ausgeführt werden, dass und warum das Beweismittel nicht zur Überführung des Angeklagten verwendet werden kann bzw. darf.

4. Rechtliche Würdigung

Ist die rechtliche Würdigung unproblematisch, genügt in der **Praxis** **154** eine kurze Feststellung, welcher Straftatbestand verwirklicht ist.

> **Formulierungsbeispiel:** *„Der Angeklagte hat sich aufgrund des festgestellten Sachverhaltes einer vorsätzlichen Körperverletzung schuldig gemacht."*

In der **Klausur** ist auch in einfach gelagerten Fällen gleichwohl die **155** Angabe der Strafvorschriften ratsam.

> **Formulierungsbeispiel:** *„Der Angeklagte hat sich aufgrund des festgestellten Sachverhaltes einer vorsätzlichen Körperverletzung gem. §§ 223 I, 230 StGB schuldig gemacht."*

Ergeben sich hingegen bei der rechtlichen Würdigung des Sachver- **156** haltes Probleme, müssen diese dargestellt werden. Sowohl in der Praxis wie auch in der Klausur ist dabei nur auf die problematischen Punkte einzugehen. Ein Plädoyer ist kein Gutachten. Daher müssen und dürfen nicht sämtliche Tatbestandsmerkmale abgeprüft werden. Vielmehr wird Unproblematisches weggelassen.

Wenn das Gericht im Rahmen der Hauptverhandlung einen Hinweis **157** nach § 265 StPO erteilt oder der Verteidiger bereits ausgeführt hat, dass der Angeklagte mit einer von der Anklage abweichenden rechtlichen Würdigung verurteilt werden könne oder müsse, muss der Sitzungsvertreter auf diese Erwägungen in seinem Plädoyer eingehen.

> **Formulierungsbeispiel:** *„Aufgrund des festgestellten Sachverhaltes hat sich der Angeklagte einer gefährlichen Körperverletzung schuldig gemacht. Entgegen der Auffassung der Verteidigung liegt nicht lediglich eine vorsätzliche Körperverletzung vor. Der Angeklagte hat den angespitzten Besenstiel mit voller Wucht in den Bauch des Geschädigten gerammt. Dies verwirklicht [...]"*

5. Strafzumessung

Die Strafzumessung ist, jedenfalls in amtgerichtlichen Strafverfah- **158** ren, häufig der Schwerpunkt des Plädoyers. Im Rahmen der Strafzu-

messung wird die konkret tat- und schuldangemessene Rechtsfolge
ermittelt. Hierbei gilt es eine Vielzahl von Aspekten zu berücksichtigen, die gerade bei Anfängern oft für Verwirrung sorgen. **Unabdingbar sind daher ein stringenter Aufbau des Plädoyers in diesem
Punkt und eine sorgfältige Vorbereitung.** Anders als manche Verteidiger, kann der Sitzungsvertreter die Art und Höhe der Strafe nicht
dem Gericht überlassen, sondern muss einen konkreten Strafantrag
stellen. Berufsanfänger und Referendare sollten die Höhe der zu beantragenden Strafe bei der Sitzungsvorbereitung mit einem Kollegen oder
dem Ausbildungsstaatsanwalt absprechen und diesen Strafantrag –
sofern nicht aufgrund des Ergebnisses der Hauptverhandlung Abweichungen geboten sind – im Plädoyer „nur noch" begründen.

159   Sie sollten sich stets vergegenwärtigen, dass für den Angeklagten
die konkrete Strafe oder auch nur Nebenfolgen oft bedeutsamer und
einschneidender sind, als der Schuldspruch als solcher. So kann etwa
eine kurze Freiheitsstrafe oder ein Entzug der Fahrerlaubnis den Verlust des Arbeitsplatzes bedeuten. Sie sind m.E. daher gegenüber dem
Angeklagten verpflichtet, Ihren Strafantrag nachvollziehbar darzulegen
und zu begründen. Wenn der Angeklagte den Grund für die beantragte
Strafe versteht, erhöht sich auch die Wahrscheinlichkeit, dass er die
Strafe, sofern das Gericht Ihrem Antrag folgt, akzeptiert.

160   Die Strafzumessung erfolgt in mehreren Schritten, wobei die im folgenden Schema dargestellten Schritte a)–d) für jede von ggf. mehreren
in Tatmehrheit stehenden Taten gesondert abgehandelt werden sollten.

Aufbauschema Strafzumessung

a) Festlegung des Strafrahmens.

b) Abwägung der Strafzumessungsgesichtspunkte.

c) Festlegung und Begründung der Strafart (Geld- oder Freiheitsstrafe).

d) Festlegung und Begründung der Strafhöhe.

e) Gegebenenfalls Festlegung und Begründung von Gesamtstrafen.

f) Bei Freiheitsstrafen zusätzlich: Erörterung der Frage der Strafaussetzung zur Bewährung.

---

a) Festlegung des Strafrahmens

161   In der **Praxis** ist die explizite Festlegung des Strafrahmens, d.h. der
Unter- und Obergrenzen innerhalb deren sich die zu verhängende
Strafe bewegt, in aller Regel nur bei komplizierteren Fallkonstellatio-
nen angezeigt. Kommt für die abzuurteilende Tat der Regelstrafrahmen
zur Anwendung, erübrigen sich Ausführungen zum Strafrahmen. Bei
der Vorbereitung müssen Sie dies natürlich überprüfen, auch damit Sie

nicht etwaige Mindeststrafhöhen übersehen oder Höchststrafen überschreiten. Normalerweise stellt die Bestimmung des anzuwendenden Strafrahmens in der Praxis kein Problem dar.

In der **Klausur** sollten Sie stets – bei unproblematischen Fallgestaltungen natürlich nur kurz – darlegen, von welchem Strafrahmen auszugehen ist. Auch wenn keine Strafrahmenverschiebungen in Betracht kommen, sollten Sie den im konkreten Fall anwendbaren Regelstrafrahmen aufzeigen und konstatieren, dass eine Strafrahmenverschiebung nicht erfolgt. Zum einen zeigen Sie dadurch. dass Sie die richtige Vorgehensweise kennen, zum anderen vermeiden Sie dadurch Strafanträge, die sich versehentlich außerhalb des gegebenen Strafrahmens bewegen (z.b. unterhalb der Mindeststrafe – beliebter Fehler: Geldstrafe von 80 Tagessätzen bei gefährlicher Körperverletzung, § 224 StGB),[98] was definitiv zu erheblichen Punktabzügen führt. Im Übrigen lässt sich eine Strafrahmenbestimmung klausurmäßig gut abprüfen. **162**

Der konkret gegebene Strafrahmen wird wie folgt bestimmt: **163**
– Zunächst für jedes Delikt einzeln:
  – Feststellung des Regelstrafrahmens.
  – Feststellung von Strafrahmenverschiebungen.
– Bei in Tateinheit stehenden Delikten ggf. Harmonisierung des Strafrahmens.

aa) Feststellung des Regelstrafrahmens

Der Regelstrafrahmen ergibt sich aus der angewendeten Strafnorm („wird mit ... bestraft"), gegebenenfalls in Verbindung mit §§ 38 II, 40 I StGB. Dabei ist zu beachten, dass bei Verwirklichung von Qualifikationstatbeständen[99], diese einen eigenen Regelstrafrahmen enthalten. Es erfolgt in diesen Fällen daher keine im Plädoyer zu begründende Strafrahmenverschiebung, sondern der erhöhte Strafrahmen des Qualifikationstatbestandes ist dessen Regelstrafrahmen! **164**

Werden *Geldstrafen* ohne nähere Angaben angedroht („wird mit Geldstrafe bestraft"; dies ist der Regelfall), kommt eine Geldstrafe von 5 bis 360 Tagessätzen in Betracht, § 40 I StGB. **165**

Bei *Freiheitsstrafen* ist zu unterscheiden: droht das Gesetz lebenslange Freiheitsstrafe an,[100] gibt es keinen Regelstraf„rahmen". Wird nicht **166**

---

[98] Dies ist doppelt falsch, weil das Gesetz nur Freiheitsstrafe vorsieht und deren Mindestmaß auf 6 Monate festlegt. Nur ausnahmsweise kann in minder schweren Fällen über § 47 II StGB eine Geldstrafe verhängt werden, die dann aber mindestens 90 Tagessätze betragen muß! Bitte lesen Sie in diesem Zusammenhang unbedingt § 47 StGB durch!

[99] Z.B. §§ 224, 244, 250, 251, 263 V StGB.

[100] Dieser Fall dürfte Referendaren allenfalls in der Klausur begegnen.

lebenslange Freiheitsstrafe angedroht, ist die Freiheitsstrafe zeitig, § 38 I StGB. In diesen Fällen gibt die anwendbare Strafnorm eine Untergrenze (z.b. „Freiheitsstrafe nicht unter 6 Monaten"), eine Obergrenze (z.b. „Freiheitsstrafe bis zu 5 Jahren") oder den Regelstrafrahmen komplett an (z.b. „wird mit Freiheitsstrafe von 6 Monaten bis zu 10 Jahren bestraft"). Soweit die Strafnorm Ober- oder Untergrenze der Freiheitsstrafe nicht angibt bestimmt § 38 II StGB, dass das Mindestmaß der Freiheitsstrafe einen Monat, das Höchstmaß 15 Jahre beträgt.

> **Beispiele:** Für Diebstahl, § 242 StGB, beträgt der Regelstrafrahmen Geldstrafe von 5 bis 360 Tagessätzen (§§ 242 I, 40 I StGB) oder Freiheitsstrafe von 1 Monat bis zu 5 Jahren (§§ 242 I, 38 II StGB).

> Für Raub, § 249 StGB, beträgt der Regelstrafrahmen Freiheitsstrafe von 1 Jahr bis zu 15 Jahren (§§ 249 I, 38 II StGB).

bb) Strafrahmenverschiebung

167   Der Regelstrafrahmen kann sich strafmildernd oder strafschärfend verschieben. Während strafverschärfende Strafrahmenverschiebungen in der Regel nur zu einer einmaligen Verschiebung des Strafrahmens führen, kann es im Hinblick auf strafmildernde Vorschriften unter Umständen auch zu mehrfachen Strafrahmenverschiebungen kommen.

168   (1) **Erhöhte Strafrahmen** sieht das Gesetz in verschiedenen Vorschriften für besonders schwere Fälle vor. Eine solche Strafverschärfung enthält meist eine Aufzählung von Regelbeispielen, die das Vorliegen eines besonders schweren Falles indizieren, z.B. bei §§ 113 II, 243 (beachte hier aber Absatz 2!!), 263 III, 267 III StGB.

> Die besonders schweren Fälle dürfen, darauf sei nochmals hingewiesen, nicht mit Qualifikationstatbeständen (z.B. §§ 224, 244, 250, 251, 263 V StGB) verwechselt werden, die einen eigenen Regelstrafrahmen haben und keine Strafrahmenverschiebung bedingen.

169   Ein besonders schwerer Fall ist gegeben, wenn er sich innerhalb einer Gesamtwürdigung bei Abwägung aller Zumessungstatsachen nach dem Gewicht von Unrecht und Schuld vom Durchschnitt der praktisch vorkommenden Fälle so weit abhebt, dass die Anwendung des Ausnahmestrafrahmens geboten ist.[101] Dabei ist zu beachten, dass aufgrund dieser Abwägung ein besonders schwerer Fall unabhängig davon vorliegen kann, ob ein Regelbeispiel verwirklicht ist. Ist jedoch ein Regelbeispiel verwirklicht, wird das Vorliegen eines besonders schweren Falles vermutet. In der **Praxis** kann dann der erhöhte Strafrahmen ohne weitere Begründung angewendet werden, es sei denn die Regelwirkung dieses

---

[101] *Fischer*, StGB, § 46 Rn. 88.

Regelbeispieles wird durch besondere Umstände entkräftet. Dann verbleibt es (ausnahmsweise) beim Ausgangsstrafrahmen. In der **Klausur** sollten Sie bei Bejahung eines Regelbeispieles und daraus resultierender Strafrahmenverschiebung die obige Definition des besonders schweren Falles mitzitieren.

Klausurbeispiel: „Der Regelstrafrahmen für Diebstahl beträgt Geldstrafe von 5 bis 360 Tagessätzen oder Freiheitsstrafe von 1 Monat bis 5 Jahre, §§ 242 I, 38 II, 40 I StGB. Vorliegend hat der Angeklagte jedoch das Regelbeispiel des § 243 I 2 Nr. 2 StGB verwirklicht. Die damit indizierte Vermutung eines besonders schweren Falles ist auch nicht durch besondere Umstände des Einzelfalles widerlegt. Vielmehr weicht die Tat des Angeklagten, der zur Entwendung des Schmucks den Tresor mittels eines Dietrichs geöffnet hat, bei einer Gesamtwürdigung aller Umstände der Tat nach dem Gewicht von Unrecht und Schuld vom Durchschnitt der praktisch vorkommenden Diebstähle so weit ab, dass die Anwendung des Ausnahmestrafrahmens gerechtfertigt ist. Damit liegt ein besonders schwerer Fall des Diebstahls vor. Es ist daher nicht der Regelstrafrahmen des § 242 StGB, sondern der Strafrahmen des § 243 StGB anzuwenden. Dieser sieht nur Freiheitsstrafe von 3 Monaten bis zu 10 Jahren vor."

(2) **Strafmilderungen** können sich u.a. ergeben aus dem Vorliegen minderschwerer Fälle (z.B. §§ 249 II, 250 II StGB; für den Sitzungsdienst besonders relevant: § 224 I Hs. 2 StGB). Des Weiteren kann der Strafrahmen gemäß § 49 I StGB aufgrund vertypter Milderungsgründe des Allgemeinen Teils des StGB, namentlich verminderter Schuldfähigkeit (§ 21 StGB), wegen Vorliegens eines Versuchs (§ 23 II StGB) oder aufgrund einer bloßen Beihilfetätigkeit des Angeklagten (§ 27 II 2 StGB) verschoben werden. **170**

Die **Prüfung von Strafmilderungen** erfolgt in 2 Schritten:
1. Prüfung des Vorliegens eines minderschweren Falles.
2. Prüfung einer Strafrahmenverschiebung nach § 49 StGB.

Dabei ist **zunächst** zu prüfen, ob ein **minder schwerer Fall** vorliegt. Minderschwere Fälle liegen vor, wenn im Rahmen einer Gesamtwürdigung *aller* Umstände, die für die Wertung von Tat und Täter in Betracht kommen, ein beträchtliches Überwiegen der mildernden Faktoren vorliegt, mit der Folge, dass die Anwendung des Normalstrafrahmens nicht erforderlich ist.[102] Im Rahmen dieser Abwägung kann und muss auch geprüft werden, ob ein ggf. vorliegender vertypter Milderungsgrund des Allgemeinen Teils dazu führt, dass ein minder schwerer Fall anzunehmen ist. So kann beispielsweise der Umstand, dass die Tat im Versuchsstadium stecken geblieben ist oder der Angeklagte vermindert schuldfähig war, dazu führen, dass nur ein minder **171**

---

[102] Siehe hierzu auch *Fischer*, StGB, § 46 Rn. 85; *Schmehl/Vollmer/Heidrich*, S. 198.

schwerer Fall anzunehmen ist. Dabei ist sorgfältig zu prüfen, ob bei Vorliegen mehrer vertypter Milderungsgründe bereits einzelne zur Bejahung eines minder schweren Falles ausreichen und die übrigen für eine weitere Strafrahmenverschiebung im 2. Schritt aufgespart werden können. Werden im Rahmen dieser Gesamtabwägung vertypte Milderungsgründe des Allgemeinen Teils „verbraucht", um einen minderschweren Fall zu bejahen, scheiden sie für die weitere Betrachtung aus, § 50 StGB. Der Grund für die Einbeziehung der vertypten Milderungsgründe in die Gesamtabwägung liegt darin, dass der (Ausnahme-) Strafrahmen eines minder schweren Falles für den Angeklagten in der Regel günstiger ist, als eine Strafrahmenverschiebung über § 49 I StGB.[103] Je nach Ergebnis der Abwägung ist der Regelstrafrahmen oder der Strafrahmen des minder schweren Falles anzuwenden.

172   Liegen **vertypte Milderungsgründe** des Allgemeinen Teils vor, die bei der Prüfung eines minder schweren Falles *nicht* verbraucht wurden,[104] wobei gleichgültig ist, ob dies darauf beruht, dass das Vorliegen eines minder schweren Falles verneint wurde oder ob zur Bejahung eines minder schweren Falles nicht alle vertypten Milderungsgründe verbraucht wurden, ist **im Anschluss weiter** zu prüfen, ob eine (ggf. weitere) **Verschiebung** des soeben festgestellten **Strafrahmens gemäß § 49 I StGB** erfolgt. Für die Praxis kommen vorwiegend die bereits genannten Vorschriften (§§ 21, 23 II, 27 II 2 StGB jeweils iVm. § 49 I StGB) in Betracht. Liegen mehrere vertypte Milderungsgründe nebeneinander vor, so kann der Strafrahmen auch mehrfach verschoben werden.

173   Dabei ist zu berücksichtigen, dass **§ 27 II 2 StGB** die Strafrahmenverschiebung gemäß § 49 I StGB zwingend vorschreibt.

174   Bei § 21 StGB und § 23 II StGB ist – entgegen der gelegentlich vorgebrachten Behauptung von Verteidigern – die Strafrahmenverschiebung nach § 49 I StGB hingegen nicht zwingend vorgeschrieben, sondern von einer (weiteren) Abwägung abhängig, wobei jeweils wieder eine Gesamtabwägung *aller* schuldrelevanten Umstände im Hinblick darauf, ob die Anwendung des milderen Strafrahmens angezeigt ist, erfolgen muss.[105]

175   Im Rahmen des **§ 23 II StGB** kommt dabei den versuchsbezogenen Tatumständen besonderes Gewicht zu, nämlich
 – der Nähe der Tatvollendung,
 – der Gefährlichkeit des Versuches und
 – der aufgewandten kriminellen Energie.[106]

---

[103] *Schmehl/Vollmer/Heidrich*, S. 198.
[104] Sonst gilt § 50 StGB.
[105] *Fischer*, StGB, § 21 Rn. 20; § 23 Rn. 3.
[106] *Schmehl/Vollmer/Heidrich*, S. 199.

Dabei kann aber die Strafrahmenverschiebung nicht mit dem Argument abgelehnt werden, es sei kein Verdienst des Angeklagten, dass der Taterfolg ausblieb, denn in diesem Fall käme § 24 StGB in Frage.[107] In der Praxis wird bei Vorliegen eines unbeendeten Versuches meist von der Milderungsmöglichkeit Gebrauch gemacht. Bei Vorliegen eines beendeten Versuches ist dies eher seltener der Fall. Es kommt jedoch stets auf die Umstände des Einzelfalles an.

Im Rahmen des **§ 21 StGB** ist bei der Gesamtabwägung insbesondere zu beachten, dass ein „Vorverschulden" schulderhöhend berücksichtigt werden und daher die Strafmilderung ausschließen kann. Dies ist vor allem relevant bei Trunkenheitsfahrten. Wenn der Angeklagte bei Alkoholaufnahme vorhersehen konnte oder hätte vorhersehen können, dass er in trunkenem Zustand Auto fahren wird, ist auch bei höheren Blutalkoholkonzentrationen kein Raum für eine Strafmilderung nach § 21 StGB.[108] Andernfalls würde der Täter desto besser gestellt, je mehr Alkohol er getrunken hat, was den Strafzweck der §§ 315c, 316 StGB konterkarieren würde. **176**

cc) Strafrahmenharmonisierung

Hat der Täter mehrere Delikte *tateinheitlich* verwirklicht, ist zunächst für jedes Delikt gesondert der Strafrahmen zu ermitteln. Sind diese Strafrahmen unterschiedlich hoch, wird der Strafrahmen für die zu verhängende Einheitstrafe durch die jeweils höchste Ober- und Untergrenze der Einzelstrafrahmen festgelegt, vgl. § 52 II StGB. **177**

Beispiel 1: Hausfriedensbruch (§ 123 StGB) in Tateinheit mit Diebstahl (§ 242 StGB):
Strafrahmen Hausfriedensbruch:
Geldstrafe oder Freiheitsstrafe von 1 Monat bis zu 1 Jahr.
Strafrahmen Diebstahl:
Geldstrafe oder Freiheitsstrafe von 1 Monat bis zu 5 Jahren.
Harmonisierter Strafrahmen:
Geldstrafe oder Freiheitsstrafe von 1 Monat bis zu 5 Jahren.

Beispiel 2: Diebstahl (§ 242 StGB) in Tateinheit mit gefährlicher Körperverletzung (§ 224 StGB):
Strafrahmen Diebstahl:
Geldstrafe oder Freiheitsstrafe von 1 Monat bis zu 5 Jahren.
Strafrahmen gefährliche Körperverletzung:
Freiheitsstrafe von 6 Monaten bis zu 10 Jahren.
Harmonisierter Strafrahmen:
Freiheitsstrafe von 6 Monaten bis zu 10 Jahren (d.h. keine Geldstrafe mehr möglich).

---

[107] *Fischer*, StGB, § 23 Rn. 4a.
[108] BGHSt 43, 66, 78.

Beispiel 3:[109] Versuchter Raub (§§ 249, 22, 23 StGB, wobei eine Strafmilderung gemäß §§ 23 II, 49 StGB erfolgt ist) in Tateinheit mit gefährlicher Körperverletzung (§ 224 StGB):
Strafrahmen versuchter Raub nach Milderung:
    Freiheitsstrafe von 3 Monate bis 11 Jahre 3 Monate.
Strafrahmen gefährliche Körperverletzung:
    Freiheitsstrafe von 6 Monate bis 10 Jahre.
Harmonisierter Strafrahmen:
    6 Monate bis 11 Jahre 3 Monate.

b) Abwägung der Strafzumessungsgesichtspunkte

178   Innerhalb des so gefundenen Strafrahmens sind nun die zugunsten und zu Lasten des Angeklagten sprechenden Gesichtspunkte abzuwägen und die tat- und schuldangemessene Strafe zu finden. Diese Abwägung muss sowohl im Praxisplädoyer als auch in der Klausur immer vorgenommen werden. Bei der Strafzumessung sind insbesondere, aber nicht abschließend, die in § 46 II StGB genannten Gesichtspunkte zu berücksichtigen, nämlich die Beweggründe und Ziele des Täters, die Gesinnung, welche aus der Tat spricht, der bei der Tat aufgewendete Wille, die Art der Ausführung, die verschuldeten Auswirkungen der Tat, das Vorleben sowie die persönlichen und wirtschaftlichen Verhältnisse des Täters, das Nachtatverhalten und (v.a. bei Fahrlässigkeitsdelikten) das Maß an Pflichtwidrigkeit.

179   Natürlich können und müssen Sie nicht in jedem Plädoyer alle genannten Aspekte ansprechen. Jedoch müssen Sie alle relevanten Strafzumessungsgesichtspunkte berücksichtigen. Die folgende – nicht abschließende – Zusammenstellung soll als Hilfe dienen, welche konkreten Umstände Sie bei der Strafzumessung berücksichtigen können.

180 **Zugunsten** des Angeklagten können sprechen:
    – Geständnis; ein Geständnis wirkt sich immer zugunsten des Angeklagten aus. Erfolgt es jedoch erst gegen Ende der Verhandlung, wenn der Angeklagte bereits überführt ist, verliert es an Gewicht.
    – Schuldeinsicht.
    – Reue.
    – Straffreies Vorleben. Maßgeblich ist insoweit das BZR. Enthält dieses keine oder nur tilgungsreife[110] Vorstrafen, ist das Vorleben des Angeklagten als straffrei anzusehen.
    – Schadenswiedergutmachung.
    – Entschuldigung beim Geschädigten.
    – Geringer Beutewert.
    – Tatbegehung aus Notlage heraus.

---

[109] Beispiel von *Brunner/Heintschel-Heinegg*, Rn. 141.
[110] Siehe dazu Rn. 11 und Rn. 181.

– Eigenschaden.
– Spontantat.
– Mitverschulden oder Provokation des Geschädigten.
– Beeinflussung durch Mittäter oder Dritte.
– länger zurückliegende Tatzeit bzw. lange, vom Angeklagten nicht
  verschuldete, Verfahrensdauer (Tatzeit ca. 2 Jahre oder länger vor
  dem Verhandlungstermin).
– Alkoholbedingte Enthemmung (außer bei Trunkenheitsdelikten, z.B.
  § 316 StGB) ist mit der gebotenen Vorsicht zugunsten des Ange-
  klagten zu werten. Alkoholkonsum entschuldigt nicht. Begeht der
  Täter v.a. unter Alkoholeinfluss Straftaten ist die alkoholbedingte
  Enthemmung nicht zu seinen Gunsten zu berücksichtigen.
– In diesem Verfahren erlittene Untersuchungshaft.
– Haftempfindlichkeit.
– Bei Verkehrsdelikten: Kein Eintrag im VZR.[111]
– Bei Trunkenheitsfahrten: Kurze Fahrtstrecke; Fahrt außerorts; Fahrt
  zu nachtschlafender Zeit.
– Bei Körperverletzungen: Schlag nur mit flacher Hand. Schmerzen
  oder Verletzungen des Opfers nicht länger dauernd.
– Bei Betäubungsmitteldelikten: Geringe Menge; geringer Wirkstoff-
  gehalt; „weiche" Drogen (Haschisch, Marihuana); zum Eigenver-
  brauch bestimmt.

Zu Lasten des Angeklagten können sprechen: **181**
– Vorstrafen, v.a. einschlägige. Nicht jedoch, wenn die Vorstrafen
  getilgt oder tilgungsreif sind, §§ 51, 64a III, 65, 66 BZRG. Zudem
  verlieren die Vorstrafen an Gewicht, je länger sie zurückliegen, ins-
  besondere, wenn sich der Angeklagte zwischendurch längere Zeit
  straffrei geführt hat.
– Rückfallgeschwindigkeit, auch wenn ein vorangehendes Verfahren
  nach § 153 StPO oder § 153a StPO eingestellt wurde.
– Tatbegehung in offener Bewährung.
– In der Tat hervorgetretene hohe kriminelle Energie, z.B. durch
  sorgfältige Tatplanung oder rücksichtslose Tatausführung.
– Rohe Tatbegehung.
– Bleibende Schäden (auch psychischer Art) beim Opfer.
– Hoher Beutewert erlangt oder angestrebt.
– Begehung mehrerer Delikte tateinheitlich.
– Beeinflussung von Zeugen zur Falschaussage.
– Uneinsichtigkeit (s. dazu auch Rn. 188).

---

[111] Dort sind Ordnungswidrigkeiten, aber auch Verkehrsstraftaten eingetragen.

– Bei Ausländern: Einreise in das Bundesgebiet *nur* deshalb, um hier Straftaten zu begehen (s. dazu auch Rn. 190).

– Bei Trunkenheitsfahrten: Hohe Blutalkoholkonzentration; lange Fahrtstrecke; Fahrt innerorts, v.a. wenn tagsüber, wodurch Gefahr für Dritte erhöht wird (s. dazu auch Rn. 185).

– Bei Körperverletzungen: gefährliche Verletzungshandlung (z.B. Kopfstoß; Faustschlag ins Gesicht; Tritt in den Unterleib); lange Behandlungs-/Heilungsdauer.

– Bei Betäubungsmitteldelikten: große Menge von Drogen; harte Drogen (Heroin, Kokain); hoher Wirkstoffgehalt.

182   **Immer** ansprechen müssen Sie das Fehlen oder Vorliegen von Vorstrafen. Ein Geständnis wirkt sich immer zu Gunsten des Angeklagten aus, auch wenn das Geständnis i.d.R. als Strafzumessungskriterium an Wert verliert, je später es im Prozess erfolgt.

183   Im Plädoyer sollten Sie die zugunsten und zu Lasten des Angeklagten sprechenden Gesichtspunkte jeweils als eigenen Block abhandeln. Sind keine zugunsten oder (außer der Tatbegehung) zu Lasten des Angeklagten sprechenden Gesichtspunkte ersichtlich, können Sie dies so auch konstatieren.

> **Formulierungsbeispiel:** *„Zugunsten des Angeklagten ist bei der Strafzumessung zu berücksichtigen, dass er die Tat gestanden hat. Zudem hat er sich bei der Geschädigten entschuldigt und dieser ein Schmerzensgeld gezahlt. Zu seinen Lasten sind jedoch die zahlreichen, zum Teil einschlägigen, Vorstrafen zu berücksichtigen. Gegen den Angeklagten spricht zudem, dass er die angeklagte Tat nur 3 Wochen nach der letzten Verurteilung des AG Musterle zu einer Geldstrafe von 150 Tagessätzen zu je 40 Euro begangen hat. Unter Abwägung aller dieser zugunsten und zu Lasten des Angeklagten sprechenden Strafzumessungsgesichtspunkte bin ich der Ansicht, dass [...]"*

184   Vermeiden sollten Sie folgende **Fehler,**[112] wobei ich Ihnen für die Praxis empfehle, bei Zweifeln, ob eine Strafzumessungserwägung zulässig oder unzulässig ist, diese im Plädoyer lieber wegzulassen:[113]

185   – Strafschärfende Berücksichtigung von Merkmalen des gesetzlichen Tatbestandes oder Gründen, die den Gesetzgeber zur Strafandrohung veranlasst haben (Verbot der Doppelverwertung, § 46 III StGB).

---

[112] Vertiefend zum Folgenden *Schmehl/Vollmer/Heidrich*, S. 200 ff.

[113] In der Klausur müssen Sie, wenn entsprechende Hinweise auf einen derartigen Zumessungsgesichtspunkt vorliegen, diesen natürlich in das Plädoyer einbauen und aufpassen, diesen nicht fehlerhaft zu werten.

Beispiel: Die Gefährlichkeit von Trunkenheitsfahrten als solche ist Grund der Strafandrohung in § 316 StGB (abstraktes Gefährdungsdelikt) und kann daher nicht strafschärfend wirken. Strafschärfend kann jedoch berücksichtigt werden, dass z.B. aufgrund extrem hoher Blutalkoholkonzentration die abstrakte Gefahr der Trunkenheitsfahrt höher war, als bei niedrigerer Blutalkoholkonzentration.

– Strafschärfende Berücksichtigung von fehlenden Milderungsgrün- **186** den. Um diesen Fehler zu vermeiden, können Sie sich eine Kontrollfrage stellen: wollen Sie dem Angeklagten das Fehlen eines Umstandes anlasten, bei dessen Vorliegen die Strafe milder zu bemessen wäre? Wenn Sie diese Frage mit „Ja" beantworten, ist die strafschärfende Berücksichtigung dieses Umstandes fehlerhaft.

Beispiel: Wenn ein verständlicher Anlass für die Tat besteht oder das Opfer die Tat provoziert hat, wären diese Umstände mildernd zu berücksichtigen. Unzulässig ist dann aber, strafschärfend zu berücksichtigen, dass kein verständlicher Anlass für die Tat bestand.

– Strafmildernde Berücksichtigung von fehlenden Strafschärfungsgrün- **187** den. Dies ist die spiegelbildliche Konstellation zur Vorhergehenden. Die Kontrollfrage lautet: wollen Sie das Fehlen eines Umstandes zugunsten des Angeklagten berücksichtigen, dessen Vorliegen einen weiteren oder schwereren Straftatbestand verwirklichen würde?

– Strafschärfende Berücksichtigung erlaubten Verteidigungsverhal- **188** tens, z.B. das Bestreiten der Tat. Als Uneinsichtigkeit des Angeklagten darf nicht strafschärfend berücksichtigt werden, wenn dieser sich trotz erdrückender Beweise gegen den Tatvorwurf wehrt. Zulässig ist jedoch, Uneinsichtigkeit des Angeklagten strafschärfend zu berücksichtigen, wenn dieser die Tat einräumt, aber keinerlei Unrechtsbewusstsein zeigt.

– Nichtberücksichtigung anerkannter Milderungsgründe; darunter fällt **189** insbesondere die Nichtberücksichtigung eines Geständnisses. Wie bereits ausgeführt ist ein Geständnis regelmäßig strafmildernd zu berücksichtigen. Ebenso wirkt sich das Fehlen von Vorstrafen stets zugunsten des Angeklagten aus. Auch beamten-[114] und berufsrechtliche Konsequenzen sind zu berücksichtigen.

– Strafschärfende Berücksichtigung der Ausländereigenschaft als **190** solche. Unzulässig ist es daher, den „Missbrauch des Gastrechts" als strafschärfend zu berücksichtigen. Zulässig ist es jedoch, strafschärfend zu berücksichtigen, dass der Angeklagte allein zum Zweck der Begehung von Straftaten in das Bundesgebiet eingereist ist.[115]

---

[114] Bei Freiheitsstrafen über 1 Jahr verliert der Angeklagte seinen Beamtenstatus sowie die Pensionsansprüche.

[115] *Fischer*, StGB, § 46 Rn. 43.

c) Festlegung der Strafart

191   Sofern das Gesetz nicht ohnehin nur Geld- oder nur Freiheitsstrafe vorsieht, ist nunmehr anhand der im jeweiligen Fall einschlägigen Strafzumessungserwägungen für jede Tat festzulegen, ob Geld- oder Freiheitsstrafe zu verhängen ist. Maßgeblich ist, welche Strafe nach Einschätzung des Staatsanwaltes ausreichend aber auch erforderlich ist, um die angeklagte Tat zu ahnden und den Angeklagten von der Begehung weiterer Straftaten abzuhalten.

Für den Sitzungsdienst und insbesondere die Klausur können Sie folgende „Regeln" als Orientierungshilfe nehmen, die aber natürlich durch die Umstände des Einzelfalles beeinflusst werden:[116]

– Bei Ersttätern wird in der Regel eine Geldstrafe verhängt.

– Bei Wiederholungstätern (einmal einschlägig vorbestraft) wird in der Regel eine höhere Geldstrafe verhängt.

– Ab der dritten einschlägigen Tat wird in der Regel eine Freiheitsstrafe (mit Bewährung) angezeigt sein.

– Hat der Angeklagte (Geld-) Vorstrafen wegen unterschiedlicher Delikte, ist ebenfalls eine Freiheitsstrafe zu erwägen; hier kommt es indes auf die Umstände des Falles an. Jedenfalls wenn es sich bei den Vorstrafen um Vorsatzdelikte handelt, ist ab der dritten Tat eine Freiheitsstrafe nahe liegend.

– Bei Tatbegehung in offener Bewährung ist bei Vorsatzdelikten in der Regel eine Freiheitsstrafe ohne Bewährung erforderlich. Wird in offener Bewährung eine Fahrlässigkeitstat begangen, ist in der Regel eine Geldstrafe oder eine weitere Bewährungsstrafe angezeigt. Anders ist dies indes, wenn die offene Bewährung aus einer gleichgelagerten Fahrlässigkeitstat herrührt.

– In der Regel ist erneut die Verhängung einer Freiheitsstrafe erforderlich, wenn der wegen einer Vorsatztat Angeklagte bereits Freiheitsstrafen verbüßt hat, es sei dann, diese liegen schon länger zurück.

d) Festlegung der Strafhöhe

aa) Geldstrafe

192   Wird eine Geldstrafe beantragt, sind Anzahl und Höhe der Tagessätze anzugeben. Einzelheiten hierzu regelt § 40 StGB, den Sie unbedingt lesen sollten. Wie bereits bei den Ausführungen zum Strafrahmen angemerkt beträgt, soweit das Gesetz nichts anderes vorschreibt,[117] die **Anzahl** der zu verhängenden Tagessätze von 5 bis 360,

---

[116] So kann z.B. bei einer Körperverletzung bei roher Begehungsweise auch bei einem Ersttäter die Beantragung einer Freiheitsstrafe angezeigt sein.

[117] In der Regel ist dies nicht der Fall.

§ 40 I StGB. Wird eine Gesamtstrafe gebildet, kann die Gesamtgeld-strafe maximal 720 Tagessätze betragen, § 54 III StGB.

Ein wichtiger **Sonderfall** der Mindestanzahl der Tagessätze ergibt sich **193** aus § 47 II StGB (bitte lesen!). Diese Vorschrift ist durchaus praxisrele-vant.

Beispiel: Bei einer gefährlichen Körperverletzungen in einem minder schweren Fall, § 224 Hs 2 StGB sieht das Gesetz lediglich Freiheitsstrafe von 3 Monaten bis zu 5 Jahren vor. Kommt im konkreten Fall nur eine Freiheitsstrafe unter 6 Monaten in Betracht und liegen die Voraussetzungen des § 47 I StGB[118] für die Verhängung einer kurzen Freiheitsstrafe nicht vor, ist keine Freiheits-, sondern eine Geldstrafe von mindestens 90 Tagessätzen (bis maximal 179 Tagessätzen)[119] zu verhängen.

Die exakte Zahl der zu beantragenden Tagessätze hängt von den **194** Umständen des Einzelfalles ab. Für die **Praxis** sollten Sie sich im Rahmen der Sitzungsvorbereitung mit Kollegen besprechen, bis Sie im Laufe der Zeit ein Gefühl dafür entwickeln, welche Wertigkeit die jeweils angeklagte Tat unter Berücksichtigung der Umstände des Einzelfalles hat. Wichtig ist in jedem Fall, dass Sie nicht vergessen, dass auch eine Geldstrafe im Wege der Ersatzfreiheitsstrafe zu einer Haftstrafe werden kann. Sie dürfen also keinesfalls die Tagessatzan-zahl nur deshalb höher ansetzen, weil der Angeklagte um eine Frei-heitsstrafe „herumkommt"!

In der **Klausur** müssen Sie bei der Festlegung der Tagessatzanzahl **195** „improvisieren". Sofern Sie nicht völlig neben einem realistischen Strafantrag liegen, schaden kleinere Fehler bei der Anzahl der Tages-sätze nicht. Als Orientierung hier einige Hinweise zur Bemessung einer *Einzel*geldstrafe:[120]

- 10 Tagessätze sind sehr niedrig. Eine solch geringe Geldstrafe kommt nur bei leichteren Delikten oder Bagatellen in Betracht, die u.U. auch nach § 153a StPO hätten eingestellt werden können.
- 20–30 Tagessätze sind für Ersttäter bei Durchschnittsdelikten der leichteren bis mittleren Kriminalität angemessen.
- 50 Tagessätze sind eine bereits durchaus spürbare Geldstrafe, z.B. bei Körperverletzungen durch Ersttäter mit gröberer Tatausführung.
- 90 Tagessätze kommen für Ersttäter i.d.R. erst bei größeren Schäden in Betracht.

---

[118] Rn. 206 f.

[119] Da 180 Tagessätze einer Freiheitsstrafe von 6 Monaten entsprechen, die nicht mehr den Einschränkungen des § 47 I StGB unterliegt (vgl. den Wortlaut: „unter 6 Monaten") und daher nicht mehr als Geldstrafe verhängt werden kann.

[120] Die folgenden Beispiele beruhen auf Erfahrungswerten, sind aber keines-falls als allgemeingültig anzusehen.

— 120 Tagessätze sind für eine Einzeltat bereits sehr hoch und kommen vor allem bei vorbestraften Tätern oder hohen/schweren Schäden in Betracht.

— Einzelgeldstrafen über 120 Tagessätze sind eher selten. Es muss sich bei dieser Tagessatzhöhe schon um gewichtigere Delikte oder verhältnismäßig hohe Schäden handeln. Wenn Sie mehr als 120 Tagessätze verhängen möchten, müssen Sie prüfen, ob nicht eine Freiheitsstrafe angemessen ist.

196   Die **Höhe** eines Tagessatzes bewegt sich von 1 Euro bis 30.000 Euro, § 40 II 3 StGB. Sie errechnet sich aus dem durchschnittlichen monatlichen Nettoeinkommen des Angeklagten geteilt durch 30. Zur Ermittlung des strafrechtlich relevanten bereinigten Nettoeinkommens sind alle Einnahmen des Angeklagten zu addieren und hiervon bestimmte Abzüge vorzunehmen. Maßgeblich ist grundsätzlich das Einkommen zum Zeitpunkt der Verurteilung. Absehbare Änderungen sind aber zu berücksichtigen, wenn sie sicher und nachhaltig eintreten werden. Hat der Angeklagte eine Arbeit fest in Aussicht (Arbeitsvertrag bereits unterschrieben!) oder ist ihm bereits seine Arbeitsstelle gekündigt, sind die demnächst eintretenden finanziellen Verhältnisse bereits zu berücksichtigen.

197   Zum Einkommen zählen **alle** Einkünfte des Angeklagten, auch Naturalbezüge (z.B. freie Kost und Logis), Wohngeld und BAFöG.[121] Bei **unselbständig tätigen** Angeklagten ist das monatliche Nettoeinkommen in der Regel unproblematisch feststellbar. Zu berücksichtigen ist jedoch, dass Geldleistungen, die als Ersatz für Auslagen oder Aufwendungen des Angeklagten gezahlt werden, dem Nettoeinkomen nicht hinzugerechnet werden können. So ist zB. bei Berufskraftfahrern Übernachtungsgeld für Mehrtagesfahrten nicht einkommenserhöhend zu berücksichtigen. Bei **Selbständigen** schwankt das Monatseinkommen in der Regel. Es ist daher das monatliche Durchschnittseinkommen der letzten 12 Monate zugrunde zu legen.

198   Problematisch ist die Ermittlung des monatlichen Nettoeinkommens bei **nicht berufstätigen** Angeklagten.[122] Sofern diese irgendwelche Geld- oder Sachbezüge erhalten, ist deren Wert zugrunde zu legen, unabhängig davon, wer diese Leistungen an den Angeklagten erbringt. Bei Studenten sind daher z.B. Zahlungen der Eltern anzusetzen, bei Arbeitslosen das Arbeitslosengeld I oder II (Hartz IV).

---

[121] *Fischer*, StGB, § 40 Rn. 7; in der Praxis kaum berücksichtigt wird der Mietwert des selbstgenutzten Eigenheimes, obwohl es sich auch dabei um relevante Einkünfte i.S.d. § 40 StGB handelt.
[122] Zum Folgenden siehe *Fischer*, § 40 Rn. 8 ff.

Bei einkommenslosen oder nur gering verdienenden verheirateten **199** Personen oder eingetragenen Lebenspartnern ist die Teilhabe am Familieneinkommen für die Bemessung der Geldstrafe maßgebend. Es muss die Höhe des tatsächlich gewährten Naturalunterhaltes zuzüglich eines eventuell gewährten Taschengeldes angesetzt werden.

Hat der Angeklagte keinerlei Einkommen, weil er bewusst und ohne **200** billigenswerten Grund auf Einkünfte, die er erzielen könnte, verzichtet, kann die Höhe der erzielbaren Einküfte für die Bemessung der Geldstrafe herangezogen werden, § 40 II 2 StGB. Praxisrelevant ist dies vor allem, wenn – sei es auch nur ergänzend mögliche – Hartz-IV-Leistungen nicht beantragt werden. Könnte hier nicht das fiktive, sondern nur das tatsächliche Einkommen herangezogen werden, würde der Angeklagte durch „Faulenzen" die Geldstrafensanktion ins Leere laufen lassen können. In der Praxis werden Sie daher in der Regel als „Mindesthöhe" des Tagessatzes häufig bei 15,- € landen (364 € Hartz-IV-Regelsatz[123] plus Wohngeld). Allerdings können Sie ein tatsächlich erwirtschaftetes, unter den Hartz-IV-Sätzen liegendes Nettoeinkommen nicht aufrunden, wenn keinerlei Ansprüche des Angeklagten auf (ergänzende) Leistungen des Staates bestehen.

Von dem ermittelten Nettoeinkommen sind dann unter Umständen **201** noch **Abzüge** vorzunehmen.[124] In Betracht kommen vor allem:
- Unterhaltsverpflichtungen, sofern diese tatsächlich erfüllt werden. Kann der Angeklagte die genaue Höhe der tatsächlich gezahlten Beträge angeben, sind diese abzuziehen. Andernfalls können Sie schematisch für den Ehepartner 20 %, für jedes Kind 10 % des Nettoeinkommens abziehen. Dies gilt auch, wenn der Unterhalt in Form von Naturalunterhalt gewährt wird.
- Beiträge zu Kranken-, Renten-, Berufsunfähigkeitsversicherungen, sofern diese nicht bereits bei Angabe des Nettoeinkommens berücksichtigt wurden.
- Durch Krankheit oder Behinderung verursachte außergewöhnliche Belastungen, z.B. für Medikamente, Fahrten zum Arzt, besondere Hilfsmittel u.ä. solange diese Kosten nicht von der Krankenkasse übernommen werden.

Nicht abzugsfähig sind die von Angeklagten immer wieder gerne **202** angegebenen Aufwendungen der allgemeinen Lebensführung, d.h. insbesondere Miete, Strom-, Wasser- und Heizungskosten. Auch Kreditraten für den Kauf von Möbeln, Pkw oder ähnlichem sind nicht abziehbar, zumal der Angeklagte für diese Zahlungen ja einen Gegen-

---

[123] Ab 1.1.2012: 367 €.
[124] Siehe auch *Fischer*, § 40 Rn. 13 ff.

wert erhält. Ebenfalls nicht abziehbar sind Raten auf Strafen oder Verfahrenskosten für bereits abgeschlossene Strafverfahren.

203　　Nicht ganz unproblematisch ist die Frage, wie Zahlungen auf Kredite für den Erwerb von Wohnungs- oder Hauseigentum zu berücksichtigen sind.[125] In der Klausur müssten sie sicherlich nähere Ausführungen machen, wobei sie an der angegebenen Fundstelle Hilfe finden. Für die Praxis bin ich der Meinung, dass ein Abzug in aller Regel nicht in Betracht kommt. Wer anstelle von – nicht abzugsfähigen Mietzahlungen – Aufwendungen für Immobilieneigentum tätigt, kann deshalb m.E. nicht mit einer niedrigen Tagessatzhöhe „belohnt" werden, als ein Mieter mit ansonsten gleich hohem Einkommen.

204　　Macht der Angeklagte **keine Angaben** zu seinen Einkommensverhältnissen, können diese geschätzt werden, § 40 III StGB. Übt der Angeklagte einen Beruf aus, müssen Sie schätzen, wie hoch das Nettoeinkommen in dieser Branche in Ihrer Gegend durchschnittlich ist und können dieses dann zugrunde legen. Ansonsten können aus bekannt gewordenen Lebensumständen des Angeklagten Schlüsse für die Schätzung gezogen werden. In der Praxis müssen Sie Ihre Schätzung in der Regel nur kurz begründen.

bb) Freiheitsstrafe

205　　Das Mindestmaß der Freiheitsstrafe beträgt einen Monat, § 38 II StGB. Freiheitsstrafen unter einem Jahr, werden nach Monaten und Wochen bemessen (z.b. 9 Monate 3 Wochen), § 39 Hs 1 StGB. Freiheitsstrafen von mehr als einem Jahr werden nur nach Jahren und vollen Monaten bemessen (z.b. 3 Jahre 6 Monate), § 39 Hs 2 StGB. *Nicht* in Betracht kommen daher etwa Freiheitsstrafen von 1 Jahr 3 Monaten 2 Wochen bzw. 1 Jahr 3 ½ Monate.

206　　Wichtig ist, dass Sie stets § 47 StGB im Hinterkopf behalten, dessen Zweck es ist, Freiheitsstrafen unter 6 Monaten möglichst zu vermeiden. Wann immer Sie eine Freiheitsstrafe von weniger als 6 Monaten beantragen möchten, müssen Sie daher zunächst prüfen, ob dem nicht § 47 StGB entgegensteht. § 47 I StGB bestimmt, dass Freiheitsstrafen unter 6 Monaten nur unter den dort genannten Voraussetzungen in Betracht kommen. § 47 II StGB sieht vor, dass selbst dann, wenn das Gesetz gar keine Geldstrafe vorsieht, Freiheitsstrafen von weniger als 6 Monaten nur bei Vorliegen der in § 47 StGB genannten Voraussetzungen verhängt werden dürfen und ansonsten in Geldstrafen umgewandelt werden müssen.[126]

---

[125] Näher *Fischer*, § 40 Rn. 15 a.E., 16.
[126] Genau genommen ist § 47 II 1 StGB wegen Art. 12 I EGStGB inzwischen weitgehend bedeutungslos.

Maßgeblich ist für die Verhängung von Freiheitsstrafen unter 6 Mona- **207**
ten nach § 47 StGB dabei stets, dass diese Freiheitsstrafe unerlässlich sein
muss und zwar entweder (spezialpräventiv) zur Einwirkung auf den Täter
oder (generalpräventiv) zur Verteidigung der Rechtsordnung. In der
Praxis wird am häufigsten der spezialpräventive Gesichtspunkt einschlägig sein. Bei beharrlichen Wiederholungstätern kann jede weitere, sei es
auch geringfügige, Straftat Freiheitsstrafen unerlässlich machen.

Die Höhe der zu beantragenden Freiheitsstrafe hängt natürlich von **208**
den Umständen des Einzelfalles ab. Wie bereits bei der Tagessatzanzahl müssen Sie in der Klausur improvisieren, in der Praxis zu Beginn
mit Ihrem Ausbilder oder Kollegen Rücksprache nehmen, bis Sie ein
Gespür dafür bekommen, welche Strafhöhe im Einzelfall tat- und
schuldangemessen ist.

Als Orientierungshilfe hier wieder einige Beispiele für Einzelfrei- **209**
heitsstrafen:

— 2 Monate sind eine eher niedrige Strafe; in dieser Höhe kommt
   Freiheitsstrafe bei Wiederholungstätern im Bereich der Kleinkrimi-
   nalität in Betracht, z.B. wiederholter Ladendiebstahl bei mindestens
   2 einschlägigen, nicht zu lange zurückliegenden Vorstrafen.
— 4 Monate bewegen sich ebenfalls noch im unteren Bereich und
   kommen etwa in Betracht bei erheblicheren vorsätzlichen Körperverletzungen mit einschlägigen Vorstrafen, ohne dass aber eine besondere Tatneigung des Angeklagten zu groben Körperverletzungen
   feststeht.
— 9 Monate ist bei nicht vorbestraften Angeklagten schon eine erhebliche Freiheitsstrafe, die vor allem bei gesetzlich angedrohten Mindest-
   freiheitsstrafen von 6 Monaten in Betracht kommt, z.B. bei gefährlicher Körperverletzung ohne bleibende Schäden. Bei reichlich vorbestraften Angeklagten kann diese Strafhöhe allerdings bereits bei Taten aus dem Bereich der mittleren Kriminalität durchaus erreicht
   werden.
— 1 Jahr 6 Monate sind für nicht vorbestrafte Angeklagte nur bei
   Mindeststrafandrohungen oder schwerwiegenden Taten/Tatfolgen zu
   erwarten, z.B. bei Vorsatztaten mit hohem Schaden oder bei fahrlässiger Tötung im Straßenverkehr im Zustand der alkoholbedingten
   Fahruntüchtigkeit.
— 2 Jahre sind die „magische" Grenze, jenseits derer es keine Bewäh-
   rungsmöglichkeit gibt (dazu unten). Freiheitsstrafen in dieser Grö-
   ßenordnung kommen nur bei schwerwiegenden Straftaten, bei hohen
   Schäden, zahlreichen Vorstrafen oder bei gesetzlicher Mindeststraf-
   androhung in Betracht.
— 3–5 Jahre kommen z.B. bei „einfacher" Vergewaltigung in Betracht.
— 7 Jahre kommen bei einem „normalen" Totschlag in Betracht.

210   Die Vorschrift des § 51 I StGB, wonach vom Angeklagten erlittene Untersuchungshaft grundsätzlich auf die Freiheitsstrafe anzurechnen ist, braucht im Plädoyer nicht angesprochen zu werden. Die Anrechnung erfolgt von Gesetzes wegen. Nur wenn die Anrechnung ausnahmsweise[127] unterbleiben soll, muss ein entsprechender Antrag gestellt und begründet werden. In der Praxis ist eine solche Nichtanrechnung allerdings die absolute Ausnahme.

e) Gesamtstrafenbildung

211   Werden in Tatmehrheit zueinander stehende Taten gleichzeitig abgeurteilt, ist gemäß den §§ 53–55 StGB eine Gesamtstrafe zu bilden. Dazu ist zunächst für jede einzelne Tat nach der bisher beschriebenen Vorgehensweise eine Einzelstrafe zuzumessen. Auch wenn Wiederholungen drohen, rate ich, die Strafzumessung grundsätzlich für jedes Delikt gesondert vorzunehmen, um nicht durcheinander zu kommen oder etwas zu übersehen. Lediglich bei einer Vielzahl gleichgelagerter Delikte, bei denen jeweils ähnliche Strafzumessungsgesichtspunkte relevant sind, kann die Zumessung auch gemeinsam erfolgen.

> **Formulierungsbeispiel:** *„Der Angeklagte ist daher wegen 30 tatmehrheitlicher Diebstähle zu verurteilen. Zu seinen Gunsten spricht sein vollumfängliches Geständnis. Zu seinen Lasten sprechen die 7 Vorstrafen, die sämtlich einschlägig sind. Ebenfalls zu Lasten des Angeklagten sprechen die durchaus erheblichen Beutewerte. Ich halte daher folgende Einzelstrafen für tat- und schuldangemessen: hinsichtlich der Anklagepunkte 1–5, bei denen der Beutewert pro Tat zwischen 700 und 800 Euro lag, jeweils 6 Monate; hinsichtlich der Anklagepunkte 6, 10 und 15–20, bei denen der Beutewert pro Tat jeweils ca. 2000 Euro betrug, jeweils 9 Monate, hinsichtlich [...]“*

212   Im Anschluss daran ist darzulegen, welche aus diesen Einzelstrafen gebildete Gesamtstrafe die Staatsanwaltschaft für tat- und schuldangemessen erachtet. Der „Strafrahmen" für die Gesamtstrafe ergibt sich dabei aus § 54 StGB. Die schwerste Einzelstrafe, die sogenannte Einsatzstrafe, ist um mindestens eine Maßeinheit zu erhöhen, § 54 I 2 StGB. Beim Zusammentreffen von Geld- und Freiheitsstrafen ist Freiheitsstrafe *immer* die schwerere Strafart, unabhängig von der konkret beantragten Strafhöhe. Eine einmonatige Freiheitsstrafe auf Bewährung ist demnach schwerer als Geldstrafe von 120 Tagessätzen.[128] Begrenzt

---

[127] Zu den Voraussetzungen siehe *Fischer*, StGB, § 51 Rn. 11 ff.

[128] Zum Zusammentreffen von Geld- und Freiheitsstrafe bei der Gesamtstrafenbildung siehe §§ 53 II, 54 III StGB und sogleich Rn. 215.

wird die Höhe der Gesamtstrafe dadurch, dass diese um mindestens eine Maßeinheit niedriger sein muss, als die Summe aller Einzelstrafen, § 54 II 1 StGB. Gleichzeitig darf als absolute Höchstgrenze eine Gesamtgeldstrafe nicht mehr als 720 Tagessätze, eine zeitige Gesamtfreiheitsstrafe nicht mehr als 15 Jahre betragen, § 54 II 2 StGB.[129]

Relativ einfach ist nach dem Vorstehenden die Bildung einer Ge- **213** samt**geld**strafe: bei Einzelstrafen von 20 und 40 Tagessätzen beträgt die Gesamtgeldstrafe mindestens 41 und höchstens 59 Tagessätze.

Beim Zusammentreffen mehrerer Einzel**freiheits**strafen sind bei **214** Bemessung der Gesamtstrafe die bereits erwähnten Maßeinheiten des § 39 StGB zu berücksichtigen, d.h. Bemessung nach Wochen und Monaten bei (auch Gesamt-)Strafen unter einem Jahr, von Monaten und Jahren bei (Gesamt-)Strafen über 1 Jahr. Eine Gesamtstrafe bei Einzelstrafen von 9 Monaten und 5 Monaten muss daher mindestens 9 Monaten 1 Woche und darf höchstens 1 Jahr 1 Monat betragen. Ausnahmsweise muss eine Gesamtfreiheitsstrafe über 1 Jahr nicht nach vollen Monaten bemessen werden, wenn dies den Grundsätzen des § 54 StGB nicht mehr entsprechen würde.[130]

Beim **Zusammentreffen von Geld- und Freiheitsstrafen** ist **215** grundsätzlich eine Gesamtfreiheitsstrafe zu bilden, §§ 53 II 1, 54 I 2 StGB.[131] Dabei entspricht ein Tagessatz Geldstrafe einem Tag Freiheitsstrafe, § 54 III StGB. Bei der Bemessung der Gesamtstrafe ist dann aber wieder § 39 StGB zu berücksichtigen. Bei Einzelstrafen von 4 Monaten und 60 Tagessätzen muss die Gesamtfreiheitsstrafe daher mindestens 4 Monate 1 Woche (§ 39 StGB) und darf höchstens 5 Monate 3 Wochen betragen.

Nach pflichtgemäßem Ermessen kann das Gericht jedoch statt der **216** Bildung einer Gesamtfreiheitsstrafe ausnahmsweise auch eine Geldstrafe neben einer Freiheitsstrafe verhängen, § 53 II 2 StGB. Einen entsprechenden Antrag sollte der Sitzungsvertreter aber nur in begründeten Ausnahmefällen stellen, z.B. wenn es im Rahmen einer schuldangemessenen Ahndung nicht mehr möglich wäre, die Gesamtfreiheitsstrafe zur Bewährung auszusetzen, wenn der Schwerpunkt bei Taten liegt, wegen denen Geldstrafe verhängt wurde oder wenn die Einbeziehung der Geldstrafe zu einer Gesamtfreiheitsstrafe führt, die zwingend den Verlust von Beamtenrechten (dies ist bei Freiheitsstrafen über 1 Jahr der Fall) zur Folge hätte.[132]

---

[129] Für den – für Berufsanfänger kaum relevanten – Fall, dass die Einsatzstrafe eine lebenslange Freiheitsstrafe ist, vgl. § 54 I 1 StGB.

[130] *Fischer*, StGB, § 39 Rn. 6, § 54 Rn. 5 a.E.

[131] Einsatzstrafe ist als schwerere Strafart in diesen Fällen immer die Freiheitsstrafe, die demgemäß zu erhöhen ist.

[132] Näher *Fischer*, StGB, § 53 Rn. 5.

217   Bei Bemessung der konkreten Höhe der Gesamtstrafe sind gemäß
§ 54 I 3 StGB die Person des Täters und die einzelnen Straftaten zusammenfassend zu würdigen. Hierbei sind in der Regel vor allem das
Verhältnis der Straftaten zueinander, ein etwaiger Zusammenhang, ihre
größere oder geringere Selbständigkeit, die Verhältnisse des Angeklagten, sowie dessen gesamtes in den Straftaten hervorgetretenes Verschulden zu berücksichtigen.[133] In der Praxis häufig relevant ist, ob
zwischen den Taten ein zeitlicher und situativer Zusammenhang bestand. Bei eng miteinander verknüpften Taten ist die Gesamtstrafe
i.d.R. niedriger zu bemessen, als bei völlig selbständigen Taten.

> **Tipp:** Für Fallgestaltungen, in denen nur wenige Einzelstrafen zu
> einer Gesamtstrafe zusammenzuführen sind, kann in der Klausur
> und auch in der Praxis zur Einsatzstrafe jeweils die Hälfte der wei-
> teren Einzelstrafen hinzugerechnet werden. Bei einer größeren Zahl
> von Einzelstrafen stößt dieses Vorgehen allerdings schnell an seine
> Grenzen, da zu hohe Gesamtstrafen ausgeworfen würden. Es ist
> dann die Einzelstrafe angemessen zu erhöhen.

Nicht unbedingt der reinen Lehre entsprechend, aber für die Praxis
tauglich und ausreichend ist folgendes

> **Formulierungsbeispiel:** *„Unter nochmaliger Abwägung aller für
> und gegen den Angeklagten sprechenden Strafzumessungsgesichts-
> punkte, insbesondere des engen zeitlichen und situativen Zusam-
> menhanges zwischen den abzuurteilenden Taten, halte ich eine Ge-
> samtstrafe von [...] für angemessen."*

218   Nicht selten ist bei der Verurteilung die **nachträgliche Bildung einer Gesamtstrafe** unter Einbeziehung von Strafe(n) aus einer früheren
Verurteilung gemäß § 55 StGB oder die Vornahme eines Härteausgleiches (Nachteilsausgleich) erforderlich. Wie bereits angesprochen,
sollten Sie diese Möglichkeit schon bei der Sitzungsvorbereitung
prüfen und, wo erforderlich, entsprechend vorbereiten. Die nachträgliche Gesamtstrafenbildung oder die Nachteilsausgleichung sind nicht
schwierig, *wenn* Sie das zugrundeliegende System verstanden haben.
Dafür sollten Sie sich etwas Zeit nehmen. Weder in der Klausur noch
in der Sitzung haben Sie die Zeit, sich erst dann einzuarbeiten, wenn
Sie feststellen, dass es auf die Bildung einer nachträglichen Gesamtstrafe ankommt. Dafür ist die Thematik dann doch zu kompliziert.

---

[133] *Fischer*, StGB, § 54 Rn. 6 f.

Eine nachträgliche Gesamtstrafenbildung ist gemäß § 55 I StGB er- **219** forderlich, wenn
- der Angeklagte wegen einer Tat abgeurteilt werden soll, die er zeitlich vor einer früheren Verurteilung begangen hat **und**
- die Strafe aus dieser Verurteilung noch nicht durch Vollstreckung, (Vollstreckungs-)Verjährung oder Erlass erledigt ist.

Grundgedanke dieser Regelung ist es, die durch eine getrennte Ab- **220** urteilung der Taten entstandenen Vor- und Nachteile auszugleichen, so dass Taten, die bei gleichzeitiger Aburteilung zu einer Gesamtstrafe zusammengefasst worden wären, auch bei getrennter Aburteilung nachträglich entsprechend behandelt werden.[134] Der Täter soll letztlich also durch die getrennte Aburteilung weder besser noch schlechter gestellt werden, als wenn die neu abzuurteilende Tat zum Zeitpunkt der früheren Verurteilung bekannt gewesen wäre.[135]

Voraussetzung für eine nachträgliche Gesamtstrafenbildung ist zu- **221** nächst, dass die abzuurteilende Tat mit einer oder mehreren Taten aus früheren rechtskräftigen Urteilen gesamtstrafenfähig ist. Dies ist der Fall, wenn sie zeitlich vor einer früheren Verurteilung begangen, d.h. beendet wurde.

Jede nicht vollstreckte, nicht verjährte und nicht erlassene rechtskräf- **222** tige Verurteilung entfaltet dabei eine Zäsurwirkung dahingehend, dass alle zeitlich vor dieser Verurteilung liegenden Taten nach §§ 53, 54 StGB zu einer Gesamtstrafe zusammengefasst werden können und müssen. Danach begangene Taten können, bis zur nächsten Verurteilung, erneut zu einer Gesamtstrafe zusammengefasst werden. Welche Urteile jeweils eine Zäsurwirkung entfalten, können Sie am einfachsten feststellen, wenn Sie anhand des BZR-Auszuges eine Zeitleiste erstellen, auf der Sie die Daten früherer Verurteilungen und die Begehungsdaten der abgeurteilten und der abzuurteilenden Tat(en) eintragen. Die jeweils erste Verurteilung nach der Begehung mehrerer Taten entfaltet die Zäsurwirkung, da der damals tätige Richter rein zeitlich in der Lage gewesen wäre alle diese Taten in sein Urteil einzubeziehen. Maßgeblich ist dabei jeweils der Zeitpunkt, in welchem die zugrunde liegenden tatsächlichen Feststellungen letztmals geprüft werden konnten.[136] Ein Berufungsurteil kann daher nur dann Zäsurwirkung entfalten, wenn es die zugrundeliegenden Tatsachen prüfen konnte und eine Sachentscheidung enthält. Ein die Berufung lediglich als unzulässig verwerfendes Berufungsurteil entfaltet keine Zäsurwirkung.

---

[134] *Fischer*, StGB, § 55 Rn. 2.

[135] *Fischer*, StGB, § 55 Rn. 9.

[136] *Fischer*, StGB, § 55 Rn. 12.

223   Wenn die Strafe aus der früheren, an sich Zäsurwirkung entfaltenden Verurteilung bereits vollstreckt, verjährt oder erlassen ist, entfällt die Zäsurwirkung und die Möglichkeit der nachträglichen Gesamtstrafenbildung. Für das weitere Vorgehen in diesem Fall kommt es darauf an, ob noch eine weitere, später verhängte, nicht erledigte Vorstrafe existiert. Ist dies der Fall, ist eine nachträgliche Gesamtstrafe mit dieser Vorstrafe zu bilden.[137] Andernfalls ist ein Härteausgleich vorzunehmen.[138]

224   Liegen die Voraussetzungen vor, muss im Urteil die nachträgliche Gesamtstrafenbildung vorgenommen werden. Nur wenn der Richter nicht feststellen kann/konnte, ob oder ob nicht die frühere Strafe bereits vollstreckt, verjährt oder erlassen wurde und mithin die Voraussetzungen des § 55 StGB fraglich sind, kann die Entscheidung über die nachträgliche Gesamtstrafenbildung einem späteren Beschlussverfahren vorbehalten bleiben.[139] Nur in diesem Fall braucht der Staatsanwalt keinen entsprechenden Antrag zu stellen.

225   **Terminologisch** ist, insbesondere für die Klausur, darauf hinzuweisen, dass – vergleiche den Wortlaut des § 55 StGB – die Einbeziehung der *Strafe* aus dem früheren Urteil beantragt werden muss, nicht etwa die Einbeziehung des Urteils selber.

> **Formulierungsbeispiel:** *„Ich beantrage daher, den Angeklagten unter Einbeziehung der Strafe aus dem Urteil des AG Musterle vom 24.3.2009 zu einer Gesamtgeldstrafe von [...] zu verurteilen"*

226   Ist die einzubeziehende Strafe ihrerseits ebenfalls eine Gesamtstrafe, muss die nachträgliche Bildung einer Gesamtstrafe unter Auflösung der früheren Gesamtstrafe und Einbeziehung der damaligen Einzelstrafen erfolgen.

> **Formulierungsbeispiel:** *„Ich beantrage daher, den Angeklagten unter Auflösung der Gesamtgeldstrafe aus dem Urteil des AG Musterle vom 24.3.2009 und Einbeziehung der in diesem Urteil verhängten Einzelgeldstrafen zu einer Gesamtgeldstrafe von [...] zu verurteilen."*

227   Zur Verdeutlichung einige Beispiele, wobei die Zäsurwirkung natürlich, wie ausgeführt, immer voraussetzt, dass die Strafe aus dem jeweiligen Urteil noch nicht erledigt ist. Dies wird im Folgenden unterstellt, soweit von der Zäsurwirkung eines Urteils die Rede ist.

---

[137] *Fischer*, StGB, § 55 Rn. 11; BGHR § 55 I 1 ZäsW.
[138] Siehe dazu sogleich bei Rn. 236 ff.
[139] *Fischer*, StGB, § 55 Rn. 35.

Beispiel 1: 228

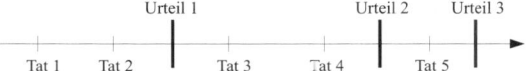

Die Taten 1 und 2 sind gesamtstrafenfähig in Urteil 1.

Die Taten 3 und 4 sind gesamtstrafenfähig in Urteil 2.

Urteil 1 entfaltet Zäsurwirkung bezüglich der Taten 1 und 2, Urteil 2 bezüglich der Taten 3 und 4, Urteil 3 bezüglich der Tat 5. Diese Zäsurwirkungen sind unabhängig davon, in welchem der Urteile die Taten 1–5 abgeurteilt werden. Es kommen vorliegend nur Gesamtstrafen zwischen Tat 1 und 2, sowie zwischen 3 und 4 in Betracht. Tat 5 ist mit den Taten 1–4 nicht gesamtstrafenfähig. Um derartige Gesamtstrafenbildungen gegebenenfalls nachträglich zu ermöglichen, müssen unter Umständen bereits gebildete Gesamtstrafen aufgelöst und andere Gesamtstrafen neu gebildet werden. Wenn Sie eine Zeitleiste wie oben aufgeführt erstellen erhalten Sie einen guten Überblick.

Muss nun in der Verhandlung eine (neu entdeckte) Tat 6 abgeurteilt werden, können Sie diese auf dem Zeitstrahl einzeichnen und ersehen, mit welchen weiteren Taten ggf. eine nachträgliche Gesamtstrafe zu bilden ist. Dabei ist immer zu beachten, dass die Zäsurwirkung nur besteht, wenn, wie hier vorausgesetzt, die Strafe aus dem jeweiligen Urteil noch nicht vollstreckt ist.

Beispiel 2: 229

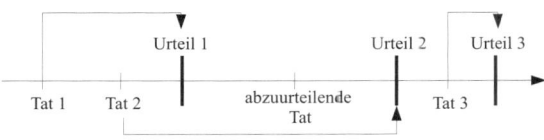

Ist in diesem Beispiel Tat 1 durch Urteil 1, Tat 2 durch Urteil 2 und Tat 3 durch Urteil 3 abgeurteilt, ist zu beachten, dass vorliegend Urteil 1 Zäsurwirkung für die Taten 1 und 2 entfaltet, da beide vor dessen Erlass begangen wurden. Aus den entsprechenden Strafen ist daher nachträglich eine Gesamtstrafe zu bilden. Dadurch kann Urteil 2 aber keine (weitere) Zäsurwirkung für die nunmehr abzuurteilende Tat entfalten. Dies kann vielmehr erst Urteil 3, so dass eine nachträgliche Gesamtstrafe aus der Einzelstrafe der abzuurteilenden Tat und der Strafe aus Urteil 3 für Tat 3 zu bilden ist. Dass diese Erwägung richtig ist, zeigt sich an folgender Kontrollüberlegung: Wären Tat 1 und 2 gleichzeitig in Urteil 1 abgeurteilt worden, wäre es nicht zu Urteil 2 gekommen. Zum Zeitpunkt von Urteil 3 hätte dann – gemeinsame Verhandlung vorausgesetzt – sogleich eine Gesamtstrafe aus Tat 3 und der nun neu abzuurteilenden Tat gebildet werden können. Genau dieses Ergebnis wird durch die oben geschilderten Überlegungen erreicht, d.h. der Angeklagte wird genau so gestellt, wie wenn zum jeweils ersten Urteilszeitpunkt nach der Begehung mehrerer Taten alle bis dahin begangenen Taten abgeurteilt worden wären.

Ist allerdings die Strafe aus Urteil 1 bereits erledigt, bevor eine nachträgliche Gesamtstrafe mit Tat 2 gebildet wurde, kann Urteil 2, sofern die Strafe hieraus ihrerseits noch nicht erledigt ist, für die nun abzuurteilende Tat Zäsurwirkung entfalten. Dann ist die Strafe aus Urteil 2 für Tat 2 in die Gesamtstrafe mit der abzuurteilenden Tat einzubeziehen.

230   Beispiel 3:

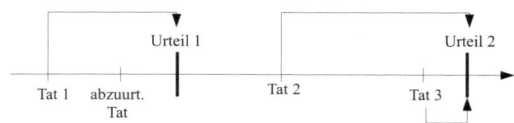

Die neu abzuurteilende Tat wäre aufgrund der Zäsurwirkung von Urteil 1 im Rahmen einer nachträglichen Gesamtstrafenbildung mit der Strafe aus Urteil 1 eigentlich zusammmenzufassen. Ist die Strafe aus Urteil 1 jedoch zum Zeitpunkt der Verhandlung über die neu abzuurteilende Tat bereits erledigt, entfaltet aufgrund des Wegfalles der Zäsurwirkung von Urteil 1 für die jetzt abzuurteilende Tat Urteil 2 die maßgebliche Zäsurwirkung. Es ist daher – sofern die Strafe aus Urteil 2 noch nicht vollstreckt ist, eine nachträgliche Gesamtstrafe mit den Strafen für die Taten 2 und 3 unter Auflösung der in Urteil 2 verhängten Gesamtstrafe und Einbeziehung der dort verhängten Einzelstrafen zu bilden.

Ist jedoch auch die Strafe aus Urteil 2 bereits erledigt, ist eine nachträgliche Gesamtstrafenbildung nicht mehr möglich. Es kommt nur noch ein Härteausgleich in Betracht,[140] bei dem zu berücksichtigen ist, dass „eigentlich" eine Gesamtstrafe mit Tat 1 hätte gebildet werden können/müssen, wäre die abzuurteilende Tat bei Erlass von Urteil 1 bereits bekannt gewesen.

231   Beispiel 4:

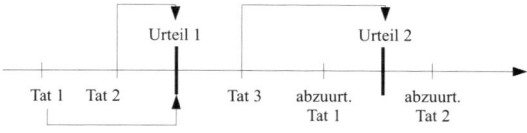

In diesem Beispielsfall sind 2 Taten abzuurteilen. Ist die Strafe aus dem Urteil 2 noch nicht erledigt, kommt die Bildung einer Gesamtstrafe im neuen Urteil aus den beiden abzuurteilenden Taten nicht in Betracht. Da Urteil 2 für die 1. neu abzuurteilende Tat eine Zäsurwirkung entfaltet, muss vorliegend beantragt werden, bezüglich dieser Tat eine Gesamtstrafe unter Einbeziehung der Strafe aus Urteil 2 (für Tat 3), sowie daneben eine weitere Strafe für die 2. abzuurteilende Tat zu verhängen.

Ist hingegen die Strafe aus dem Urteil 2 bereits erledigt, steht der Bildung einer Gesamtstrafe aus den beiden abzuurteilenden Taten nichts entgegen.

---

[140] Siehe Rn. 236 ff.

Besondere Schwierigkeiten können sich ergeben, wenn bei einer nach- **232** träglichen Gesamt*geld*strafenbildung die Tagessatzhöhe der Einzelstrafen unterschiedlich ausfällt. Dies ist immer dann der Fall, wenn sich die Einkommenssituation des Angeklagten seit der relevanten Vorverurteilung verbessert oder verschlechtert hat. Für die zu bildende Gesamtgeldstrafe ist eine einheitliche Tagessatzhöhe festzusetzen, wobei die Gesamtgeldstrafe weder der Tagessatzanzahl noch dem Gesamtbetrag nach die Summe der Einzelstrafen überschreiten darf, andererseits die Einsatzstrafe um mindestens einen Tagessatz und der Gesamtbetrag um mindestens 1 € erhöht werden muss. Hierbei ist zu berücksichtigen, dass die Gesamtstrafe auch der Tagessatzanzahl nach tat- und schuldangemessen bleiben muss. Dadurch ergeben sich häufig Spannungen, die unter weitestgehender Berücksichtigung der finanziellen Verhältnisse gelöst werden müssen.[141] Es ist daher zunächst zu überlegen, auf wie viele Tagessätze sich die Gesamtstrafe belaufen soll und sodann die Tagessatzhöhe unter möglichster Berücksichtigung der geänderten wirtschaftlichen Verhältnisse festzusetzen.

Beispiel 1:[142] **Verschlechterung** der wirtschaftlichen Verhältnisse **233**

— Einzubeziehende Einzelstrafe: 50 Tagessätze a 40 €.
— Für die abzuurteilende Tat soll eine Geldstrafe von 30 Tagessätzen verhängt werden; aufgrund Verschlechterung der finanziellen Verhältnisse kann die Tagessatzhöhe jedoch nur auf 15 € festgesetzt werden.
— Die Tagessatzanzahl der Gesamtstrafe soll (z.B.) 65 betragen. Würde die neue Tagessatzhöhe von 15 € zugrundegelegt, ergäbe sich eine Gesamtgeldstrafe von 975 €. Die Summe der Einsatzstrafe lag jedoch bereits bei (50 x 40 €=) 2000 €. Die Gesamtgeldstrafe muss der Summe nach mindestens 2001 € betragen. Die Tagessatzhöhe, welche dem Einkommen des Angeklagten am ehesten Rechnung trägt ermittelt sich in diesem Fall wie folgt: die erforderliche Mindestgesamtsumme wird durch die Anzahl der zu verhängenden Tagessätze geteilt, vorliegend 2001 € : 65 = 30,78 €. Da der Tagessatz auf volle Euro festgesetzt werden muss und eine Abrundung vorliegend nicht möglich ist (65 x 30 € ergäbe nur 1950 € und läge damit unter der erforderlichen Mindeststumme), muss die Tagessatzhöhe auf 31 € festgesetzt werden (Gesamtsumme: 2015 €).

Beispiel 2: Verbesserung der wirtschaftlichen Verhältnisse **234**

— Einzubeziehende Einzelstrafe: 50 Tagessätze a 15 €.
— Für die abzuurteilende Tat soll eine Geldstrafe von 30 Tagessätzen verhängt werden; aufgrund Verbesserung der finanziellen Verhältnisse müsste die Tagessatzhöhe nunmehr auf 40 € festgesetzt werden.
— Die Tagessatzanzahl der Gesamtstrafe soll vorliegend (z.B.) auf 65 festgesetzt werden. Würde die neue Tagessatzhöhe von 40 € zugrundegelegt, ergäbe sich

---

[141] BGHSt 28, 364.
[142] Weitere Beispiele bei *Fischer*, StGB, § 55 Rn. 26 f.

eine Gesamtgeldstrafe von 2600 €. Die Summen der Einzelstrafen betragen jedoch lediglich (50 x 15 = 750 € + 30 x 40 € = 1200, insgesamt mithin) 1950 €. Die Gesamtgeldstrafe darf diese Summe nicht erreichen. Die Tagessatzhöhe, welche dem Einkommen des Angeklagten am ehesten Rechnung trägt ermittelt sich in diesem Fall wie folgt: der zulässige Höchstgesamtbetrag (1949 €) wird durch die beantragte Anzahl an Tagessätzen geteilt, vorliegend 1949 € : 65 = 29,98 €, abgerundet 29 €.

235   Wird eine nachträgliche Gesamtstrafe gebildet und sind in dem früheren Urteil Nebenstrafen, Nebenfolgen oder Maßnahmen (sehr praxisrelevant z.B. Entziehung der Fahrerlaubnis und Anordnung einer Sperrfrist für die Wiedererteilung) ausgesprochen worden, muss der Sitzungsvertreter die **Aufrechterhaltung** dieser Rechtsfolgen gemäß § 55 StGB beantragen.

> **Formulierungsbeispiel:** *„Ich beantrage, die im Urteil des AG Musterle vom 24.3.2010 ausgesprochene Entziehung der Fahrerlaubnis und Anordnung einer Sperrfrist für die Wiedererteilung der Fahrererlaubnis aufrechtzuerhalten.“*

Lediglich dann, wenn wegen der neu abzuurteilenden Tat ohnehin diese Rechtsfolgen neu beantragt werden, kann ein entsprechender Aufrechterhaltungsantrag entfallen.

236   Kommt eine nachträgliche Gesamtstrafenbildung wegen Erledigung der Strafe(n) aus früheren Verurteilung(en) nicht mehr in Betracht, ist ein **Härteausgleich** vorzunehmen. Dieser soll die Nachteile ausgleichen, die dem Angeklagten durch die getrennte Aburteilung der an sich gesamtstrafenfähigen Taten und die nicht mehr mögliche nachträgliche Gesamtstrafenbildung erwachsen. Da keine gesetzliche Regelung existiert und auch der BGH offengelassen hat, wie der Härteausgleich vorzunehmen ist, bewegen Sie sich hier in unsicherem Terrain.[143] Wichtig ist, dass Sie im Plädoyer klar machen, ob und wie Sie den Härteausgleich vornehmen.

237   Wenn Sie es sich in der Praxis (nicht in der Klausur!) einfach machen möchten, können Sie sich bei Beantragung der Strafe auf den Hinweis beschränken, dass diese unter Vornahme eines Härteausgleiches bemessen wurde.

> **Formulierungsbeispiel:** *„Ich halte daher eine Freiheitsstrafe von 2 Monaten für tat- und schuldangemessen. Bei der Bemessung der Strafhöhe wurde im Wege des Härteausgleiches berücksichtigt, dass eine nachträgliche Gesamtstrafe mit der Strafe aus dem Urteil*

---

[143] Siehe hierzu *Fischer*, StGB, § 55 Rn. 22 f.

*des AG Musterle vom 22.1.2009 nur deswegen nicht mehr gebildet
werden kann, weil diese Strafe bereits vollständig vollstreckt ist."*

Ich empfehle jedoch folgendes Vorgehen: Sie bilden eine (fiktive) **238**
Gesamtstrafe aus der beantragten Strafe für die nun abzuurteilende Tat
und der – jetzt nicht mehr einbeziehungfähigen – Strafe aus dem früheren Urteil. Von dieser (fiktiven) Gesamtstrafe ziehen Sie die bereits
verbüßte Zeit/bezahlte Tagessatzanzahl ab. Der Rest ergibt die zu
beantragende Strafe.

Formulierungsbeispiel: *„Ich halte daher eine Freiheitsstrafe von
4 Monaten für grundsätzlich tat- und schuldangemessen. Die abzuurteilende Tat wurde aber vor Erlass des Urteils des AG Musterle
vom 22.1.2009 begangen. Dort wurde der Angeklagte zu einer
Freiheitsstrafe von 6 Monaten verurteilt. Da diese Strafe zwischenzeitlich vollständig vollstreckt wurde, liegen die Voraussetzungen
des § 55 StGB für die Bildung einer nachträglichen Gesamtstrafe
nicht vor. Da der Angeklagte nach dem Zweck des § 55 StGB jedoch so gestellt werden soll, wie er bei gleichzeitiger Aburteilung
der heute abzuurteilenden Tat mit der Tat aus dem genannten Urteil des AG Musterle gestanden hätte, ist ein Nachteilsausgleich
vorzunehmen. Nach Auffassung der Staatsanwaltschaft wäre im
Urteil vom 22.1.2009 gegen den Angeklagten, hätte die heute angeklagte Tat damals mit abgeurteilt werden können, eine Gesamtfreiheitsstrafe von 8 Monaten verhängt worden. Unter Berücksichtigung des Umstandes, dass der Angeklagte die damals verhängte
Freiheitsstrafe von 6 Monaten vollständig verbüßt hat, halte ich für
die heute abzuurteilende Tat im Ergebnis noch eine Freiheitsstrafe
von insgesamt 2 Monaten für sachgerecht. Durch diese Strafhöhe
wird der Angeklagte so gestellt, wie er stünde, wenn am 22.1.2009
die damals abgeurteilte, sowie die heute verhandelte Tat gleichzeitig abgeurteilt worden wären."*

f) Aussetzung der Strafvollstreckung zur Bewährung

Wird eine (ggf. Gesamt-)Freiheitsstrafe beantragt, ist bei Freiheits- **239**
strafe bis 2 Jahre die Frage der Strafaussetzung zur Bewährung, § 56
StGB, zu erörtern. Bei Strafen von mehr als 2 Jahren kommt eine
Aussetzung zur Bewährung nicht in Betracht.[144] Die Voraussetzungen,
unter denen Bewährung gewährt werden kann, richten sich nach der
Höhe der beantragten Freiheitsstrafe. Saß der Angeklagte bis zur

---

[144] Dies ergibt sich aus § 56 II StGB, der die Aussetzung nur bis zur Höhe
von 2 Jahren ermöglicht.

Hauptverhandlung in Untersuchungshaft, bleibt die Dauer der Untersuchungshaft, unabhängig davon, ob eine Anrechnung der U-Haft nach § 51 StGB erfolgt, bei der Frage, ob die Freiheitsstrafe 2 Jahre nicht übersteigt, außer Betracht. Bei einer Gesamtfreiheitsstrafe ist allein die Höhe der Gesamtstrafe maßgeblich, § 58 I StGB. In diesem Fall ist jedoch § 58 II StGB zu beachten!

240   Die Voraussetzungen für die Möglichkeit einer Bewährungaussetzung werden in § 56 StGB in Abhängigkeit von der Höhe der Freiheitsstrafe normiert. Grundlage **jeder** Bewährungsaussetzung ist zunächst eine Sozialprognose, d.h. eine Prognose darüber, ob zu erwarten ist, dass der Verurteilte sich schon die Verurteilung als Warnung dienen lassen und künftig auch ohne die Einwirkung des Strafvollzugs keine Straftaten mehr begehen wird, § 56 I 1 StGB. Diese Prognose muss stets zu einem Ergebnis führen. Es kann nicht offen gelassen werden, ob die Sozialprognose günstig oder ungünstig ist.[145]

241   **Grundvoraussetzung** einer Bewährungsaussetzung ist stets das Vorliegen einer **günstigen Sozialprognose**, § 56 I StGB. Der Staatsanwalt muss also in der Hauptverhandlung eine begründete Prognose treffen, ob der Verurteilte sich künftig, d.h. nicht nur während einer Bewährungszeit,[146] auch ohne Vollstreckung der beantragten Freiheitsstrafe straffrei führen wird. Ist die Sozialprognose **ungünstig**, kommt eine Strafaussetzung zur Bewährung von vorneherein nicht in Betracht.

242   Maßgeblich ist dabei eine Gesamtwürdigung unter Berücksichtigung der in § 56 I 2 StGB genannten Gesichtspunkte, d.h. der Persönlichkeit des Täters, dessen Vorleben, der Umstände der Tat, des Nachtatverhaltens, der Lebensverhältnisse und der Folgen des Vollzuges oder Nichtvollzuges der Freiheitsstrafe.

243   Bei Tätern die **erstmals** zu einer **Freiheitsstrafe** verurteilt werden, wird die Sozialprognose regelmäßig günstig ausfallen.

244   Wurden gegen den Angeklagten jedoch **bereits Freiheitsstrafen verhängt**, ist eine günstige Sozialprognose zwar nicht ausgeschlossen. Je kürzer jedoch die Vorstrafen zurückliegen, desto eher kann der Schluss gezogen werden, dass Freiheitsstrafen ohne Vollzug nicht geeignet sind, den Angeklagten von der Begehung weiterer Straftaten abzuhalten.

245   Dies gilt umso mehr, wenn der Täter bereits früher Bewährungszeiten oder Bewährungsauflagen nicht durchgehalten hat oder die neue Tat gar während des Laufes einer Bewährungsfrist begangen wurde. In diesen Fällen darf eine erneute Bewährung zwar nicht allein wegen des **Bewährungsbruches** versagt werden; es sind aber in diesem Fall für

---

[145] *Fischer*, StGB, § 56 Rn. 12 f., 18 f.
[146] *Fischer*, StGB, § 56 Rn. 4.

die Annahme einer positiven Sozialprognose besondere Umstände erforderlich.[147] Häufig wird in diesen Fällen auch der Bewährungshelfer in der Hauptverhandlung angehört. Dessen Ausführungen sollten Sie in jedem Fall ernst nehmen und in die Abwägung einbeziehen. Der Bewährungshelfer kennt den Angeklagten aufgrund des bisherigen Bewährungsverlaufs jedenfalls besser als Sie und kann dessen Entwicklung in der Regel auch gut einschätzen. Als besondere Umstände in diesem Sinne kommen vor allem gravierende (positive) Veränderungen im privaten Umfeld des Angeklagten in Betracht, z.B. Antritt einer Drogen- oder Alkoholtherapie sowie eine Stabilisierung der familiären oder finanziellen Situation. Würde eine Freiheitsstrafe ohne Bewährung den Arbeitsplatz des Angeklagten gefährden, ist auch diese Auswirkung in die Abwägung einzubeziehen, insbesondere, wenn die angeklagte Tat auf finanziellen Problemen beruhte. Allerdings ist zu berücksichtigen, dass ein kurz vor dem Hauptverhandlungstermin abgeschlossener Arbeitsvertrag nicht uneingeschränkt schutzwürdig ist, insbesondere wenn eine Probezeit vereinbart ist. In diesem Fall ist nämlich offen, ob das Arbeitsverhältnis dauerhaft Bestand haben wird und Grundlage für eine Abhaltung des Angeklagten von weiteren Straftaten bieten kann.

Insgesamt sollte jedoch bei bereits unter Bewährung stehenden Angeklagten eine positive Sozialprognose nicht vorschnell angenommen werden. Die vermeintliche Wohltat einer erneuten Bewährungsstrafe kann nämlich zum Entstehen eines „Bewährungsturmes" führen. Sollte der Angeklagte die neue Bewährung dann nicht durchstehen, droht nach einer weiteren Verurteilung der Widerruf mehrerer offener Bewährungsstrafen, was in der Summe zu einer erheblichen Freiheitsentziehung führen kann, die durch die frühzeitigere Einwirkung des Strafvollzuges möglicherweise hätte vermieden werden können.

Folgende Abwägungsgesichtspunkte können bei der Bewertung der Sozialprognose als günstig oder ungünstig berücksichtigt werden. **246**

Für eine günstige Sozialprognose können sprechen: **247**
- Keine oder zumindest länger zurückliegende Vorstrafen.
- Erstmalige Verhängung einer Freiheitsstrafe.
- Stabile familiäre Situation.
- Stabile finanzielle Situation.
- Erhalt des Arbeitsplatzes.
- Gesicherter Arbeitsplatz.
- Sozial eingeordnete Lebensverhältnisse.

---

[147] *Fischer*, StGB, § 56 Rn. 6 ff.

- Therapie bei Drogen- oder Alkoholabhängigkeit; lediglich vage Therapiebemühungen oder die bloße Bekundung einer Therapiebereitschaft sind indes mit Vorsicht zu würdigen.
- Sonstige Maßnahmen, welche der Ursache der Tatbegehung entgegenwirken, z.B. Anti-Aggressions-Training.
- Längeres straffreies Verhalten nach Tatbegehung.
- Erfolgreiches Durchstehen früherer Bewährungen.
- Wiedergutmachung.

248   **Gegen** eine günstige Sozialprognose können sprechen:
- Vorstrafen, insbesondere einschlägiger Art.
- Hohe Rückfallgeschwindigkeit nach letzter Verurteilung.
- Bereits erfolgte Verhängung von Freiheitsstrafen.
- Tatbegehung in offener Bewährungsfrist.
- Begehung weiterer Straftaten seit Begehung der angeklagten Tat.
- Widerruf früherer Bewährungen.
- Rechtsgleichgültigkeit oder -feindlichkeit des Angeklagten, insbesondere bei Ankündigung weiterer Straftaten.
- Uneinsichtigkeit (diese darf indes nicht aus dem Bestreiten der Tat entnommen werden!).

249   Ist die Sozialprognose positiv, ist hinsichtlich der **weiteren Voraussetzungen** zu differenzieren.

250   Bei **Freiheitsstrafen unter 6 Monaten** sind keine weiteren Voraussetzungen erforderlich. Ist die Sozialprognose günstig, *muss* die Strafe zur Bewährung ausgesetzt werden, § 56 I StGB.[148]

251   Bei **Freiheitsstrafen von 6 Monaten bis 1 Jahr** *muss* die Strafe bei günstiger Sozialprognose zur Bewährung ausgesetzt werden, *es sei denn*, dass die Verteidigung der Rechtsordnung den Vollzug gebietet, § 56 I, III StGB. Bei der Frage, wann die Verteidigung der Rechtsordnung den Vollzug gebietet, ist eine weitere Gesamtwürdigung vorzunehmen. Maßgeblich ist, ob es im Hinblick auf schwerwiegende Besonderheiten des Einzelfalles für das allgemeine Rechtsempfinden schlechthin unverständlich erscheinen müsste und das Vertrauen der Bevölkerung in die Unverbrüchlichkeit des Rechts und den Schutz der Rechtsordnung erschüttern könnte, wenn die Strafe zur Bewährung ausgesetzt würde.[149] Gebietet die Verteidigung der Rechtsordnung den Vollzug, muss die Bewährungsaussetzung versagt werden.

Praxistipp: Die Beurteilung, ob die Verteidigung der Rechtsordnung die Strafvollstreckung gebietet ist eine schwierige Einzelfallfrage. Als gedankliche Hilfe – aber bitte weder in der Klausur noch

---

[148] Vergleiche den Gesetzeswortlaut in § 56 I StGB: „setzt,".
[149] *Fischer*, StGB, § 56 Rn. 14.

im Plädoyer so argumentieren – kann die Frage dienen, ob Sie Ihrer Oma verständlich machen könnten, warum der Angeklagte noch Bewährung erhält und Ihre Oma dann der Entscheidung zustimmen würde.

Folgende Gesichtspunkte können im Rahmen einer Gesamtwertung **252** den Vollzug der Freiheitsstrafe zur Verteidigung der Rechtsordnung gebieten:[150]

– Erhebliche verbrecherische Intensität.
– Hartnäckiges rechtsmissachtendes Verhalten.
– Rasche Wiederholungstaten.
– Tatbegehung während des Laufes einer Bewährungsfrist.
– Einschlägige Vorstrafen.
– Trunkenheitsfahrten mit besonders schweren Tatfolgen (z.B. Tötung).
– Gefahr eines Nachahmungseffektes.
– Häufung von Straftaten, die zu einer Bedrohung des Rechtsfriedens führt.
– Straftatbegehung während des Hafturlaubes.

Bei **Freiheitsstrafen von mehr als 1 Jahr bis 2 Jahren** ist eine Straf- **253** aussetzung zur Bewährung *nur* möglich, *wenn* neben dem Vorliegen einer günstigen Sozialprognose eine Gesamtwürdigung von Tat und Persönlichkeit des Täters besondere Umstände ergibt, die diese Aussetzung rechtfertigen, § 56 I, II StGB. Wird das Vorliegen solcher besonderer Umstände bejaht, unterbleibt die Strafaussetzung dennoch, *wenn* die Verteidigung der Rechtsordnung die Vollstreckung gebietet, § 56 III StGB. Der Regelfall bei Freiheitsstrafen über 1 Jahr ist demnach der Vollzug der Freiheitsstrafe. Nur ausnahmsweise kann der Vollzug ausgesetzt werden.[151]

Besondere Umstände im Sinn des § 56 II StGB sind Milderungsgründe **254** von besonderem Gewicht, die eine Strafaussetzung trotz des erheblichen Unrechts- und Schuldgehalts, der sich in der Strafhöhe widerspiegelt, als nicht unangebracht erscheinen lassen.[152] Bei dieser Gesamtwürdigung können auch alle in der Strafzumessung bereits verwendeten Milderungsgründe nochmals berücksichtigt werden. Auch das Zusammentreffen mehrerer durchschnittlicher Milderungsgründe kann in der Gesamtschau zum Vorliegen besonderer Umstände führen.[153]

---

[150] Näher *Fischer*, StGB, § 56 Rn. 14 ff. m.w.N.
[151] In der Praxis ist jedoch zu beobachten, dass diese Ausnahmeregelung recht großzügig gehandhabt wird.
[152] *Fischer*, StGB, § 56 Rn. 20.
[153] *Fischer*, StGB, § 56 Rn. 22.

255   Folgende Gesichtspunkte können im Rahmen dieser Gesamtschau relevant sein:
– Dauer der erlittenen Untersuchungshaft (insbesondere bei nicht vorbestraften Angeklagten).
– Umfassendes Geständnis, das eine umfangreiche Beweisaufnahme erspart hat.
– Bemühen um Schadenswiedergutmachung, § 56 II 2 StGB.
– Schwere Erkrankung.
– Erfolgversprechende Drogentherapie.
– Drohender Verlust des Arbeitsplatzes, insbesondere wenn die abgeurteilte Tat schon länger zurückliegt.
– Verlust der Beamtenstellung.

256   Zu beachten ist, dass die besonderen Umstände umso gewichtiger sein müssen, je näher die Strafe an der 2-Jahres-Grenze liegt. Die Aussetzung einer Freiheitsstrafe von 2 Jahren zur Bewährung dürfte daher nur in absoluten Ausnahmefällen möglich sein. In der Praxis hat es sich gleichwohl eingebürgert, auch Freiheitsstrafen von 2 Jahren oder knapp darunter insbesondere bei Ersttätern häufig zur Bewährung auszusetzen.

257   Werden besondere Umstände in diesem Sinn bejaht, ist eine Strafaussetzung gleichwohl nicht möglich, wenn die Rechtsordnung die Strafvollstreckung dennoch gebietet. Hierzu kann auf die Ausführungen bei Rn. 251 f. verwiesen werden.

258   Gelangt der Sitzungsstaatsanwalt zu dem Ergebnis, dass eine Aussetzung der Freiheitsstrafe zur Bewährung angezeigt ist, muss er in seinem Plädoyer auch Ausführungen dazu machen, welche Bewährungszeit und welche Bewährungsauflagen/-weisungen festgesetzt werden sollen.

259   Die **Bewährungszeit** beträgt zwischen 2 und 5 Jahren, § 56a StGB. In der Regel wird die Bewährungszeit auf 3 Jahre festgesetzt. Eine längere Bewährungszeit kommt vor allem bei zahlreichen Vorstrafen oder bei (nochmaliger) Bewährung trotz Tatbegehung während des Laufes einer offenen Bewährungsfrist oder bei früheren Verurteilungen zu Freiheitsstrafen in Betracht. In diesen Fällen wird eine Bewährungszeit von 4 oder 5 Jahren beantragt.

260   Des Weiteren können dem Angeklagten vom Gericht Auflagen, § 56b StGB, und Weisungen, § 56c StGB, erteilt werden. Zudem kann der Verurteilte der Aufsicht und Leitung eines Bewährungshelfers unterstellt werden, § 56d StGB. Aus den vom Gesetz zur Auswahl gestellten Möglichkeiten sollte ein „Paket" geschnürt werden, dass den Verurteilten tatsächlich von der Begehung weiterer Straftaten abhält.

261   Regelmäßig zu beantragen ist die **Weisung** an den Angeklagten, jeden Wohnsitzwechsel dem Gericht mitzuteilen.

Inwiefern die Erteilung weiterer Weisungen beantragt werden soll, hängt vom Einzelfall ab.

In Betracht kommen können insbesondere:
- Teilnahme an einem sozialen Trainingskurs (Anti-Aggressions-Training).
- Eine begonnene Ausbildung nicht schuldhaft abzubrechen.
- Den Arbeitsplatz nicht schuldhaft aufzugeben.
- Das Verbot des Konsums alkoholischer Getränke (wenn der Angeklagte Straftaten vor allem oder nur alkoholisiert begeht).
- Die Erfüllung von Unterhaltspflichten (bei Verurteilung wegen Unterhaltspflichtverletzung).
- Bei Betäubungsmittelkonsumenten, die wegen Drogenbesitzes verurteilt werden, sind häufig folgende Weisungen sinnvoll:
  - Verbot des Konsums von Betäubungsmitteln.
  - Abgabe von Haar- oder Urinproben auf Weisung des Gesundheitsamtes zur Überprüfung dieses Verbotes.
  - Teilnahme an einer Drogen-/Suchtberatung.

Zudem wird in der Regel eine **Auflage** in Form einer Geldauflage **262** oder, wenn der Verurteilte nur über geringe finanzielle Mittel verfügt, eine Arbeitsauflage, § 56b I Nr. 2, 3 StGB, beantragt. Die Auflage soll dem Angeklagten nochmals spürbar vor Augen führen, dass er verurteilt wurde. Ohne eine entsprechende Auflage schleicht sich mangels unmittelbar spürbarer Sanktion schnell das Gefühl ein, dass „eigentlich ja nichts passiert" ist.

Die Höhe der Auflage ist einzelfallabhängig, sollte jedoch in einer gewissen Relation zur Höhe der Bewährungsstrafe stehen. Als sehr grobe Orientierung für die Klausur können folgende Beispiele dienen:
- Strafe: 2 Monate: 1 Nettomonatseinkommen oder 40 Stunden
- Strafe: 9 Monate: 3 Nettomonatseinkommen oder 90 Stunden
- Strafe: 1 Jahr 3 Monate: 4–5 Nettomonatseinkommen/130 Stunden
- Strafe: 1 Jahr 9 Monate: 6–8 Nettomonatseinkommen/170 Stunden

---

Praxistipp: Beantragt der Staatsanwalt Auflagen und/oder Weisungen, muss im Praxisplädoyer nicht näher dargelegt werden, ob es sich jeweils um eine Auflage oder Weisung handelt, sowie auf welche Ziffern der §§ 56b, c StGB diese im Einzelnen gestützt wird.

Neben Auflagen und Weisungen kann die Bestellung eines **Bewäh- 263 rungshelfer**s für den gesamten Lauf der Bewährungszeit oder eines Teiles davon beantragt werden. Die Bestellung ist keineswegs zwingend. Lediglich § 56d II StGB nennt als Regelfall einer Bestellung Freiheitsstrafen von mehr als 9 Monaten, wenn der Verurteilte jünger als 27 Jahre ist. Im Übrigen erfolgt die Bestellung nach Ermessen.

Voraussetzung für eine Bestellung ist, dass andere Weisungen allein voraussichtlich nicht ausreichend sein werden, um den Angeklagten von weiteren Straftaten abzuhalten. Sinnvoll ist die Einschaltung eines Bewährungshelfers vor allem bei Angeklagten, die zwar ersichtlich bemüht sind, ihre Angelegenheiten aber nicht „auf die Reihe bekommen". Bei solchen überforderten Personen kann ein Bewährungshelfer stabilisierend und tatsächlich unterstützend wirken. Die Bestellung eines Bewährungshelfers sollte nicht allzu leichtfertig beantragt werden. Bewährungshelfer sind ohnehin bereits chronisch überlastet. Ihre Unterstützungsfunktion können Sie daher nur dann erfüllen, wenn ihr Einsatz nicht inflationär erfolgt.

6. Weitere Anträge

264   Neben dem Strafantrag (auf Verurteilung oder Freispruch) sind häufig weitere Anträge zu stellen.

a) Führerschein

265   Aus der Anklageschrift ist in der Regel zumindest über die Liste der Strafnormen ersichtlich, ob die Verhängung eines Fahrverbotes (§ 44 StGB) oder ein Führerscheinentzug und/oder die Verhängung einer Sperrfrist (§§ 69, 69a StGB) beantragt werden soll.

aa) Fahrverbot

266   Ein Fahrverbot nach **§ 44 StGB** für die Dauer von 1 bis 3 Monaten ist eine Nebenstrafe und kommt bei *Straf*taten[154] in Betracht, die bei oder im Zusammenhang mit dem Führen eines Kfz oder unter Verletzung der Pflichten eines Kraftfahrzeugführers begangen wurden. Darunter fallen vor allem Straßenverkehrsdelikte, nicht jedoch, wenn diese mit einem Fahrrad begangen wurden (vergleiche den Gesetzeswortlaut: *Kraft*fahrzeuge). Das Fahrverbot dient als Warnungs- und Besinnungsstrafe, quasi als „Denkzettel", wenn der Angeklagte sich als nachlässiger und leichtsinniger Kraftfahrer erwiesen hat.[155] Als Regelfall ist in § 44 I 2 StGB ein Fahrverbot vorgesehen, wenn bei Trunkenheitsfahrten nach § 315c I Nr. 1 a StGB oder § 316 StGB der Fahrerlaubnisentzug unterbleibt.[156] Die Regelfallanordnung bedeutet, dass bei Vorliegen der gesetzlichen Voraussetzungen ein Fahrverbot anzuordnen *ist* und nur in Ausnahmefällen von der Anordnung abgesehen

---

[154] D.h. nicht bei Ordnungswidrigkeiten; im OWi-Bereich kann ein Fahrverbot jedoch nach § 25 StVG iVm. §§ 24, 24a StVG angeordnet werden.

[155] *Fischer*, StGB, § 44 Rn. 2.

[156] Dazu Rn. 271 ff.

werden kann. Insoweit sind die gleichen Gesichtspunkte maßgeblich, die auch für die Annahme eines Ausnahmefalles beim Absehen vom Fahrerlaubnisentzug sprechen können.[157]

Außer in den Regelfällen kommt, je nach Verschuldensgrad und Tatfolgen, ein Fahrverbot z.B. bei Nötigungen im Straßenverkehr, wiederholtem Fahren ohne Pflichtversicherungsschutz, fahrlässiger Körperverletzung durch Verkehrsunfall oder unerlaubtem Entfernen vom Unfallort bei geringeren Schadenssummen (bis 1300 €; darüber ist regelmäßig die Entziehung der Fahrerlaubnis erforderlich) in Betracht.

Formulierungsbeispiel: *„Ich beantrage, dem Angeklagten für die Dauer von 2 Monaten zu verbieten, Kraftfahrzeuge jeder Art im Straßenverkehr zu führen."*

Zu beachten ist, dass ein Fahrverbot nach § 25 StVG verhängt wer- **267** den kann, wenn der Angeklagte wegen einer Straftat verurteilt[158] wird, die zugleich einen Ordnungswidrigkeitentatbestand verwirklicht, aufgrund der Straftat aber ein Fahrverbot nach § 44 StGB nicht verhängt werden kann.[159] In einem derartigen Fall wird zwar der OWi-Tatbestand durch das Strafgesetzt verdrängt (§ 21 I 1 OWiG), das an die Ordnungswidrigkeit anknüpfende Fahrverbot kann jedoch gleichwohl verhängt werden (§ 21 I 2 OWiG), sofern die Ordnungswidrigkeit nicht verjährt ist.

Ausnahmsweise kann es angezeigt sein, vom straf- oder ordnungs- **268** widrigkeitsrechtlichen Fahrverbot bestimmte Arten von Kraftfahrzeugen auszunehmen, z.B. Traktoren oder Lkw. Dies ist eine Ermessensentscheidung. Eine Ausnahme bestimmter Kraftfahrzeugarten vom Fahrverbot kommt jedoch nicht in Betracht, wenn die abzuurteilende Tat gerade mit Fahrzeugen dieser Art begangen wurde. Die vom Fahr-

---

[157] Siehe Rn. 276 f.

[158] Kann eine Verurteilung wegen der angeklagten Straftat nicht erfolgen, lebt die Ordnungswidrigkeit wieder auf, sofern sie nicht verjährt ist. Auch in diesem Fall kann natürlich ein ordnungswidrigkeitenrechtliches Fahrverbot verhängt werden. Siehe zu dieser Fallgestaltung auch unten Rn. 359.

[159] Beispielsweise wenn der Angeklagte eine erhebliche Geschwindigkeitsüberschreitung begeht und dabei den Meßbeamten mit dem „Stinkefinger„ beleidigt. Die mit der Geschwindigkeitsüberschreitung tateinheitlich begangene Beleidigung verdrängt dann die Ordnungswidrigkeit, rechtfertigt aber selber kein Fahrverbot.

Nur scheinbar vergleichbar ist der Fall einer Fahrt unter dem Einfluß berauschender Mittel (OWi nach § 24a II StVG) und des gleichzeitigen unerlaubten Besitzes von Betäubungsmitteln. Hier nimmt die Rechtsprechung nämlich Tatmehrheit an, so dass die OWi nicht durch die Straftat verdrängt wird. Ein OWi-Fahrverbot ist daher unproblematisch möglich.

verbot ausgenommenen Fahrzeugarten können nach Fahrerlaubnisklassen (innerhalb einer Fahrzeugklasse auch nach einem bestimmten objektiv-konstruktiven Verwendungszweck) oder nach Fahrzeugarten, auf welche nach § 6 I 2 FeV die Fahrerlaubnis beschränkt werden kann, bezeichnet werden.[160]

> **Formulierungsbeispiel:** *„Ich beantrage daher, dem Angeklagten für die Dauer von 2 Monaten zu verbieten, Kraftfahrzeuge jeder Art im Straßenverkehr zu führen, ausgenommen Kraftfahrzeuge der Klasse T."*

269   Ein Fahrverbot wird mit Rechtskraft des Urteils wirksam. Nach Ablauf des Fahrverbotes erhält der Verurteilte seinen Führerschein ohne weiteres zurück.

270   War der Führerschein des Angeklagten vor der Verhandlung nach § 94 StPO sichergestellt oder die Fahrerlaubnis nach § 111a StPO vorläufig entzogen, kommt jedoch nach den Erkenntnissen der Verhandlung nur die Verhängung eines Fahrverbotes nach § 44 StGB oder nach § 25 StVG in Betracht, ist die Dauer der Sicherstellung/Entziehung auf das Fahrverbot anzurechnen, § 51 IV StGB bzw. § 25 VI StVG. Diese Anrechnung erfolgt kraft Gesetzes und muss daher nicht beantragt werden. Wegen dieser Anrechnung ist es auch weder zulässig noch erforderlich, die Dauer des Fahrverbotes im Hinblick auf die bereits erfolgte Sicherstellung/vorläufige Entziehung kürzer zu bemessen.

bb) Entzug der Fahrerlaubnis

271   Der Entzug der Fahrerlaubnis ist eine Maßregel der Besserung und Sicherung und führt dazu, dass die Fahrerlaubnis des Angeklagten erlischt. Sie muss vom Angeklagten bei der Führerscheinstelle neu beantragt und – nach Ablauf der Sperrfrist – in einem Verwaltungsverfahren neu bewilligt werden. Welche Anforderungen dabei für die Neuerteilung erfüllt werden müssen bestimmt die Verwaltungsbehörde.[161]

---

[160] *Fischer*, StGB, § 69a Rn. 29 m.w.N.

[161] Bei erstmaliger Verurteilung wegen einer Alkoholfahrt verlangt die Verwaltungsbehörde i.d.R. bei über 1,60 Promille eine Medizinisch-Psychologische Untersuchung (MPU; auch bekannt als „Idiotentest,). Bei Drogenfahrten verlangt die Verwaltungsbehörde vor der Wiedererteilung der Fahrerlaubnis i.d.R. ebenfalls eine MPU. Wird die Fahrerlaubnis wegen anderer Delikten erstmalig für nicht mehr als 1 Jahr entzogen, erteilt die Fahrerlaubnisbehörde in der Regel die Fahrerlaubnis auf Antrag wieder, ohne dass weitere Voraussetzungen erfüllt sein müssen. Die Verwaltungsbehörde entscheidet über die Wiedererteilung eigenständig und unabhängig und kann daher von dem geschilderten Ansatz abweichen.

Ein Entzug der Fahrerlaubnis nach §§ 69, 69a StGB kann aufgrund **272** körperlicher oder geistiger Mängel, sowie aufgrund charakterlicher Ungeeignetheit zum Führen von Kraftfahrzeugen in Betracht kommen.

Ein Entzug aufgrund **körperlicher oder geistiger Mängel** setzt **273** meist ein ärztliches Gutachten voraus, ob der Angeklagte tatsächlich nicht mehr in der Lage ist, Kraftfahrzeuge im Straßenverkehr sicher zu führen. Ohne ärztliches Gutachten kommt eine Entziehung nur in völlig eindeutigen Fällen in Betracht.

Ein Entzug aufgrund **charakterlicher Ungeeignetheit** kommt vor **274** allem in den in § 69 II StGB aufgeführten Regelfällen[162] in Betracht. Wird der Angeklagte wegen eines solchen Regelfalles verurteilt, besteht eine Regelvermutung der charakterlichen Ungeeignetheit des Angeklagten zum Führen von Kraftfahrzeugen, die eine weitere Begründung für den Fahrerlaubnisentzug entbehrlich macht.

Hinsichtlich des Regelfalles in § 69 II Nr. 3 StGB ist dabei darauf **275** hinzuweisen, dass von der Rechtsprechung ein Sachschaden als „bedeutend" im Sinne dieser Vorschrift ab einer Schadenshöhe von 1300 Euro angesehen wird.[163]

Nur bei Vorliegen eines begründeten Ausnahmefalles kann die Re- **276** gelvermutung widerlegt werden.[164] Verhältnismäßigkeitsaspekte spielen, entgegen den Ausführungen mancher Verteidiger, bei dieser Prüfung indes keine Rolle, § 69 I 2 StGB i.V m. § 62 StGB.

Besondere Umstände, die einen solchen Ausnahmefall begründen können, liegen vor, wenn bei einer Gesamtwürdigung aller objektiven und subjektiven Tatumstände die Vermutung der Ungeeignetheit zum Führen von Kraftfahrzeugen im Tat- oder Verurteilungszeitpunkt widerlegt ist. Als solche Ausnahme kommt vor allem eine Tatbegehung in notstandsähnlichen Fällen in Betracht. Bei Trunkenheitsfahrten kann namentlich ein erheblicher Zeitablauf zwischen Tatbegehung und Aburteilung bei vorläufiger Sicherstellung des Führerscheines und geringer Alkoholisierung einen Ausnahmefall begründen.

Keinen besonderen Umstand in diesem Sinne stellt das berufliche **277** Angewiesensein des Angeklagten auf den Führerschein dar (z.B. Kraftfahrer, Handelsvertreter). In Zeiten hoher Mobilitätserfordernisse ist fast jeder Angeklagte mehr oder weniger auf die Fahrerlaubnis

---

[162] Also bei Gefährdung des Straßenverkehrs (§ 315c StGB), Trunkenheitsfahrten (§ 316 StGB), unerlaubtem Entfernen vom Unfallort bei Tötung oder erheblicher Verletzung eines Menschen oder bedeutendem Fremdschaden (§ 142 StGB), sowie bei einem Vollrausch nach § 323a StGB, der sich auf eine dieser Taten bezieht. Zu den Nichtregelfällen s. Rn. 278.
[163] *Fischer*, StGB, § 69 Rn. 29.
[164] *Fischer*, StGB, § 69 Rn. 21, 24, 26, 30, 32 ff.

angewiesen. Bei Trunkenheitsfahrten stellt der Umstand der nur ge-
ringfügigen Überschreitung der 1,10 Promillegrenze (Grenzwert zur
absoluten Fahruntüchtigkeit) ohne Vorliegen eines Fahrfehlers ebenfalls *keinen* besonderen Umstand dar.

278   Neben den Regelfällen des § 69 II StGB können auch andere Taten
oder Umstände die Ungeeignetheit zum Führen von Kraftfahrzeugen
bedingen. Im Rahmen einer Gesamtwürdigung ist zu prüfen, ob der
Angeklagte die charakterliche Eignung zum Führen von Kraftfahrzeugen besitzt. Hierbei sind alle Umstände objektiver und subjektiver Art,
aus denen sich eignungsspezifische Indizien ergeben können, zur
Prüfung heranzuziehen, ob bei Teilnahme des Täters am öffentlichen
Verkehr als Führer eines Kraftfahrzeuges künftig Verletzungen von
Kraftfahrerpflichten zu befürchten sind, aus denen sich Gefahren für
die Allgemeinheit ergeben.[165] Maßgeblich ist letztlich, ob der Angeklagte bereit ist, die Sicherheit des Straßenverkehrs seinen (kriminellen) Interessen unterzuordnen und daher zum Schutz der Allgemeinheit
„aus dem Verkehr gezogen" werden muss. Insbesondere bei wiederholter Begehung von Verkehrsstraftaten kann eine solche charakterliche Ungeeignetheit zum Ausdruck kommen. Aber auch bei (schweren)
Nötigungen mit dem Kraftfahrzeug oder körperlichem Angriff auf
andere Verkehrsteilnehmer anlässlich einer Auseinandersetzung nach
einem Verkehrsunfall kann eine charakterliche Ungeeignetheit vorliegen.[166]

279   Neben der Entziehung der Fahrerlaubnis muss auch die **Einziehung
des Führerscheines** beantragt werden. Andernfalls müsste der Führerschein wieder an den Angeklagten herausgegeben werden, obwohl die
Fahrerlaubnis nicht mehr besteht. Der Führerschein müsste dann nachträglich im Verwaltungsweg eingezogen werden.

> **Formulierungsbeispiel:** *„Der Angeklagte hat sich durch die Tat
> als ungeeignet zum Führen von Kraftfahrzeugen erwiesen. Es liegt
> der Regelfall des § 69 II Nr. 2 StGB vor. Besondere Umstände, die
> vorliegend ein Absehen vom Fahrerlaubnisentzug rechtfertigen,
> liegen nicht vor. Ich beantrage daher, dem Angeklagten die Fahr-
> erlaubnis zu entziehen und den Führerschein einzuziehen."*

280   Die **Ausnahme** bestimmter Arten von Kraftfahrzeugen von der
Fahrerlaubnisentziehung sieht § 69 StGB, anders als § 44 StGB beim
Fahrverbot, **nicht** vor. Möglich ist lediglich eine Ausnahme von der
Sperrfrist, dazu sogleich.

---

[165] *Fischer*, StGB, § 69 Rn. 37.
[166] Näher bei *Fischer*, StGB, § 69 Rn. 37 ff.

Neben der Fahrerlaubnisentziehung ist zwingend eine **Sperrfrist** für **281** die Wiedererteilung der Fahrerlaubnis zu beantragen, § 69a I 1 StGB. Besitzt der Angeklagte keine Fahrerlaubnis, kommt unter den gleichen Voraussetzungen die Beantragung einer isolierten Sperrfrist in Betracht, § 69a I 3 StGB. Die Dauer der Sperrfrist beträgt grundsätzlich mindestens 6 Monate und höchstens 5 Jahre, § 69a I 1 StGB. Eine wichtige Ausnahme stellt § 69a III StGB dar, wonach das Mindestmaß der Sperrfrist 1 Jahr beträgt, wenn in den letzten 3 Jahren vor der angeklagten Tat eine Sperrfrist verhängt wurde.

Da bei Trunkenheitsfahrten (die in der Praxis den Hauptanwen- **282** dungsfall der §§ 69, 69a StGB bilden) in aller Regel nach der Tat zunächst der Führerschein nach § 94 StPO sichergestellt oder beschlagnahmt und/oder die Fahrerlaubnis gemäß § 111a StPO vorläufig entzogen wird, ist das Mindestmaß der Sperre um den Zeitraum ab Sicherstellung/Beschlagnahme/Entzug zu reduzieren, § 69a IV, VI StGB. Eine noch zu verhängende Sperrfrist muss jedoch immer mindestens noch 3 Monate betragen, § 69a IV StGB, unabhängig davon, wie lange die Sicherstellung/Beschlagnahme/der vorläufige Entzug insgesamt bereits gedauert hat.

Die genaue Dauer der *noch* zu verhängenden Sperrfrist richtet sich **283** danach, wie lange die Ungeeignetheit zum Führen von Kraftfahrzeugen voraussichtlich noch bestehen wird. Für die Regelfälle des § 69 II StPO haben sich bestimmte „Regel-Sperrfristdauern" herausgebildet, die je nach Gerichtsbezirk abweichen können. Sie müssen sich vor der Verhandlung bei Kollegen informieren, welche Sperrfristen in Ihrem Bezirk üblich sind. Allerdings dürfen diese Fristen nicht starr angewandt werden. Diese aus Gleichbehandlungsgesichtspunkten aufgrund von Erfahrungswerten herausgebildeten Richtwerte können die Prognose der weiteren Dauer der voraussichtlichen Ungeeignetheit im Einzelfall nicht ersetzen.

War zunächst ein Strafbefehl erlassen worden, der eine Sperrfrist **284** enthielt, hat das Gericht bereits damals unter Berücksichtigung der bereits verstrichenen Zeit der Sicherstellung/Beschlagnahme des Führerscheines eine Prognose über die weitere Dauer der voraussichtlichen Ungeeignetheit getroffen. Sofern sich in der Hauptverhandlung keine neuen Gesichtspunkte für eine veränderte Prognose ergeben, kann die im Strafbefehl ausgesprochene Dauer der Sperrfrist (die ab Erlass des Strafbefehles läuft) auch für den Antrag im Plädoyer zugrundegelegt werden. Dabei ist jedoch zu berücksichtigen, dass seit Erlass des Strafbefehles Zeit vergangen ist. Diese verstrichene Zeit ist von der im Strafbefehl ausgesprochenen Sperrfristdauer abzuziehen, da im Plädoyer zu beantragen ist, welche Sperrfrist *jetzt noch* erforderlich ist.

Beispiel: Im Strafbefehl wurde eine Sperrfrist von 10 Monaten verhängt. Seit Erlassdatum des Strafbefehls sind bis zum Hauptverhandlungstermin 3 Monate vergangen. Es ist daher die Verhängung einer Sperrfrist von noch 7 Monaten zu beantragen.

285   Nach § 69a II StGB können von der Sperrfrist (nicht von der Entziehung der Fahrerlaubnis!) bestimmte Arten von Kraftfahrzeugen **ausgenommen** werden. Es gilt insoweit das bereits zur Ausnahmemöglichkeit zum Fahrverbot nach § 44 StGB Ausgeführte.[167]

> **Formulierungsbeispiele:** *„Es ist eine Sperrfrist festzusetzen, vor deren Ablauf die Verwaltungsbehörde dem Angeklagten keine neue Fahrerlaubnis erteilen darf. Die Dauer der Sperrfrist ist, unter Berücksichtigung des Umstandes, dass der Führerschein des Angeklagten bereits seit 4 Monaten sichergestellt ist, mit jetzt noch (weiteren) 8 Monaten zu bemessen.“*
>
> Ein Antrag auf Festsetzung einer isolierten Sperrfrist kann wie folgt formuliert werden: *„Der Angeklagte hat sich durch die Tat als ungeeignet zum Führen von Kraftfahrzeugen erwiesen. Da er nicht im Besitz einer Fahrerlaubnis ist, kommt vorliegend ein Fahrerlaubnisentzug nicht in Betracht. Es ist jedoch eine isolierte Sperrfrist zu verhängen, vor deren Ablauf dem Angeklagten keine Fahrerlaubnis erteilt werden darf. Ich halte vorliegend eine Sperrfrist von 6 Monaten für angemessen.“*

286   Ist der Angeklagte im Besitz einer **ausländischen Fahrerlaubnis**, ist für die Antragstellung zu unterscheiden:
- Ist der Angeklagte Inhaber eines ausländischen Führerscheines, der von einem Mitgliedsstaat der Europäischen Union oder einem Vertragsstaat des Europäischen Wirtschaftsraumes ausgestellt ist und hat er seinen Wohnsitz in der Bundesrepublik Deutschland ist die Antragstellung völlig identisch wie bei inländischen Fahrerlaubnissen, d.h. es ist die Entziehung der Fahrerlaubnis, die Einziehung des Führerscheines und die Verhängung einer Sperrfrist zu beantragen, § 69b I, II StGB.
- In allen anderen Fällen ist (nur) die Entziehung der Fahrerlaubnis und die Verhängung einer Sperrfrist zu beantragen. § 69b I StGB bestimmt, dass diese Entziehung zur Folge hat, dass dem Verurteilten zumindest für die Dauer der Sperrfrist das Recht aberkannt wird, von seiner ausländischen Fahrerlaubnis im Bundesgebiet Gebrauch zu machen. Der Antrag ist indes, wie sich aus dem Wortlaut des § 69b I StGB ergibt, auf Entziehung der Fahrerlaubnis zu richten.

---

[167] Siehe Rn. 268.

Ist der Angeklagte im Besitz **mehrerer Fahrerlaubnisse** (z.B. einer **287** in- und einer ausländischen) ist die Entziehung sämtlicher Fahrerlaubnisse zu beantragen. Andernfalls könnte der Verurteilte mit seiner nicht entzogenen Fahrerlaubnis weiterhin am Straßenverkehr teilnehmen.

b) Fortdauer der Untersuchungshaft

Befindet sich der Angeklagte in Untersuchungshaft, ist ein Antrag **288** hinsichtlich der Fortdauer der Untersuchungshaft zu stellen, da das Gericht über diese Frage zugleich mit dem Urteil zu entscheiden hat, § 268b StPO.

Maßgeblich ist zunächst, ob weiterhin ein Haftgrund gemäß **289** §§ 112 ff. StPO besteht. Besteht kein Haftgrund mehr, ist die Aufhebung des Haftbefehles zu beantragen. Besteht weiterhin ein Haftgrund, muss geprüft werden, ob der Haftbefehl zwar aufrechterhalten bleibt, aber unter Auflagen außer Vollzug gesetzt werden kann. Kommt eine Außervollzugsetzung nicht in Betracht, muss die Aufrechterhaltung des Haftbefehles beantragt werden.

Grundsätzlich gilt für die Praxis, dass bei Haftbefehlen, die auf dem **290** **Haftgrund der Fluchtgefahr** beruhen bei Beantragung einer **Geldstrafe** in der Regel kein Grund für die Aufrechterhaltung des Haftbefehls besteht und deshalb die Aufhebung zu beantragen ist. Wird eine **Freiheitsstrafe mit Bewährung** beantragt, ist ebenfalls die Aufhebung des Haftbefehls angezeigt. Da in diesen Fällen eine Strafvollstreckung nicht (unmittelbar) droht, fällt der Fluchtanreiz weg. Bei Beantragung einer **Freiheitsstrafe ohne Bewährung** hingegen ist regelmäßig die Aufrechterhaltung des Haftbefehles erforderlich, es sei denn, dass aufgrund von neuen Erkenntnissen oder Entwicklungen, insbesondere im privaten Umfeld des Angeklagten, die Fluchtgefahr weggefallen ist oder dieser auch durch Auflagen begegnet werden kann. In aller Regel liegen solche Entwicklungen indes nicht vor.

Beruht der Haftbefehl auf dem **Haftgrund der Verdunkelungsge-** **291** **fahr**, ist, unabhängig von der beantragten Strafe, eine Aufhebung des Haftbefehles regelmäßig dann angezeigt, wenn der Angeklagte die Tat gestanden hat. Dann droht keine Verdunkelung mehr. Ist der Angeklagte nicht geständig, ist zu unterscheiden: Wird eine **Geldstrafe** oder eine **Bewährungsstrafe** beantragt, ist sorgfältig zu prüfen, ob der Haftbefehl unter Auflagen außer Vollzug gesetzt werden kann. Als Auflage kommt bei drohender Einwirkung auf Zeugen ein Kontaktaufnahmeverbot mit diesen Zeugen in Betracht. Bei Freiheitsstrafen ohne Bewährung wird bei fortbestehender Verdunkelungsgefahr eine Aussetzung des Haftbefehls allenfalls unter strengen Auflagen in Betracht kommen. Eine Aufhebung dürfte in diesen Fällen die Ausnahme sein.

292   Selbstverständlich dürfte sein, dass bei Haftbefehlen, die auf mehrere Haftgründe gestützt wurden das Fortbestehen eines einzigen Haftgrundes dazu führt, dass die Aufhebung des Haftbefehls ausscheidet.

Formulierungsbeispiele:

„Ich beantrage, den Haftbefehl des Amtsgerichts Musterhausen vom 1.6.2010 aufzuheben."

„Ich beantrage, den Haftbefehl des Amtsgerichts Musterhausen vom 1.6.2010 aufrecht zu erhalten, da der Haftgrund der Fluchtgefahr fortbesteht. Der Vollzug des Haftbefehls kann jedoch unter der Auflage außer Vollzug gesetzt werden, dass der Angeklagte seinen Personalausweis und seinen Reisepass abgibt und sich einmal wöchentlich bei der Polizeiinspektion Musterhausen meldet."

„Ich beantrage, den Haftbefehl des Amtsgerichts Musterhausen vom 1.6.2010 aufrecht zu erhalten und die Fortdauer der Untersuchungshaft anzuordnen. Es besteht weiterhin der Haftgrund der Fluchtgefahr. Der Angeklagte ist weiterhin ohne Arbeit, ohne familiäre und soziale Bindungen und wird zu einer erheblichen Freiheitsstrafe verurteilt, die nicht zur Bewährung ausgesetzt werden kann."

c) Einziehung und Verfall von Asservaten*

293   Sind noch Asservate beschlagnahmt oder sichergestellt und hat der Angeklagte im Verlauf der Hauptverhandlung nicht der form- und entschädigungslosen Einziehung zugestimmt, ist die Einziehung, §§ 74 ff. StGB, oder der Verfall, §§ 73 ff. StGB, zu beantragen. Da erfahrungsgemäß in den allermeisten Fällen eine solche Zustimmung zur form- und entschädigungslosen Einziehung erfolgt, sollen im Folgenden nur kurze und stark vereinfachte Hinweise zu diesem mitunter komplexen Themenbereich erfolgen.[168]

294   Unterbleibt eine Einziehung nach § 73 oder § 74 StGB, dann kann diese nach Rechtskraft des Urteils nicht mehr nachgeholt werden. Auch § 76a StGB hilft hier nicht weiter, da dieser eine andere Fallgestaltung betrifft. Sie müssen daher, schon um zu vermeiden, dass die Einziehung vom Gericht übersehen wird, in jedem Fall daran denken, einen entsprechenden Antrag zu stellen.

---

[168] Vertiefend siehe z.B. die Kommentierung bei *Fischer*, StGB, §§ 73 ff.

aa) Einziehung, § 74 StGB

In der Praxis wird Ihnen am häufigsten § 74 StGB begegnen. Einge- **295**
zogen werden können nach § 74 I StGB vor allem Produkte von Straftaten (z.B. gefälschte Urkunden) und Tatwerkzeuge (z.B. Diebeswerkzeug, Pkw mit eingebauten Rauschgiftverstecken, Handies). Die Einschränkung des § 74 II Nr. 1 StGB, dass die Einziehung nur zulässig
ist, wenn die einzuziehenden Gegenstände zur Zeit der Entscheidung
dem Angeklagten gehören oder zustehen, muss häufig nicht näher
geprüft werden, da nach § 74 II Nr. 2 StGB – unabhängig von den
Eigentumsverhältnissen – alle Gegenstände eingezogen werden können, die allgemein gefährlich sind (wie z.B. Sprengstoff) oder die,
würden sie beim Angeklagten verbleiben, die konkrete Gefahr begründen, dass sie durch den Angeklagten oder irgendeinen anderen Täter
zur Begehung rechtswidriger Taten verwendet werden (z.B. gefälschte
Urkunden, Diebeswerkzeug, Waffen, Betäubungsmittel, Falschgeld).
Gerade der letztere Fall liegt bei den am häufigsten sichergestellten
Gegenständen regelmäßig vor.

Nicht unter § 74 StGB fällt (echtes) Geld, das der Täter aus der Tat- **296**
begehung erlangt hat. Hier kann aber § 73 StGB greifen.

Die Einziehung muss unterbleiben, wenn sie unverhältnismäßig wäre, **297**
§ 74b I StGB, wobei diese Einschränkung, entgegen dem Wortlaut des
§ 74b I StGB, auch bei einer Einziehung nach § 74 II Nr. 2 StGB zu
beachten ist.[169] In der Praxis ergeben sich hier indes selten Probleme.

Beispiel: Bei der Begehung von Betrugsdelikten im Internet dürfte die Einziehung des dazu verwendeten Computers nur bei erheblichen Schadenssummen
oder einer Vielzahl von Delikten verhältnismäßig sein.

In Betracht kommen kann unter Umständen auch eine – unumkehr- **298**
bare – Unbrauchbarmachung oder „Entschärfung" der Gegenstände.
Dann ist § 74b II StGB zu beachten; es müssen dementsprechend im
Antrag die Maßnahmen, zu denen der Angeklagte hinsichtlich der
betreffenden Gegenstände anzuweisen ist, benannt werden. Des Weiteren muss beantragt werden, für den Fall der Nichterfüllung dieser
Anweisungen die Einziehung vorzubehalten.

Im Plädoyer müssen Sie den Antrag auf Einziehung von Asservaten
in der Regel nicht näher begründen.

Formulierungsbeispiel: *„Ich beantrage ferner, das sichergestellte*
Rauschgift einzuziehen."

---

[169] *Fischer*, StGB, § 74b Rn. 3.

bb) Verfall, § 73 StGB

299   Der Gedanke „Verbrechen darf sich nicht lohnen" steht hinter der Regelung der §§ 73 ff. StGB. Nach § 73 I StGB unterliegt alles, was der Täter aus der Tat erlangt hat dem Verfall. In erster Linie relevant sind hier Geldbeträge. Es gilt insoweit das Bruttoprinzip.[170] Der Täter kann also nicht geltend machen, dass der Tatgewinn wegen Unkosten tatsächlich niedriger ausgefallen sei (so kann z.B. ein Schleuserfahrer den Schleuserlohn nicht um angefallene Benzinkosten mindern).

300   Ist nicht feststellbar, ob bei dem Täter aufgefundenes Geld unmittelbar den Tatertrag darstellt oder hat der Täter das aus der Tat Erlangte bereits wieder ausgegeben, verloren oder unauffindbar beiseite geschafft, kommt der Verfall von Wertersatz in Betracht, § 73a StGB.

301   Nach § 73c I 1 StGB wird der Verfall nicht angeordnet, wenn er für den Betroffenen eine unbillige Härte wäre. Nach § 73c I 2 StGB kann das Gericht zudem von der Anordung des Verfalles absehen, wenn das Erlangte nicht mehr im Vermögen des Betroffenen vorhanden ist oder nur einen geringen Wert hat. Hierbei ist zu beachten, dass bei Aburteilung noch vorhandenes Vermögen des Angeklagten, welches betragsmäßig über dem Betrag des Erlangten liegt, die Vermutung begründet, dass der Wert des Erlangten weiterhin im Vermögen des Angeklagten vorhanden ist.[171]

302   Erfahrungsgemäß tendieren Gerichte dazu, die Anordnung des Verfalles oder des Verfalls von Wertersatz zu vermeiden. Als Staatsanwalt sollten Sie indes auf jeden Fall auf die Anordnung des Verfalles oder Verfalles von Wertersatz hinwirken.

303   Kommt eine Bewährungsstrafe in Betracht, behilft sich die Praxis oftmals damit, dass der Angeklagte sich einverstanden erklärt, dass ein sichergestellter/beschlagnahmter Geldbetrag auf eine Bewährungsauflage angerechnet wird. Soweit diese Erklärung im Sitzungsprotokoll vermerkt wird, spricht meist nichts dagegen, diesen Weg mitzutragen und statt des Verfalles/Verfalles von Wertersatz eine entsprechend hohe Bewährungsauflage zu beantragen.

> **Formulierungsbeispiel:** „... *Ich beantrage ferner, den Verfall von Wertersatz in Höhe von 2000,- € anzuordnen. Der Angeklagte hat diesen Betrag für das verkaufte Rauschgift erhalten. Nachdem das Bargeld, bei dem es sich laut Aussage des Zeugen Mütterlich um vier Scheine zu je 500,- € gehandelt hat, beim Angeklagten nicht mehr auffindbar ist, kommt die Anordnung des Verfalls nicht in*

---

[170] *Fischer*, StGB, § 73 Rn. 3.
[171] *Fischer*, StGB, § 73c Rn. 4 m.w.N.

Betracht. Es liegen jedoch die Voraussetzungen der Anordnung des Verfalls von Wertersatz vor. Insbesondere steht dem nicht die Einlassung des Angeklagten entgegen, er habe das Geld im Kasino verspielt. Unabhängig von der Frage, ob diese Darstellung des Angeklagten zutreffen ist, wurden jedenfalls bei der Durchsuchung in der Wohnung des Angeklagten Barmittel in Höhe von 7000,- € gefunden. Da dieser Betrag deutlich über dem Erlös aus dem Rauschgiftverkauf liegt besteht die – widerlegliche – Vermutung dafür, dass der Wert des erlangten Verkaufserlöses weiterhin im Vermögen des Angeklagten vorhanden ist. Anhaltspunkte dafür, dass vorliegend das noch vorhandene Vermögen in keinem denkbaren Zusammenhang mit der verfahrensgegenständlichen Straftat steht und somit diese Vermutung widerlegt wird, sind nicht einmal ansatzweise ersichtlich [...]."

d) Unterbringung**

Die §§ 63 und 64 StGB ermöglichen als Maßregeln der Besserung **304** und Sicherung zum Schutz der Allgemeinheit die Unterbringung des Angeklagten in einem psychiatrischen Krankenhaus (§ 63 StGB) oder in einer Entziehungsanstalt (§ 64 StGB). Eine derartige Unterbringung kann neben einer Strafe oder, sofern eine Verurteilung des Angeklagten wegen Schuldunfähigkeit nicht in Betracht kommt, auch isoliert angeordnet werden. Liegen die Voraussetzungen der §§ 63, 64 StGB vor, muss die Unterbringung **zwingend** im Plädoyer beantragt werden. Es besteht insoweit kein Ermessen mehr. Es ist jedoch dann noch eine Aussetzung der Unterbringung zur Bewährung zu prüfen.

Die Feststellung der medizinischen und rechtlichen Voraussetzun- **305** gen für eine Unterbringung nach §§ 63, 64 StGB ist nicht unproblematisch. Ohne medizinisches Sachverständigengutachten, § 246a StPO, kann eine Unterbringung nicht erfolgen. Das Gericht kann in keinem Falle auf eigene Sachkunde zurückgreifen.[172] Das bedeutet, dass Sie in keinem Fall eine Unterbringung nach §§ 63, 64 StGB mit Aussicht auf Erfolg beantragen können, solange kein medizinisches Sachverständigengutachten vorliegt. Sollten Sie dennoch eine Unterbringung für erforderlich halten, müssen Sie einen Antrag auf Erholung eines Sachverständigengutachtens zu dieser Frage stellen.

Im Zusammenhang mit den §§ 63, 64 StGB wird Ihnen die **ICD- 306 10**[173] über den Weg laufen. Es handelt sich dabei um eine international

---

[172] *Fischer*, StGB, § 63 Rn. 25, § 64 Rn. 27.
[173] International Statistical Classification of Deaseases and Related Health Problems, d.h. die Internationale statistische Klassifikation von Krankheiten und verwandter Gesundheitsprobleme in der 10. Revision der Klassifikation.

verbindliche Zusammenstellung psychischer Krankheiten und Abhängigkeiten. Der Sachverständige muss die beim Täter vorliegende Krankheit anhand der ICD-10 näher klassifizieren. Für den Sitzungsdienst empfiehlt es sich, den laut schriftlichem Gutachten einschlägigen Abschnitt der ICD-10 zu lesen.

307 Bei Verlesung der Anklageschrift und beim Plädoyer ist darauf zu achten, ob gegen den Täter tatsächlich Anklage erhoben wurde oder ob (nur) ein Antrag im objektiven Sicherungsverfahren, §§ 413 ff. StPO, gestellt wurde (dies ergibt sich bereits aus der Überschrift des zu verlesenden Schriftstückes). Ist Anklage erhoben, wird diese wie üblich verlesen. Bei einem Antrag im Sicherungsverfahren wird der Täter beim Verlesen des Antrages und im Plädoyer hingegen nicht als Angeklagter, sondern als Beschuldigter bezeichnet.

308 Der **Aufbau des Plädoyers** variiert ebenfalls. Ist *Anklage* erhoben und der Angeklagte (ggf. nur vermindert) schuldfähig, wird das Plädoyer in der oben geschilderten Reihenfolge aufgebaut und nach dem Strafantrag die Frage der Unterbringung erörtert. Ausführungen zum Verhältnis von Strafe und Unterbringung sind im Plädoyer nicht erforderlich.[174] Stellt sich hingegen heraus, dass der Angeklagte schuldunfähig ist, muss zunächst ein Freispruch von der angeklagten Tat und im Anschluss an diese Ausführungen die Unterbringung beantragt werden.

War hingegen ein *Antrag* auf Unterbringung im objektiven Verfahren gestellt, muss im Plädoyer nur auf die Frage der Unterbringung eingegangen werden.

Im Folgenden sollen zunächst die Voraussetzungen der §§ 63, 64 StGB gesondert dargestellt werden. Die bei beiden Vorschriften in Betracht kommende Aussetzung der Unterbringung zur Bewährung wird im Anschluss für beide Vorschriften gemeinsam erörtert.

aa) Unterbringung im psychiatrischen Krankenhaus, § 63 StGB

309 Aufgrund psychischer Erkrankung oder Behinderung gefährliche Täter können bei Vorliegen der Voraussetzungen des § 63 StGB in einem psychiatrischen Krankenhaus untergebracht werden. Die Unterbringung erfolgt zeitlich unbefristet bis der Täter soweit geheilt ist, dass von ihm keine unvertretbare Gefahr für fremde Rechtsgüter mehr

---

[174] Wird Freiheitsstrafe neben der Anordnung der Unterbringung verhängt, richtet sich die Reihenfolge der Vollziehung nach § 67 StGB. Nach § 67 I StGB wird grundsätzlich zunächst die Unterbringung vollstreckt und im Anschluss die Freiheitsstrafe. Zu dieser vollstreckungsrechtlichen Problematik sind jedoch im Plädoyer keinerlei Ausführungen erforderlich.

ausgeht.[175] Dies bedeutet, dass die Unterbringung auch lebenslang andauern kann. Aufgrund dessen ist die Anordnung einer Unterbringung nach § 63 StGB nur bei zweifelsfrei geklärten Fallgestaltungen möglich. Die obergerichtliche Rechtsprechung ist hier sehr streng.

310

Voraussetzungen des § 63 StGB:
1. Begehung einer rechtswidrigen Tat
2. Vorliegen einer der in § 20 StGB genannten seelischen Störungen
3. Zweifelsfreies Vorliegen von Schuldunfähigkeit i.S.d. § 20 StGB oder zumindest erheblich verminderter Schuldfähigkeit i.S.d. § 21 StGB
4. Gefährlichkeitsprognose
5. Verhältnismäßigkeit

(1) Der Täter muss eine **rechtswidrige Tat** i.S.d. § 11 Nr. 5 StGB 311 begangen haben. Diese muss im Rahmen der Hauptverhandlung festgestellt und mit den strafprozessualen Beweismitteln bewiesen werden. Die bloße Gefahr, dass der Täter derartige Taten begehen kann, rechtfertigt eine strafrechtliche Unterbringung nicht.[176]

(2) Zum Tatzeitpunkt muss beim Täter eine seelische **Störung i.S.d.** 312 **§ 20 StGB** vorgelegen haben. Diese Störung muss auch zum Zeitpunkt der Hauptverhandlung noch vorliegen. Sofern die Störung nicht mehr vorliegt, kommt eine Unterbringung nicht (mehr) in Betracht. Es muss in der Verhandlung durch den Sachverständigen eindeutig und zweifelsfrei festgestellt werden, welche Störung i.S.d. § 20 StGB vorliegt, was deren Ursachen sind und wie diese sich konkret auf die Schuldfähigkeit und Gefährlichkeit des Täters auswirkt. Ungenauigkeiten, insbesondere lediglich vage Diagnosen oder Symptomschilderungen, genügen nicht.[177] Allerdings kann die Zuordnung einer schweren Persönlichkeitsstörung zu einem der Merkmale des § 20 StGB unterbleiben, wenn diese Störung in Ursachen und Symptomen aufgeklärt ist und deshalb zweifelsfrei dauernde Schuldunfähigkeit vorliegt.[178]

(3) Aufgrund dieser Störung muss die Tat im Zustand der **Schuld-** 313 **unfähigkeit (§ 20 StGB)** oder zumindest der **erheblich verminderten Schuldfähigkeit (§ 21 StGB)** begangen worden sein. Das heißt, dass voll schuldfähige Täter nicht nach § 63 StGB untergebracht werden können. Hierbei werden von der obergerichtlichen Rechtsprechung

---

[175] *Fischer*, StGB, § 63 Rn. 2.
[176] *Fischer*, StGB, § 63 Rn. 3.
[177] *Fischer*, StGB, § 63 Rn. 7.
[178] *Fischer*, StGB, § 63 Rn. 7.

strenge Anforderungen an die Feststellungen angelegt. Der Zustand des Täters zum Tatzeitpunkt muss so genau wie möglich festgestellt und eindeutig bewertet werden. Dabei genügt als Voraussetzung für die Unterbringung zwar die Feststellung, dass (zumindest) verminderte Schuldfähigkeit i.S.d. § 21 StGB sicher vorlag. Es muss dabei jedoch feststehen, ob die Verminderung der Schuldfähigkeit oder die Schuldunfähigkeit auf einer Verminderung oder Aufhebung der Einsichts- *oder* Steuerungsfähigkeit beruht.[179] Nicht ausreichend ist, dass verminderte Schuldfähigkeit zum Tatzeitpunkt nicht ausgeschlossen werden kann.

314   (4) Liegen diese Voraussetzungen vor, ist eine Unterbringung möglich, wenn eine **Gefährlichkeitsprognose** zum Zeitpunkt der Hauptverhandlung unter Gesamtwürdigung des Täters und seiner Tat ergibt, dass vom Täter infolge seines Zustandes erhebliche rechtswidrige Taten zu erwarten sind und er deshalb für die Allgemeinheit gefährlich ist.

> **Tipp:** Die Gefährlichkeitsprognose ist regelmäßig im Plädoyer besonders sorgfältig zu begründen. Da diese am ehesten Raum für rechtliche Argumentation bietet, befindet sich hier einer der Hauptansatzpunkte für die Verteidigung. Insbesondere hinsichtlich der Einordnung der zu erwartenden Taten als „erheblich" besteht häufig ein gewisser Bewertungsspielraum.

315   **Voraussetzungen der Gefährlichkeitsprognose:**[180]
1. Die psychische Störung, die bereits der verhandelten Tat zugrunde lag, muss andauern.
2. Diese Störung ist kausal für weitere rechtswidrige Taten.
3. Die Begehung weiterer Taten ist zu erwarten, d.h. der Täter wird wahrscheinlich, nicht nur möglicherweise, weitere rechtswidrige Taten begehen.
4. Diese zu erwartenden Taten müssen erheblich, d.h. zumindest der mittleren Kriminalität zuzurechnen sein; bloße Bagatellen oder Belästigungen reichen nicht aus.[181]
5. Der Täter muss für die Allgemeinheit gefährlich sein; dies ist grundsätzlich der Fall, wenn die vorhergehenden Voraussetzungen erfüllt sind. Droht lediglich einer einzelnen Person Gefahr vom Täter, ist diese als Mitglied der Allgemeinheit ebenfalls ge-

---

[179] *Fischer*, StGB, § 63 Rn. 11.
[180] Vertiefend *Fischer*, StGB, § 63 Rn. 13 ff. m.w.N.
[181] Zur Frage, was zur mittleren Kriminalität zählt vgl. *Fischer*, StGB, § 63 Rn. 17 f. mit zahlreichen Rechtsprechungshinweisen.

schützt, wenn der Täter in einer für die Allgemeinheit nicht hinnehmbaren Weise gefährlich ist.[182] Hierbei bedarf es im Plädoyer allerdings einer sorgfältigen Darlegung und Begründung.

(5) Die Anordnung der Unterbringung muss unterbleiben, wenn die **316** Maßregel unverhältnismäßig wäre, § 62 StGB. Bei Prüfung der **Verhältnismäßigkeit** sind nur die drei in § 62 StGB genannten Kriterien im Rahmen einer Gesamtwertung zu berücksichtigen, nämlich 1. die Bedeutung der begangenen Tat(en), 2. die Bedeutung der zu erwartenden Tat(en), sowie 3. der Grad der vom Täter ausgehenden Gefahr. Es handelt sich um eine Einzelfallprüfung.

Liegen die Voraussetzungen des § 63 StGB vor und sind Taten schwerer Kriminalität begangen worden und auch künftig zu erwarten, ist die Anordnung der Unterbringung meist verhältnismäßig.

Besonders sorgfältiger Begründung bedarf die Bejahung der Ver- **317** hältnismäßigkeit der Unterbringung hingegen, wenn die begangene(n) Tat(en) nur aus dem Bereich der mittleren Kriminalität stammen. Dann kann insbesondere die – auch frühere – Begehung zahlreicher Taten der mittleren Kriminalität die Anordnung der Unterbringung als verhältnismäßig erscheinen lassen.

Tipp: Hinsichtlich der Punkte (2)–(4) muss das medizinische Sachverständigengutachten Ausführungen enthalten. Sollten Ihnen Einzelheiten unklar bleiben, stellen Sie dem Gutachter in der Sitzung Fragen. Sie müssen darauf achten, dass die oben aufgeführten Aspekte spätestens in der mündlichen Verhandlung vom Sachverständigen klar herausgearbeitet werden. Sind die Ausführungen des Sachverständigen nachvollziehbar und schließen Sie sich dessen Ansicht an, reicht es im Plädoyer häufig, auf die Ausführungen des Sachverständigen zu verweisen.

Ist der Sachverständige hingegen nicht in der Lage, die Voraussetzungen für die Unterbringung klar darzulegen oder verliert er sich in Vermutungen und Hypothesen kann die Anordnung der Unterbringung nicht beantragt werden. Im Plädoyer muss dann dargelegt werden, weshalb die Unterbringung nicht beantragt wird.

**Formulierungsbeispiel für ein Plädoyer im Rahmen eines An- 318
klageverfahrens:**

„[...] Ich beantrage daher, den Angeklagten wegen versuchten Totschlags zu einer Freiheitsstrafe von 4 Jahren zu verurteilen.

---

[182] *BGH* JR 1996, 290.

*Beim Angeklagten liegen darüber hinaus die Voraussetzungen des
§ 63 StGB für eine Unterbringung in einem psychiatrischen Krankenhaus vor. Er hat die Tat, wie der Sachverständige ausgeführt
hat, im Zustand der erheblich verminderten Schuldfähigkeit verübt.
Diesen Ausführungen schließt sich die Staatsanwaltschaft an. Der
Zustand des Angeklagten beruhte auf einer paranoiden Störung, die
beim Angeklagten weiterhin besteht. Infolge dieser Störung war er
nur erheblich vermindert in der Lage, das Unrecht seiner Tat bei
Tatbegehung einzusehen. Dies hat der Sachverständige im Rahmen
seiner Gutachtenerstellung festgestellt und heute in der Hauptverhandlung nochmals erläutert. Der Angeklagte hat sich vom Opfer, das
er vor dem Tattag noch nie getroffen hatte, verfolgt gefühlt. Er hielt
dieses, wie er auch heute ausgesagt hat, für einen Agenten des KGB,
der ihm nach dem Leben trachte. Der Angeklagte sieht sich permanent
vom KGB verfolgt und bedroht und verfällt bei diesem Gedanken in
Angst und Schrecken. Er ist dann nur noch eingeschränkt in der Lage,
zu erkennen, dass er es mit unbeteiligten Passanten zu tun hat. Wie der
Sachverständige ebenfalls ausgeführt hat, ist es höchst wahrscheinlich, dass der Angeklagte infolge seiner Erkrankung weitere Angriffe
auf Leib und Leben von anderen Personen verüben wird. Er sieht
sich weiterhin und überall bedroht. Er hat sich wiederholt wegen
Körperverletzungen an ihm völlig unbekannten Personen, die er
unvermittelt angegriffen hat, verantworten müssen, deren Intensität
in der letzten Zeit erheblich zugenommen hat und deren Ursache in
seiner sich verstärkenden paranoiden Erkrankung zu finden ist.
Ohne Behandlung wird sich an dieser Entwicklung nichts ändern.
Der Angeklagte ist daher für die Allgemeinheit gefährlich und zum
Schutz der Allgemeinheit unterzubringen. Die Unterbringung ist
auch nicht unverhältnismäßig. Der Angeklagte ist für die Allgemeinheit extrem gefährlich. Die von ihm begangenen und mit größter Wahrscheinlichkeit auch weiterhin zu erwartenden massiven
körperlichen Angriffe begründen eine derart große Gefahr für die
Allgemeinheit, dass der Angeklagte die Unterbringung im überwiegenden Interesse der Allgemeinheit hinnehmen muss [...]"*

319   **Formulierungsbeispiel für ein Plädoyer im objektiven Unter-
bringungsverfahren:**

*„Hohes Gericht. Die Hauptverhandlung hat die Erforderlichkeit
der Unterbringung des Beschuldigten nach § 63 StGB bestätigt. Er
hat die ihm in der Antragsschrift zur Last gelegte Tat begangen. Er
hat selber eingeräumt den Zeugen Meierle mit einem Messer mehrfach in den Bauch gestochen zu haben, um diesen zu töten. Die ver-
nommenen Zeugen haben die zur Last gelegte Tat ebenfalls bestä-*

tigt. *Sie haben auch gehört, wie der Beschuldigte bei Begehung der
Tat das Opfer mehrfach anschrie, dass er es nun töten werde. Wie
der Sachverständige, dessen fundierten und nachvollziehbaren Ausführungen sich die Staatsanwaltschaft anschließt, dargelegt hat, hat
der Beschuldigte diese Tat im Zustand der Schuldunfähigkeit begangen. Dieser Zustand beruhte auf einer paranoiden Störung, die
beim Beschuldigten weiterhin besteht. Infolge dieser Störung war er
nicht in der Lage, das Unrecht seiner Tat bei Tatbegehung einzusehen.
Dies hat der Sachverständige bereits in seinem schriftlichen Gutachten dargelegt und auch heute in der Hauptverhandlung nochmals erläutert. Der Beschuldigte hat sich vom Opfer, das er vor dem Tattag
noch nie getroffen hat, verfolgt gefühlt. Er hielt dieses, wie er auch
heute ausgesagt hat, für einen Agenten des KGB, der ihm nach dem
Leben trachte. Der Beschuldigte sieht sich permanent vom KGB verfolgt und bedroht und verfällt bei diesen Gedanken in Angst und
Schrecken. Er ist in dieser Situation nicht mehr in der Lage, zu erkennen, dass er es mit unbeteiligten Passanten zu tun hat. Wie der
Sachverständige ebenfalls ausgeführt hat, ist es höchst wahrscheinlich, dass der Beschuldigte infolge seiner Erkrankung weitere Angriffe auf Leib und Leben von anderen Personen verüben wird. Er
sieht sich weiterhin und überall bedroht. Er hat sich wiederholt
wegen Körperverletzungen an ihm völlig unbekannten Personen,
die er unvermittelt angegriffen hat, verantworten müssen, deren
Intensität in der letzten Zeit erheblich zugenommen hat und deren
Ursache in seiner sich verstärkenden paranoiden Erkrankung zu
finden ist. Ohne Behandlung wird sich an dieser Entwicklung nichts
ändern. Der Beschuldigte ist daher für die Allgemeinheit gefährlich
und zum Schutz der Allgemeinheit unterzubringen. Die Unterbringung ist auch nicht unverhältnismäßig. Der Angeklagte ist für die
Allgemeinheit extrem gefährlich. Die von ihm begangenen und mit
größter Wahrscheinlichkeit auch weiterhin zu erwartenden massiven körperlichen Angriffe begründen eine derart große Gefahr für
die Allgemeinheit, dass der Angeklagte die Unterbringung im
überwiegenden Interesse der Allgemeinheit hinnehmen muss [...]"*

bb) Unterbringung in einer Entziehungsanstalt, § 64 StGB

320 Hat der Angeklagte die Tat wegen einer Abhängigkeit von berauschenden Mitteln (v.a. Alkohol oder Drogen) begangen, kann die Unterbringung in einer Entziehungsanstalt in Betracht kommen. Anders als bei
§ 63 StGB kann im Rahmen des § 64 StGB, wie sich aus dem Wortlaut
eindeutig ergibt, nicht nur die Unterbringung von bei Tatbegehung vermindert schuldfähigen oder gar schuldunfähigen Personen, sondern auch
die Unterbringung voll schuldfähiger Täter angeordnet werden. Die

Unterbringung nach § 64 StGB kann für maximal 2 Jahre erfolgen, § 67d I 1 StGB. Eine Zeitdauer, für welche die Unterbringung erfolgen soll, wird im Plädoyer jedoch nicht beantragt.[183]

321

> **Voraussetzungen des § 64 StGB:**
> 1. Begehung einer rechtswidrigen Tat
> 2. Hang, berauschende Mittel im Übermaß zu sich zu nehmen
> 3. Zusammenhang zwischen Tatbegehung und diesem Hang
> 4. Gefährlichkeitsprognose
> 5. Erfolgsaussicht der Therapie
> 6. Verhältnismäßigkeit

322 (1) Hinsichtlich des Vorliegens einer **rechtswidrigen Tat** gilt das zu § 64 StGB Ausgeführte.[184] Diese Tat wird – untechnisch – auch als Rauschtat bezeichnet. Dies bedeutet indes nicht, dass eine Rauschtat i.S.d. § 323a StGB vorliegen müsste. Ausreichend ist vielmehr irgendeine rechtswidrige Tat.

323 (2) Der **Hang** des Täters **zum übermäßigen Konsum berauschender Mittel** muss sicher festgestellt werden. Als berauschende Mittel kommen neben Alkohol und Drogen auch Arzneimittel in Betracht, wenn diese (etwas vereinfacht gesagt) missbräuchlich eingenommen werden.[185] Ein Hang zum übermäßigen Konsum liegt bei chronischer körperlicher oder psychischer Abhängigkeit vor.[186] Nicht ausreichend ist, wenn beim Täter noch keine Abhängigkeit, sondern nur eine Neigung zum Rauschmittelmissbrauch vorliegt. Zu all diesen Fragen ist ein Sachverständigengutachten erforderlich.

324 (3) Zwischen der Abhängigkeit und der Tat muss ein **symptomatischer Zusammenhang** bestehen. Ausreichend hierfür ist, dass die Tat im Rausch, d.h. unter dem Einfluss berauschender Mittel begangen wurde.[187] Ebenfalls ausreichend ist, dass die Tat auf die Abhängigkeit zurückgeht, so insbesondere die Beschaffungskriminalität zur Befriedigung der Drogensucht.[188] In der Praxis stellen sich hier regelmäßig keine größeren

---

[183] Da ungewiss ist, wieviel Zeit eine erfolgreiche Therapie benötigt, wird die Unterbringung ohne zeitliche Angabe angeordnet. Es ist jedoch die Fortdauer der Unterbringung im weiteren Verfahren durch das Gericht von Amts wegen zu überprüfen, § 67e StGB, so dass auch eine Entlassung erfolgen kann und muss, sobald der Zweck der Unterbringung erreicht ist.

[184] Siehe Rn. 311.

[185] Wann Arzneimittel als berauschende Mittel einzustufen sind ist nicht ganz unstrittig, vergleiche *Fischer*, StGB, § 64 Rn. 5 m.w.N.

[186] *Fischer*, StGB, § 64 Rn. 7 ff. m.w.N.

[187] *Fischer*, StGB, § 64 Rn. 13.

[188] *Fischer*, StGB, § 64 Rn. 13.

Probleme. Bei Aggressionsdelikten ist die durch den Genuss von Rauschmitteln verursachte Herabsetzung der Hemmschwelle in aller Regel mitursächlich. Bei bestehender Drogenabhängigkeit und Aburteilung von Beschaffungskriminalität ist bei klammer Finanzlage des Täters ebenfalls die Sucht Grund für die Tat. Vorsicht ist indes bei der Annahme eines symptomatischen Zusammenhanges bei der Einfuhr von Drogen durch einen drogensüchtigen Täter geboten.[189]

(4) Des weiteren muss eine **Gefährlichkeitsprognose** zum Zeit- **325** punkt des Plädoyers die Begehung (irgendwelcher) weiterer erheblicher rechtswidriger Taten befürchten lassen. Dabei ist auch die dem Verfahren zugrundeliegende Tat zu berücksichtigen. Je weniger schwer diese wiegt, desto höhere Anforderungen sind an die Gefährlichkeitsprognose zu stellen.

Voraussetzungen der Gefährlichkeitsprognose: **326**

1. Die Abhängigkeit, die bereits der verhandelten Tat zugrunde lag, muss andauern.
2. Es besteht die Gefahr der Begehung weiterer Taten; es reicht die Befürchtung der Begehung weiterer Taten. Unklar ist, welche Wahrscheinlichkeit erforderlich ist. Einigkeit dürfte nur darin bestehen, dass ein geringerer Wahrscheinlichkeitsgrad als im Rahmen des „Erwartens" bei § 63 StGB ausreicht.[190]
3. Die zu befürchtenden Taten müssen suchtbedingt sein, d.h. entweder im Rauschzustand oder zur Befriedigung der Sucht begangen werden.
4. Diese Taten müssen erheblich, d.h. zumindest der mittleren Kriminalität zuzurechnen sein; bloße Bagatellen oder Belästigungen reichen nicht aus.

Anders als bei einer Unterbringung nach § 63 StGB muss im Rahmen **327** des § 64 StGB **nicht** festgestellt werden, dass der Täter für die Allgemeinheit gefährlich ist.

(5) Die Unterbringung darf nur bei **hinreichend konkreter Aussicht** **328** **auf Erfolg** der Entziehungskur angeordnet werden. Als Erfolg gilt dabei nicht nur die Heilung des Betroffenen, sondern auch Verhinderung eines Suchtrückfalles über eine erhebliche Zeit, § 64 Satz 2 StGB.

Ob eine Entziehungskur hinreichend Aussicht auf Erfolg bietet, können Sie nur mit Hilfe des Sachverständigen feststellen, der hierzu Ausführungen machen muss (unterbleiben diese, müssen Sie nachfra-

---

[189] Siehe hierzu auch *Fischer*, StGB, § 64 Rn 13.
[190] *Fischer*, StGB, § 64 Rn. 15.

gen). Ist der Täter therapieunwillig, wird dies eher gegen die Erfolgsaussichten sprechen. Allerdings kann, ist der Täter erst einmal
untergebracht, häufig die Therapiewilligkeit geweckt werden. Wie die
Chancen hierfür stehen, ist im Rahmen der Prognose zu prüfen.[191] Ist
der Täter krankheitseinsichtig, erhöht dies die Chancen, dass die Therapiewilligkeit geweckt werden kann. Zu beachten ist, dass für die
Prognose auf die zulässige Unterbringungsdauer von 2 Jahren abzustel-
len ist. Bei einem voraussichtlichen Erfordernis einer darüber hinaus-
gehenden Unterbringung fehlt eine konkrete Erfolgsaussicht.[192]

329   (6) Schließlich ist noch zu prüfen, ob neben dem soeben erörterten
besonderen Verhältnismäßigkeitsgesichtspunkt noch sonstige Gründe
der **Verhältnismäßigkeit** gegen die Anordnung der Unterbringung
sprechen. Hierzu kann auf die Ausführungen oben zu § 63 StGB verwiesen werden.[193]

330

> **Formulierungsbeispiel:** *„[...] Zusammenfassend beantrage ich
> daher, den Angeklagten wegen vorsätzlicher Körperverletzung zu
> einer Freiheitsstrafe von 6 Monaten unter Strafaussetzung zur Be-
> währung zu verurteilen. Bei dem Angeklagten liegen zudem die
> Voraussetzungen für die Anordnung der Unterbringung in einer
> Entziehungsanstalt vor. Der Angeklagte war bei Begehung der Tat
> erheblich alkoholisiert. Im Rahmen der Hauptverhandlung wurde
> festgestellt, dass der Angeklagte alkoholabhängig ist. Der Sachver-
> ständige, dessen Ausführungen sich die Staatsanwaltschaft an-
> schließt, hat eine langjährige Alkoholabhängigkeit beim Angeklag-
> ten festgestellt. Diese Krankheit ist immer wieder Ursache für Ge-
> walttätigkeiten des Angeklagten gewesen. Aus den verlesenen Ur-
> teilen hat sich ergeben, dass der Angeklagte sämtliche Taten, we-
> gen denen er in der Vergangenheit verurteilt wurde, im Zustand hoch-
> gradiger Alkoholisierung begangen hat. Auch die heute verhandelte
> Tat war durch den Alkoholrausch des Angeklagten verursacht. Er hat,
> wie bereits in der Vergangenheit, zunächst erhebliche Mengen alko-
> holischer Getränke zu sich genommen und anschließend gezielt Streit
> gesucht. Im Rahmen des vom Angeklagten begonnenen Streites hat er
> dann das Opfer angegriffen und erheblich verletzt. Sowohl die Zeugen
> wie auch der Sachverständige haben angegeben, dass der Ange-
> klagte in nüchternem Zustand sehr zurückhaltend ist und es zu derarti-
> gen Angriffen nur kommt, wenn der Angeklagte alkoholisiert ist. Es
> besteht, sofern der Angeklagte nicht behandelt wird, die Gefahr, dass*

---

[191] S.a. *Fischer*, StGB, § 64 Rn. 20 f. m.w.N.
[192] *Fischer*, StGB, § 64 Rn. 19.
[193] S. Rn. 316 f.

er auch in Zukunft unter Alkoholeinfluss erneut gezielt Streit suchen und erhebliche Körperverletzungen begehen wird. Um dies zu vermeiden muss die Unterbringung des Angeklagten angeordnet werden. Nachdem der Angeklagte in der Hauptverhandlung bekundet hat, sich von seiner Sucht lösen zu wollen, bestehen auch hinreichend konkrete Erfolgsaussichten für eine Behandlung. Die Unterbringung ist im Hinblick auf die zu befürchtenden Straftaten auch nicht unverhältnismäßig. [...]"

cc) Abgrenzung von §§ 63 und 64 StGB

Die Frage, ob eine Unterbringung nach § 63 StGB oder § 64 StGB **331** erfolgen muss ist zwar grundsätzlich bereits vor Erstellung der Anklage- oder Antragsschrift zu klären, weshalb im Plädoyer regelmäßig nicht auf die Abgrenzungsproblematik einzugehen ist. Aufgrund der zeitlich unbegrenzten Dauer einer Unterbringung nach § 63 StGB kann es aber durchaus vorkommen, dass die Verteidigung versucht, statt der Anwendung des § 63 StGB die Anwendung des § 64 StGB zu erreichen. In diesem Fall muss dann auch das staatsanwaltliche Plädoyer Ausführungen hierzu enthalten.

Grundsätzlich haben die §§ 63 und 64 StGB getrennte Anwen- **332** dungsbereiche. § 63 StGB betrifft psychische Krankheiten, § 64 StGB die Abhängigkeit von berauschenden Mitteln. Häufig gehen indes psychische Defekte mit Rauschmittelabhängigkeiten einher. Dann ist es für die Frage, nach welcher Vorschrift eine notwendige Unterbringung erfolgen muss, von entscheidender Bedeutung, ob die Tatbegehung auf den seelischen Störungen oder auf der Rauschmittelabhängigkeit beruht, wo die Ursachen für die Probleme des Täters liegen und welche Krankheit folglich primär behandelt werden muss. Diese, unter Umständen sehr komplexe, Problematik kann und muss selbstverständlich der hinzugezogene Sachverständige untersuchen und erläutern. Sie müssen indes darauf achten, dass dessen Darlegungen eindeutig sind. Je nach dem, ob als Ursache eine seelische Störung i.S.d. § 20 StGB oder eine Rauschmittelabhängigkeit festgestellt wird, richten sich die Voraussetzungen und Folgen der Unterbringung entsprechend nach § 63 StGB oder § 64 StGB.

Orientierend gilt Folgendes:[194] **333**
– Die Abgrenzungsproblematik stellt sich ohnehin nur, wenn feststeht, dass die Tat unter dem Einfluss von Rauschmitteln oder aufgrund der Abhängigkeit begangen wurde.

---

[194] Dazu vertiefend *Fischer*, StGB, § 63 Rn. 9 f., § 64 Rn. 12, 26 f. jeweils m.w.N.

– Beruht die Rauschmittelabhängigkeit auf einer psychischen oder
seelischen Erkrankung oder einer gleichwertigen Persönlichkeitsstörung, welche den krankhaften seelischen Störungen i.S.d. §§ 20, 21
StGB gleichkommt oder ist diese Erkrankung oder Störung ursächlich
für den Fortbestand der Sucht, kommt § 63 StGB zur Anwendung.

– Sind die seelischen Störungen hingegen nicht ursächlich für die
Rauschmittelabhängigkeit oder sind diese gar umgekehrt Folge der
Sucht, kommt § 64 StGB zur Anwendung.

334   **Exkurs:** Nicht in diese Abgrenzungsproblematik einzubeziehen
sind die §§ 35, 36 BtMG. Diese regeln nicht Fragen der Unterbringung, sondern enthalten eine Sonderregelung für Betäubungsmittelabhängige. Unter den dort genannten Voraussetzungen kann die Vollstreckung einer Freiheitsstrafe bei (freiwilligem) Antritt einer Therapie
zurückgestellt werden. Muss jedoch wegen der Drogenabhängigkeit
eine Unterbringung nach § 64 StGB erfolgen, treten die §§ 35, 36
BtMG hinter § 64 StGB zurück.[195]

dd) Aussetzung der Unterbringung zur Bewährung

335   Liegen die Voraussetzungen des § 63 StGB oder des § 64 StGB vor,
muss die Unterbringung beantragt und vom Gericht angeordnet werden. Ein Ermessen besteht insoweit nicht.

336   Liegen jedoch die Voraussetzungen des § 67b I StGB vor, so ist
(auch insoweit besteht kein Ermessen) die Unterbringung zur Bewährung auszusetzen. Es wird dabei nicht die Anordnung der Unterbringung zur Bewährung ausgesetzt, sondern nur die Vollstreckung. Dies
muss immer dann erfolgen, wenn im Rahmen einer Gesamtabwägung
besondere Umstände die Erwartung rechtfertigen, dass der Zweck der
Unterbringung auch ohne Vollzug erreicht werden kann. Dabei ist zu
berücksichtigen, dass die Unterbringung vorrangig die Allgemeinheit
vor gefährlichen Personen schützen, aber auch diese Personen – wo
möglich – heilen soll.

337   Besondere Umstände in diesem Sinne sind solche in der Tat, in der
Person des Täters oder seiner gegenwärtigen oder künftigen Lage, die
erwarten lassen, die dass die von ihm ausgehende Gefahr weiterer Taten
abgewendet oder so abgeschwächt wird, dass zunächst ein Verzicht auf
den Vollzug der Maßregel gewagt werden kann.[196] Sind jedoch vom
Täter auch künftig schwere Taten oder Delikte gegen die körperliche
Unversehrtheit Dritter zu erwarten, hat häufig das Sicherungsinteresse
der Allgemeinheit Vorrang. Sind hingegen „nur" Taten der mittleren

---

[195] *Fischer*, StGB, § 64 Rn. 26.
[196] Näher *Fischer*, StGB, § 67b Rn. 3.

Kriminalität zu erwarten und ist sichergestellt, dass der Angeklagte hinreichend sichere Gewähr für eine verlässliche Mitwirkung an einer ambulanten Therapie bietet, wird häufig eine Aussetzung der Unterbringung zur Bewährung erfolgen müssen. Dies kommt insbesondere bei Krankheitseinsicht, Therapiewilligkeit und Unterstützung durch das private Umfeld des Täters in Betracht. Es handelt sich jedoch um eine Einzelfallprüfung. Hierzu sollte auch der medizinische Sachverständige Ausführungen machen, notfalls müssen Sie nachfragen.

Allerdings müssen Sie sorgfältig abwägen, ob der Angeklagte auch **338** tatsächlich ohne Vollzug der Unterbringung geheilt werden kann und keine Gefahr mehr für die Allgemeinheit darstellt. Es kommt nämlich durchaus vor, dass im Vorfeld der Hauptverhandlung noch schnell Maßnahmen vom Angeklagten in Angriff genommen werden, um das Gericht und die Staatsanwaltschaft milde zu stimmen. Besonders kritisch sollten Sie daher sein, wenn der Angeklagte erst sehr kurz vor der Hauptverhandlung Aktivitäten entfaltet.

Eine **wichtige Ausnahme** konstatiert § 67b I 2 StGB: Wird eine **339** Freiheitsstrafe beantragt, die nicht zur Bewährung ausgesetzt werden kann/soll, kann auch die Unterbringung nicht zur Bewährung ausgesetzt werden, unabhängig davon, ob die soeben genannten Umstände vorliegen.

Bei Aussetzung der Unterbringung zur Bewährung sind, ebenso wie **340** bei der Aussetzung einer Freiheitsstrafe zur Bewährung, „Bewährungszeit" und Weisungen zu beantragen. Da gemäß § 67b II StGB mit Aussetzung der Unterbringung automatisch Führungsaufsicht eintritt (ein entsprechender Antrag ist daher nicht erforderlich), richten sich diese Anträge nach den Regelungen in den §§ 68a ff. StGB.

Von Amts wegen hat das Gericht einen **Bewährungshelfer** zu **341** bestellen, § 68a I StGB; ein entsprechender Antrag ist daher nur deklaratorisch.

Als **Weisungen** gemäß § 68b StGB kommen neben der Pflicht zur **342** Mitteilung jedes Wohnsitzwechsels (§ 68b I Nr. 8 StGB), insbesondere die Mitwirkung an einer ambulanten Therapie nebst Befolgung der von den daran beteiligten Ärzten angeordneten Maßnahmen (§ 68b II StGB), sowie das Verbot von Alkohol- oder Drogenkonsum in Betracht (ebenfalls § 68b II StGB).

Die Länge der „**Bewährungszeit**" für die Aussetzung der Unter- **343** bringung ist identisch mit der Dauer der Führungsaufsicht. Mit Ende der Führungsaufsicht entfällt auch die Anordnung der Unterbringung, § 67g V StGB. Es darf daher keine gesonderte Bewährungszeit hinsichtlich der Aussetzung der Unterbringung beantragt werden. Die Dauer der Führungsaufsicht beträgt mindestens 2 und höchstens 5 Jahre, § 68c I 1 StGB. Die konkret zu beantragende Dauer der Führungsaufsicht richtet sich danach, welche Zeit erforderlich ist für eine gegebenenfalls durchzuführende ambulante Therapie plus einem „Sicherheitszuschlag", um den Erfolg dieser Therapie bestätigen zu können. Hier kommt es entscheidend auch auf die Ausführungen des Sachverständigen an. Notfalls müssen Sie auch hier nachfragen.

344

Formulierungsbeispiel im Rahmen des § 64 StGB:

„[...] Die Vollstreckung der Unterbringung kann nach Ansicht der Staatsanwaltschaft jedoch zur Bewährung ausgesetzt werden. Der Angeklagte hat eingesehen, dass er unter einer Alkoholabhängigkeit leidet. Er hat bereits seinen Wohnort gewechselt, um zu vermeiden, dass er von seinen ehemaligen „Saufkumpanen" wieder zum Alkoholkonsum verführt wird. Zudem hat er bereits an einer Suchtberatung teilgenommen, befindet sich derzeit in psychologischer Beratung und hat sich einer Entgiftung unterzogen. Er hat zudem wieder einen Arbeitsplatz gefunden und lebt nunmehr wieder sozial eingeordnet, was ihm Halt gibt. Da auch der Sachverständige bestätigt hat, dass der Angeklagte sein Alkoholproblem derzeit gut im Griff hat und durch die psychologische Betreuung, sofern sie weiterhin konsequent fortgesetzt wird, die Ursachen seiner Sucht erfolgreich wird bekämpfen können und zudem seit der angeklagten Tat bereits über 6 Monate vergangen sind, ohne dass es zu weiteren Zwischenfällen kam, ist zu erwarten, dass auch ohne Vollzug der Unterbringung der Angeklagte seine Alkoholabhängigkeit soweit in den Griff bekommen kann, dass er keine Gefahr für die Allgemeinheit mehr darstellt. Da der Zweck der Unterbringung mithin im vorliegenden Fall auch ohne Vollstreckung der Unterbringung erreicht werden kann, ist diese zur Bewährung auszusetzen. Mit der Aussetzung der Vollstreckung der Unterbringung zur Bewährung tritt kraft Gesetzes Führungsaufsicht ein. Deren Dauer beantrage ich auf 3 Jahre festzusetzen. Für die Dauer der Führungsaufsicht muss der Angeklagte einem Bewährungshelfer unterstellt werden. Er muss zudem die Weisungen erhalten, sich des Konsums von Alkohol zu enthalten und zwecks Kontrolle dieses Verbotes Ladungen des Gesundheitsamtes nachkommen, sowie sich von diesem angeordneten Untersuchungen zu diesem Zweck zu unterziehen. Ich beantrage, dem Angeklagten des Weiteren die Weisung zu erteilen, die psychologische Beratung bei Dr. Klug fortzusetzen und nicht ohne Zustimmung des behandelnden Arztes zu beenden [...]."

ee) Fortdauer der Unterbringung

Ist der Angeklagte/Beschuldigte vorläufig nach § 126a StPO unter- **345** gebracht, ist ein Antrag hinsichtlich der Fortdauer der Unterbringung zu stellen, da das Gericht über diese Frage zugleich mit dem Urteil zu entscheiden hat, § 268b StPO. Wird die Anordnung der Unterbringung beantragt, ist die Aufrechterhaltung der vorläufigen Unterbringung zu beantragen. Wird die Aussetzung der Unterbringung zur Bewährung beantragt, ist auch die Aufhebung oder Außervollzugsetzung des Unterbringungsbefehls zu beantragen.

7. Kostenantrag

Am Schluss des Plädoyers stellt der Staatsanwalt einen Antrag hin- **346** sichtlich der Kostentragungspflicht. Nach § 465 I StPO trägt der Verurteilte die Kosten des Verfahrens.

> **Formulierungsbeispiel:** *„[...] Abschließend beantrage ich, dem Angeklagten die Kosten des Verfahrens aufzuerlegen.“*

Werden **mehrere Angeklagte** gleichzeitig verurteilt, tragen diese die Kosten des Verfahrens gemeinsam.

> **Praxistipp:** Der Kostenantrag kann, wenn nicht vollumfänglich Verurteilung beantragt wird, mitunter recht kompliziert werden, wie Sie vor allem bei den Ausführungen zu den Kostenanträgen im Berufungsverfahren noch sehen werden. Wenn Sie es sich einfach machen und auf der sicheren Seite sein wollen, können Sie (in der Praxis, nicht in der Klausur) auch einfach formulieren: *„Die Kostenfolge ergibt sich aus dem Gesetz.“*

Soweit ein **Nebenkläger** zugelassen wurde und der Angeklagte **347** (auch) wegen der zum Nachteil des Nebenklägers begangenen Tat verurteilt wird, sind dem Angeklagten auch die notwendigen Auslagen des Nebenklägers aufzuerlegen, § 472 I StPO. Zu beachten ist, dass die notwendigen Auslagen des Nebenklägers nie der Staatskasse auferlegt werden können. Diese Auslagen trägt entweder der Angeklagte (bei Verurteilung) oder (bei Freispruch oder Verurteilung lediglich wegen anderer Taten als der zum Nachteil des Nebenklägers begangenen) der Nebenkläger selbst.

> **Formulierungsbeispiel:** *„[...] Abschließend beantrage ich, dem Angeklagten die Kosten des Verfahrens, sowie die dem Nebenkläger entstandenen notwendigen Auslagen aufzuerlegen.“*

8. Zusammenfassender Antrag

348   In der Praxis hat es sich bewährt, am Ende der Ausführungen nochmals die Anträge der Staatsanwaltschaft zusammenzufassen. Gerade bei längeren Plädoyers verliert nicht nur der Angeklagte, sondern auch der Protokollführer gelegentlich den Überblick, was der Staatsanwalt alles beantragt hat.

> **Formulierungsbeispiel:** *„[...] Zusammenfassend beantrage ich daher, den Angeklagten wegen fahrlässiger Trunkenheit im Verkehr zu einer Geldstrafe von 80 Tagessätzen zu je 45,- € zu verurteilen. Des Weiteren beantrage ich, dem Angeklagten die Fahrerlaubnis zu entziehen, den Führerschein einzuziehen und für die Wiedererteilung der Fahrerlaubnis eine Sperrfrist von noch 8 Monaten festzusetzen. Als Verurteilter trägt der Angeklagte auch die Kosten des Verfahrens."*

II. Sonderfall: Plädoyer bei beschränktem Einspruch gegen Strafbefehl*

349   Ein verkürztes Plädoyer müssen Sie halten, wenn gegen den Angeklagten ein Strafbefehl erlassen wurde und der Einspruch auf einen Teil des Strafbefehls beschränkt wurde. In der Praxis am häufigsten sind Beschränkungen auf den Rechtsfolgenausspruch oder, noch spezifischer, den Entzug der Fahrerlaubnis.[197] Durch die Beschränkung des Einspruchs wird der Strafbefehl im nicht (mehr) angegriffenen Teil rechtskräftig. Dies hat bei einer Beschränkung des Einspruchs z.B. auf die Rechtsfolgen zur Folge, dass der im Strafbefehl geschilderte Sachverhalt unverändert der Strafzumessung zugrundegelegt werden muss.

350   Bei einer Einspruchsbeschränkung sind im Plädoyer nähere Ausführungen nur zu den Punkten erforderlich, über die noch ein Urteil gefällt werden muss. Welche dies im Einzelnen sind richtet sich nach dem Umfang der Einspruchsbeschränkung.

Der **Aufbau des Plädoyers** stellt sich daher wie folgt dar:

---

[197] Möglich ist auch eine Beschränkung des Einspruchs z.B. auf ein oder mehrere in Tatmehrheit stehende Delikte, d.h. z.B. von 2 Tatvorwürfen wird nur einer mit dem Einspruch angegriffen. Dann ist bezüglich dieser Tat(en) ein „normales„ Plädoyer zu halten. Zu beachten ist dann bei der Gesamtstrafenbildung aber, dass für die infolge Einspruchsbeschränkung rechtskräftige(n) Tat(en) die bereits verhängte(n) Einzelstrafe(n) unverändert einbezogen werden müssen, da auch diese rechtskräftig festgesetzt wurden.

1. Anrede
2. Schilderung der Einspruchsbeschränkung
3. Ausführungen hinsichtlich der nicht rechtskräftigen Aspekte (z.B. Strafzumessung) wie im regulären Plädoyer
4. Zusammenfassender Antrag

Unabhängig davon, ob der Angeklagte den Einspruch bereits von **351** Anfang an nur beschränkt eingelegt oder erst in der Hauptverhandlung beschränkt hat, sollte im Plädoyer kurz auf den Umstand der Einspruchsbeschränkung eingegangen werden.

Formulierungsbeispiel: *„Hohes Gericht, da der Angeklagte seinen Einspruch gegen den Strafbefehl des AG Musterle auf den Rechtsfolgenausspruch beschränkt hat, steht rechtskräftig fest, dass er des Diebstahls schuldig ist. Es ist nur noch über die zutreffende Strafsanktion zu entscheiden. Dabei ist zugunsten den Angeklagten zu berücksichtigen, dass [...]"*

Wurde der Einspruch auf den Rechtsfolgenausspruch beschränkt, ist **352** nach Darlegung der Strafzumessungsgesichtspunkte beim Antrag zu berücksichtigen, dass der Schuldspruch aufgrund der Teilrechtskraft des Strafbefehles bereits feststeht. Es darf daher **nicht** beantragt werden, den Angeklagten wegen der zur Last gelegten Tat (nochmals) zu verurteilen.

Formulierungsbeispiel: *„Ich beantrage daher festzustellen, dass der Angeklagte durch insoweit rechtskräftigen Strafbefehl des AG Musterle vom 14.2.2008 des Diebstahls schuldig gesprochen wurde. Er ist wegen dieser Tat zu einer Geldstrafe von 35 Tagessätzen zu je 15,- € zu verurteilen. Als Verurteilter hat er auch die Kosten des Verfahrens zu tragen."*

III. Plädoyer auf Freispruch

Vorab ist anzumerken, dass in der **Praxis** relativ selten vollumfäng- **353** liche Freisprüche erfolgen. Dies beruht darauf, dass bereits vor Anklageerhebung geprüft wird, ob bzw. wie sich der Angeklagte strafbar gemacht hat und ob ein Tatnachweis voraussichtlich gelingen wird. Zudem wird vor Zulassung der Anklage vom Gericht nochmals geprüft, ob der Angeklagte der Tat hinreichend verdächtig ist. Unschuldige werden daher – anders als diverse Fernsehproduktionen glaubhaft machen wollen – nur selten angeklagt. Gleichwohl kommt es natürlich auch in der Praxis zu Freisprüchen. In der **Klausur** ist zudem die Wahrscheinlichkeit groß, dass ein Teilfreispruch angezeigt ist. Dies verkompliziert den Aufbau des Plädoyers und dient zum Nachweis der Objektivität des Prüflings.

354   Ein Freispruch kann aus tatsächlichen oder rechtlichen Gründen erfolgen.

> **Praxistipp:** Die **Abgrenzung** zwischen Freispruch aus rechtlichen oder aus tatsächlichen Gründen kann gerade dem Anfänger mitunter Schwierigkeiten bereiten. Im Praxisplädoyer können Sie dies geschickt umgehen, indem Sie die Frage nicht explizit thematisieren (Formulierungsbeispiel dazu unten). In der Klausur indes müssen Sie klar angeben, aus welchen Gründen Sie Freispruch fordern.

355   Aus **tatsächlichen Gründen** muss Freispruch beantragt werden, wenn der angeklagte Sachverhalt nicht nachgewiesen werden kann. Dies kann auch in der Praxis immer wieder vorkommen, wenn der Angeklagte die Tat bestreitet oder von seinem Schweigerecht Gebrauch macht und die Tat anderweitig, z.B. durch Zeugen, nicht (mehr) nachgewiesen werden kann.

356   Klassisch ist insoweit der „Gedächtnisverlust" des einzigen Belastungszeugen (in der Praxis häufiger: der einzigen Belastungszeugin). Beruft sich der einzige Belastungszeuge in der Hauptverhandlung erstmals auf ein Zeugnisverweigerungsrecht und kann dessen frühere Aussage auch nicht anderweitig in den Prozess eingeführt werden (etwa durch Vernehmung einer richterlichen Vernehmungsperson oder weil es sich um Spontanäußerungen handelte, z.B. im Rahmen eines Notrufes des Zeugen), kann die Tat ebenfalls aus tatsächlichen Gründen nicht nachgewiesen werden.

357   Liegen konträre Aussagen von Zeugen vor oder wenn die Aussage des Angeklagten gegen die Aussage eines einzigen Belastungszeugen steht, neigen Referendare und Dienstanfänger häufig vorschnell dazu, einen Freispruch aus tatsächlichen Gründen zu beantragen. Dies dürfte daran liegen, dass überzogene Anforderungen an die Beweiswürdigung gestellt werden. Hinzuweisen ist insbesondere darauf, dass „Aussage gegen Aussage" nicht zwangsläufig zum Freispruch führen muss. Maßgeblich ist vielmehr, ob der Zeuge, der immerhin zur Wahrheit verpflichtet ist, glaubwürdig(er) ist oder ob Zweifel bestehen bleiben. Auch bei Vorliegen konträrer Zeugenaussagen muss sorgfältig geprüft werden, ob alle Aussagen gleich glaubhaft und glaubwürdig sind; nur dann ist ein Freispruchsantrag angezeigt.

Praxistipp: Gerade als Referendar/Dienstanfänger sollten Sie nicht vorschnell auf Freispruch plädieren. Es ist für den Angeklagten nämlich im Zweifel eher nachvollziehbar, wenn der Staatsanwalt Verurteilung beantragt und das Gericht freispricht, als wenn der Staatsanwalt Freispruch beantragt und das Gericht gleichwohl verurteilt.

Ein Freispruch aus **rechtlichen Gründen** dürfte eher in Klausurfäl- **358** len auftauchen. Voraussetzung ist, dass der Angeklagte sich nicht strafbar gemacht hat, d.h. die angeklagte und nachgewiesene Tat füllt keinen Straftatbestand aus oder ist aus sonstigen Gründen, z.B. wegen Vorliegens von Rechtfertigungsgründen, nicht strafbar. Von seiten der Verteidigung wird gelegentlich unter Berufung auf Mindermeinungen in der Literatur zu bestimmten Merkmalen des Tatbestandes, der Rechtswidrigkeit oder der Schuld ein Freispruch aus Rechtsgründen anvisiert. Für Ihr Praxis- und Klausurplädoyer sollten Sie sich jedoch an der Rechtsprechung des BGH orientieren.

Kein Freispruch darf erfolgen, **wenn** zwar eine Verurteilung we- **359** gen einer Straftat aus tatsächlichen oder rechtlichen Gründen nicht erfolgen kann, der angeklagte und nachgewiesene Sachverhalt aber **noch** als **Ordnungswidrigkeit** ahndbar ist. Dies kann insbesondere bei Anklagen wegen Trunkenheit im Verkehr im Bereich der relativen Fahruntüchtigkeit[198] in Betracht kommen. Die Verdrängung der Ordnungswidrigkeit durch die Straftat, § 21 I OWiG, kommt in diesem Fall nicht (mehr) zum Tragen, § 21 II OWiG. Besonderes Augenmerk ist dann jedoch auf die Frage der Verjährung der Ordnungswidrigkeit zu richten. Bei Trunkenheitsfahrten verjährt die Ordnungswidrigkeit in 6 Monaten. Bei anderen Verkehrsordnungswidrigkeiten liegt die Verjährungfrist meist bei nur 3 Monaten. Stets sind jedoch bei der Verjährungsprüfung Unterbrechungstatbestände zu bedenken. Kommt eine Ahndung der angeklagten Tat noch als Ordnungswidrigkeit in Betracht, ist der Aufbau des Plädoyers ganz normal wie bei einem auf Verurteilung zielenden Plädoyer, wobei jedoch in der rechtlichen Würdigung zunächst geschildert wird, warum keine Verurteilung wegen einer Straftat erfolgen kann und im Anschluss daran dargelegt wird, dass eine Ahndung als Ordnungswidrigkeit erfolgten muss. Die

---

[198] Bei einer Blutalkoholkonzentration von mehr als 0,5 Promille und weniger als 1,10 Promille ist die Fahrt auch ohne Vorliegen von alkoholbedingten Ausfallerscheinungen eine Ordnungswidrigkeit. Liegt die BAK hingegen nur zwischen 0,3 und 0,5 Promille kommt bei Vorliegen eines Fahrfehlers zwar eine Strafbarkeit nach § 316 StGB in Betracht. Fehlen jedoch alkoholbedingte Ausfallerscheinungen liegt unter 0,5 Promille keine Ordnungswidrigkeit vor.

möglichen Rechtsfolgen ergeben sich dann aus der einschlägigen OWi-Vorschrift.[199]

360	Der Aufbau des freisprechenden Plädoyers weicht geringfügig vom auf Verurteilung gerichteten Plädoyer ab und das Plädoyer ist – jedenfalls in der Praxis – deutlich kürzer:

Aufbau des Freispruchplädoyers:
1. Anrede
2. Skizzierung des Anklagevorwurfes
3. Darlegung der tatsächlichen Feststellungen
4. Beweiswürdigung
5. Bewertung
6. Antrag auf Freispruch
7. Kostenantrag
8. Weitere Anträge

---

1. Anrede

361	Insofern ergeben sich keine Abweichungen vom Plädoyer auf Verurteilung.

2. Skizzierung des Anklagevorwurfes

362	Es wird einleitend *kurz* zusammengefasst, was dem Angeklagten zur Last gelegt wird. Fehlerhaft wäre es, hier die gesamte Anklageschrift nochmals detailliert zu referieren. Es genügt die Angabe der wesentlichen Elemente des Tatvorwurfes. Im Praxisplädoyer muss der Anklagevorwurf nur sehr knapp umrissen werden.

3. Darlegung der tatsächlichen Feststellungen

363	Sodann wird ausgeführt, welcher Sachverhalt im Rahmen der Hauptverhandlung festgestellt bzw. bewiesen werden konnte. Dabei sind noch keine Erläuterungen oder Wertungen vorzunehmen, woraus sich die Feststellung dieses Sachverhaltes ergibt, sondern es wird nur dargestellt, was unzweifelhaft feststeht. Im Anschluss kann dann ausgeführt werden, welche für eine Verurteilung relevanten Umstände nicht festgestellt werden konnten.

4. Beweiswürdigung

364	Anschließend wird dargelegt, auf welche Beweismittel der festgestellte Sachverhalt gestützt wird, wobei der Schwerpunkt darauf gelegt

---

[199] In der Regel handelt es sich um eine Geldbuße sowie – bei Verkehrsordnungswidrigkeiten – ein Fahrverbot.

werden sollte, welche Tatsachen ggf. warum nicht bewiesen werden konnten.

5. Bewertung

Danach müssen Sie darlegen, welche Folgerungen Sie aus den bis- **365** herigen Ausführungen ziehen, insbesondere, ob Sie Freispruch aus tatsächlichen oder rechtlichen Gründen fordern. Sind Sie sich unsicher, ob aus tatsächlichen oder rechtlichen Gründen freizusprechen ist, können Sie dies im Praxisplädoyer – anders als das Gericht – auch offenlassen und formulieren: *„Eine Verurteilung des Angeklagten kommt daher vorliegend nicht in Betracht."*

6. Freispruchsantrag

Anschließend muss der Freispruch des Angeklagten beantragt wer- **366** den. Dieser Antrag ist vorbehaltlos zu stellen. Ausführungen wie „mangels Beweisen" o.ä. sind nicht aufzunehmen. Weshalb die Staatsanwaltschaft Freispruch beantragt, ergibt sich bereits aus den vorangestellten Ausführungen.

7. Kostenantrag

Der Kostenantrag richtet sich nach § 467 I StPO. **367**

> **Formulierungsbeispiel:** *„Die Kosten des Verfahrens und die notwendigen Auslagen des Angeklagten sind der Staatskasse aufzuerlegen."*

Zusammenfassend zwei Formulierungsbeispiele zur Verdeutlichung **368** des Unterschiedes von Freispruchsanträgen aus tatsächlichen und aus rechtlichen Gründen.

> **Formulierungsbeispiel für einen Freispruchsantrag aus tatsächlichen Gründen:**
>
> *„Hohes Gericht.* [Skizzierung des Anklagevorwurfes:] *Dem Angeklagten liegt zur Last, am 1.5.2010 der Zeugin Lieblich mehrmals mit der Faust gegen den Kopf geschlagen zu haben.* [Feststellungen:] *Der Angeklagte befand sich am Tattag in der Wohnung der Zeugin. Dort war auch der Zeuge Huber anwesend. Die Zeugin erschien am Abend des 1.5.2010 mit deutlichen Prellungen am Kopf im Krankenhaus.* [Beweiswürdigung:] *Der Angeklagte hat eingeräumt, am Tattag in der Wohnung der Zeugin gewesen zu sein. Er hat sich jedoch dahingehend eingelassen dass er die Zeu-*

gin nicht geschlagen habe. Als er die Wohnung verlassen habe, sei
die Zeugin noch unverletzt gewesen. Die Zeugin Lieblich, die den
Angeklagten in ihrer polizeilichen Vernehmung zunächst der Tat
bezichtigt hatte, hat heute von ihrem Zeugnisverweigerungsrecht
als Verlobte des Angeklagten Gebrauch gemacht. Ihre Aussage vor
der Polizei kann damit nicht mehr verwertet werden. Der Zeuge
Huber hat nach Belehrung gemäß § 55 StPO die Auskunft auf Fra-
gen zum Tathergang verweigert. Die ebenfalls als Zeugin vernom-
mene Krankenschwester Hold, welche die Geschädigte am Abend
des 1.5. im Krankenhaus behandelt hat, konnte nur aussagen, dass
die Geschädigte erhebliche Prellungen am Kopf erlitten hatte. Wo-
her diese stammen, konnte sie nicht angeben, zumal auch die Ge-
schädigte ihr gegenüber hierzu keine Angaben gemacht hatte.
[Bewertung:] Bei dieser Sachlage ist der Angeklagte aus tatsächli-
chen Gründen freizusprechen. Wer für die Kopfverletzungen der
Geschädigten Lieblich verantwortlich ist kann letztlich nicht fest-
gestellt werden, nachdem der Angeklagte die Tat bestritten hat und
die am Tatort anwesenden Zeugen keine Angaben zum Tathergang
gemacht haben. [Anträge:] Ich beantrage daher, den Angeklagten
freizusprechen und die Kosten des Verfahrens sowie die notwendi-
gen Auslagen des Angeklagten der Staatskasse aufzuerlegen."

369 **Formulierungsbeispiel für einen Freispruchsantrag aus rechtli-**
chen Gründen:

„Hohes Gericht. [Skizzierung des Anklagevorwurfes:] Dem Ange-
klagten liegt zur Last, am 1.5.2010 dem Zeugen Gut ein Fahrrad
gestohlen zu haben. [Feststellungen:] Der Angeklagte hat am Tattag
das fragliche Fahrrad unverschlossen vor der Wohnung des Zeugen
Gut stehen gesehen und dieses mitgenommen. Dieses Fahrrad stand
im Eigentum des Angeklagten. Dieser hatte dem Zeugen das Fahr-
rad am 1.4.2010 für nur einen Tag ausgeliehen. Entgegen der Ab-
sprache hat der Zeuge ihm das Fahrrad jedoch bis zum 1.5.2010
nicht zurückgegeben. [Beweiswürdigung:] Der Angeklagte hat die-
sen Sachverhalt so eingeräumt. Auch der Zeuge Gut hat die Anga-
ben des Angeklagten bestätigt. [Bewertung:] Er war jedoch der An-
sicht, dass trotzdem ein Diebstahl vorgelegen habe, weshalb er den
Vorgang bei der Polizei angezeigt habe. Bei dieser Sachlage ist der
Angeklagte aus Rechtsgründen freizusprechen. Ein Diebstahl liegt
nicht vor, da es sich bei dem fraglichen Fahrrad um eine im Eigen-
tum des Angeklagten stehende Sache, mithin nicht um eine fremde
Sache i.S.d. § 242 I StGB handelte. Auch eine Gebrauchsanmaßung
gem. § 248b StGB hat der Angeklagte nicht begangen. Der Zeuge

Gut war am 1.5.2010 nicht mehr Nutzungsberechtigter des Fahrra-
des im Sinne dieser Vorschrift, da er das Fahrrad gemäß der getrof-
fenen Absprache nur am 1.4.2010 nutzen durfte. [Anträge:] *Ich be-*
antrage daher, den Angeklagten freizusprechen und die Kosten des
Verfahrens sowie die notwendigen Auslagen des Angeklagten der
Staatskasse aufzuerlegen."

8. Weitere Anträge

Es sind gegebenenfalls noch weitere Anträge zu stellen. Besteht ein **370**
Haftbefehl, ist bei einem Antrag auf Freispruch zwingend dessen
Aufhebung zu beantragen. Eine bloße Außervollzugsetzung unter
Auflagen kommt nicht in Betracht.

Hat der Angeklagte während des Verfahrens **Strafverfolgungsmaß-** **371**
nahmen i.S.d. § 2 StrEG erdulden müssen (in Betracht kommen insbesondere Untersuchungshaft, Wohnungsdurchsuchung, Beschlagnahme
oder Sicherstellung von Gegenständen oder des Führerscheins, sowie
vorläufige Entziehung der Fahrerlaubnis), hat das Gericht im Urteil dem
Grunde nach auszusprechen, ob der Angeklagte hierfür **zu entschädi-**
gen ist. Der Staatsanwalt muss daher auch einen entsprechenden Antrag
stellen, wobei nur ein Antrag über das Bestehen oder Nichtbestehen der
Entschädigungspflicht erforderlich ist. Wird eine Entschädigung dem
Grund nach zuerkannt, wird später gesondert über die Höhe entschieden; in sein Plädoyer muss der Staatsanwalt diese Frage nicht mit aufnehmen.

Grundsätzlich gilt dabei, dass für zu Unrecht erlittene Strafverfolgungsmaßnahmen Entschädigung zu gewähren ist. Ausnahmsweise
kann jedoch unter den Voraussetzungen der §§ 5, 6 StrEG eine Entschädigung versagt werden, insbesondere, wenn der Angeklagte die
Maßnahme durch sein Verhalten verursacht hat.

Formulierungsbeispiel: *„Ich beantrage abschließend noch festzu-*
stellen, dass der Angeklagte für die Sicherstellung seines Führer-
scheines in der Zeit vom 1.1.2010 bis 14.2.2010 zu entschädigen
ist."

IV. Gemischtes Plädoyer (Teilfreispruch/Teilverurteilung)

In der Praxis kommt es gelegentlich, in der Examensklausur regelmä- **372**
ßig, vor, dass bei mehreren angeklagten Delikten wegen einzelner nicht
verurteilt werden kann. Stehen die fraglichen Delikte in **Tatmehrheit**
zueinander, § 53 StGB, ist für die betreffenden Taten teilweise Verur-

teilung und teilweise Freispruch zu beantragen, unabhängig davon, ob diese Taten eine oder mehrere Taten im prozessualen Sinne bilden.[200]

373   Stehen die Delikte hingegen zueinander in **Tateinheit**, § 52 StGB, kommt eine derartige Aufspaltung des Plädoyers nicht in Betracht, da wegen ein und derselben Tat das Urteil nur einheitlich auf Verurteilung oder Freispruch lauten kann.[201] Es ist dann vielmehr Verurteilung wegen der nachgewiesenen Straftaten zu beantragen und nur in der rechtlichen Würdigung des bewiesenen Sachverhaltes dazu Stellung zu nehmen, warum hinsichtlich der übrigen angeklagten Delikte eine Verurteilung nicht erfolgen kann.

374   Für die Frage, ob beim Plädoyer von Tateinheit oder Tatmehrheit auszugehen ist, ist die rechtliche Einordnung der Taten im Eröffnungsbeschluss maßgeblich.[202] Liegt ein solcher der Handakte nicht bei, können Sie davon ausgehen, dass die Anklage und deren rechtliche Einordnung unverändert zugelassen wurde, so dass Sie von der Würdigung der Anklageschrift ausgehen müssen.

375   Kommt es zu einem Plädoyer mit Antrag auf Teilverurteilung und Teilfreispruch sind im Prinzip zwei Plädoyers zu fusionieren. Es erfolgen dabei streng getrennt zuerst – bis auf den Kostenantrag – die kompletten Ausführungen zum Antrag auf Verurteilung und anschließend zum Teilfreispruch. Der Kostenantrag ist erst am Ende des Plädoyers zu stellen, wobei den Angeklagten die Kostentragungspflicht trifft, soweit er verurteilt wird.

Aufbau des Plädoyers auf Teilverurteilung und Teilfreispruch:
1. Anrede
2. Ausführungen zum Antrag auf Verurteilung
    a) Festgestellter Sachverhalt bezüglich Verurteilung
    b) Beweiswürdigung
    c) Rechtliche Würdigung
    d) Strafzumessung
    e) Strafantrag
3. Ausführungen zum Teilfreispruch
    a) Schilderung des weiteren Anklagevorwurfes
    b) Darlegung der hinsichtlich dieses Vorwurfes erfolgten tatsächlichen Feststellungen
    c) Beweiswürdigung

---

[200] *Meyer-Goßner,* StPO, § 260 Rn. 13.
[201] *Meyer-Goßner,* StPO, § 260 Rn. 12; nur wenn die Annahme von Tateinheit offensichtlich fehlerhaft war, hat ausnahmsweise ein Teilfreispruch zu erfolgen, a.a.O.
[202] *Meyer-Goßner,* StPO, § 260 Rn. 10, 12.

d) Bewertung
  e) Antrag auf Teilfreispruch
4. Gemeinsamer Kostenantrag
5. Weitere Anträge (z.B. Haftbefehlsaufhebung)

Die Überleitung zwischen den einzelnen Etappen des Plädoyers **376** kann beispielsweise wie folgt formuliert werden:

„Hohes Gericht, die heutige Beweisaufnahme hat den Anklagevorwurf nur teilweise bestätigt. Nach dem Ergebnis der durchgeführten Beweisaufnahme steht fest, dass ... [nun wird der festgestellte Sachverhalt, auf den der Antrag auf Verurteilung gestützt wird, dargelegt]. *Dieser Sachverhalt steht fest aufgrund...* [es folgen nun die Ausführungen zur Beweiswürdigung, rechtlichen Bewertung und Strafzumessung]. *Ich beantrage daher, den Angeklagten wegen [...] zu [...] zu verurteilen.*

Dem Angeklagten liegt des Weiteren zur Last,...[es wird nun der Anklagevorwurf bezüglich der Delikte geschildert, für die Freispruch beantragt wird]. *Festgestellt werden konnte, dass...*[es folgen nun der festgestellte Sachverhalt bezüglich der Taten, die nicht verurteilt werden können, die zugehörigen Ausführungen zur Beweiswürdigung und zur Bewertung]. *Ich beantrage daher, den Angeklagten hinsichtlich der angeklagten [...] freizusprechen.*

Zusammenfassend beantrage ich daher, den Angeklagten wegen [...] zu [...] zu verurteilen. Hinsichtlich der ihm zur Last gelegten [...] beantrage ich den Angeklagten freizusprechen.

Der Angeklagte hat die Kosten des Verfahrens zu tragen, soweit er verurteilt wird. Soweit er freigesprochen wird, trägt die Staatskasse die Kosten des Verfahrens und die notwendigen Auslagen des Angeklagten."

V. Exkurs: Antrag auf Einstellung gem. § 260 III StPO

Wird erst in der Hauptverhandlung festgestellt, dass eine Prozess- **377** voraussetzung fehlt oder fällt eine solche in der Hauptverhandlung weg (sehr praxisrelevant ist insoweit die Rücknahme des Strafantrages bei reinen Privatklagedelikten, bei denen ein fehlender Strafantrag auch nicht durch die Bejahung des besonderen öffentlichen Interesses an der Strafverfolgung durch den Sitzungsstaatsanwalt noch ersetzt werden kann), ist, soweit die betroffene Tat der einzige Anklagepunkt ist oder zu den übrigen Anklagepunkten in Tatmehrheit steht (bei Tateinheit gilt das oben zum gemischten Plädoyer ausgeführte) ein Antrag auf (ggf. Teil-)Einstellung des Verfahrens nach § 260 III StPO zu stellen. Eine Rücknahme der Anklage ist **in keinem Fall** möglich, § 258 StPO.

> **Formulierungsbeispiel:** *„Nachdem der Geschädigte den für die Strafverfolgung erforderlichen Strafantrag heute zurückgenommen hat und die Tat nur auf Antrag verfolgt werden kann, beantrage ich das Verfahren einzustellen."*

378   Zu beachten ist dabei, dass im Fall der **Strafantragsrücknahme** der Antragsteller die Kosten des Verfahrens, sowie die notwendigen Auslagen des Angeklagten tragen muss, § 470 S. 1 StPO. Um jedoch den Geschädigten nicht für sein nunmehriges Nachgeben zu bestrafen erklärt sich in solchen Fällen regelmäßig der Angeklagte bereit, die Verfahrenskosten zu übernehmen. Dann können gemäß § 470 S. 2 StPO die Verfahrenskosten und seine notwendigen Auslagen dem Angeklagten selbst auferlegt werden. Der Staatsanwalt muss in jedem Fall auch bei Antrag auf Einstellung wegen Fehlens/Wegfall einer Prozessvoraussetzung einen Kostenantrag stellen.

O. Rechtsmittelverzicht*

379   Nach Urteilsverkündung wird vom Gericht gerne die Frage gestellt, ob auf Rechtsmittel verzichtet wird. Diese Frage ist immer zuerst vom Verurteilten zu beantworten. Als Sitzungsvertreter verzichten Sie nie zuerst auf Rechtsmittel! Keinen Rechtsmittelverzicht dürfen Sie erklären, wenn Asservate nicht eingezogen wurden.[203]

Lassen Sie sich vom Gericht jedoch nicht zu einem Rechtsmittelverzicht drängen. Wenn Sie sich unsicher belassen Sie es lieber bei:

> *„Die Staatsanwaltschaft gibt keine Erklärung ab."*

Ein einmal erklärter Rechtsmittelverzicht ist in der Regel weder rücknehm- noch anfechtbar!

379a   Ist dem Urteil eine Verständigung nach § 257c StPO vorausgegangen, ist ein Rechtmittelverzicht nicht möglich, § 302 I 2 StPO.

380   **Hinweis:** Als **Referendar** *können* Sie wirksam auf Rechtsmittel verzichten, *dürfen* dies aber *nur* nach Rücksprache mit Ihrem Ausbilder tun.

---

[203] Siehe oben Rn. 129 und 294.

Als Dienstanfänger dürfen Sie auch ohne Rücksprache auf Rechtsmittel verzichten. In aller Regel ist ein Rechtsmittelverzicht angezeigt, wenn das Gericht dem Antrag der Staatsanwaltschaft gefolgt oder nur unwesentlich dahinter zurückgeblieben ist.

P. Sitzungsvermerk/Vorführbericht*

Am besten noch im Sitzungssaal füllen Sie das in der Handakte befindliche Formblatt mit dem **Sitzungsvermerk** aus. Dieser enthält für den Sachbearbeiter das Ergebnis der Hauptverhandlung in kurzer Zusammenfassung. Anzugeben sind das Ergebnis der Verhandlung (Fortsetzungstermin, Einstellung oder Strafantrag und Urteilsausspruch nebst Hinweis auf erfolgten oder nicht erfolgten Rechtsmittelverzicht). Wenn Sie sich das Formblatt vor der Verhandlung in Ruhe durchlesen erklärt es sich von selbst. **381**

Wichtig ist, dass Sie in Sonderfällen einen ausführlichen Sitzungsvermerk fertigen müssen. Der wichtigste Fall ist, wenn Sie davon ausgehen, dass ein **Zeuge** in der Hauptverhandlung **falsch ausgesagt** hat. Dann müssen Sie aus Ihrem Gedächtnis eine möglichst detaillierte Wiedergabe der Zeugenaussage und der Umstände, weshalb Sie von einer Falschaussage ausgehen niederlegen. Dieser Sitzungsvermerk dient dem zuständigen Kollegen (oder gegebenenfalls Ihnen) als Grundlage für ein Falschaussageverfahren gegen den Zeugen. **382**

Gleiches gilt, wenn sich in der Hauptverhandlung **Hinweise auf** noch unbekannte **Straftaten** des Angeklagten oder anderer Verfahrensbeteiligter ergeben. Auch dann müssen Sie einen möglichst ausführlichen Sitzungsvermerk als Grundlage für die Einleitung eines entsprechenden Ermittlungsverfahrens verfassen. **383**

Wird der Angeklagte aus der Haft vorgeführt, bringen die Vorführbeamten der JVA einen **Vorführbericht** mit. Diesen füllt, je nach örtlicher Gepflogenheit, der Richter oder (meist) der Staatsanwalt aus und händigt ihn am Ende der Verhandlung wieder an die Vorführbeamten aus. Auch hier gilt, dass sich der Vorführbericht bei sorgfältigem Durchlesen von selbst erklärt. Es muss im Wesentlichen angegeben werden, ob ein Fortsetzungstermin stattfindet oder wie das Verfahren ausgegangen ist. Wichtig ist, dass dieser Bericht sorgfältig ausgefüllt wird, da das Verhandlungsergebnis für die Frage des weiteren Haftvollzugs von Bedeutung sein kann (z.B. Strafhaft statt U-Haft nach rechtskräftigem Urteil). **384**

Q. Verlassen des Sitzungssaales*

385   Am Ende der Sitzung sollten Sie den Sitzungssaal zügig verlassen. Insbesondere wenn der Angeklagte noch im oder vor dem Sitzungssaal anwesend ist, sollten Sie weder mit dem Richter noch mit den Anwälten einen Plausch halten, auch wenn Sie diese kennen oder über andere Verfahren sprechen. Dies könnte beim Angeklagten den Eindruck von „Mauscheleien" erwecken.

386   Sind der Angeklagte oder Zeugen noch anwesend, spricht nichts dagegen, sich von diesen zu verabschieden. Aber bitte nicht mit Handschlag. Sie sollten professionelle Distanz wahren.

387   Vermeiden sollten Sie auch, mit dem Angeklagten, Zeugen, Mitgliedern des Publikums oder gar Pressevertretern über den Verfahrensgang und -ausgang zu diskutieren. Sie müssen sich für Ihren Antrag nicht rechtfertigen und können eine solche Diskussion nur verlieren. Das Plädoyer sollte aus sich heraus verständlich und allen Anwesenden Ihre Beurteilung aufgrund des Plädoyers bekannt sein. Daher können Sie ruhig auf Ihr Plädoyer verweisen, in welchem Sie Ihre Position umfassend dargestellt haben. Pressevertreter sind an den Pressesprecher der Staatsanwaltschaft zu verweisen. Der Sitzungsvertreter ist nicht zu Presseauskünften befugt.

Kapitel 3. Verfahren vor dem Jugendgericht*

A. Vorbemerkung

Bei Jugendlichen und Heranwachsenden, d.h. bei Angeklagten die **388** *bei Begehung der Tat*[204] zwischen 14 bis 21 Jahren alt waren, wird die Anklage zwingend vor dem Jugendgericht (Jugendrichter, Jugendschöffengericht oder Jugendkammer) verhandelt. Es unterscheidet sich im formellen Verfahrensgang kaum vom Verfahren gegen Erwachsene.

Zu beachten ist, dass die materiell-rechtlichen Voraussetzungen der **389** Strafbarkeit sich nach dem StGB richten, d.h. es gibt keine speziellen Strafvorschriften für Jugendliche und Heranwachsende. Die Besonderheiten des Jugendstrafrechts liegen vielmehr im Rechtsfolgenbereich. Dem Jugendstrafverfahren zugrundeliegend ist nach der rechtspolitischen Konzeption vor allem der **Erziehungsgedanke**,[205] nicht der Sanktionsgedanke. In der Verhandlung ist es daher unabdingbar, dass Sie sich auf die Persönlichkeit des Angeklagten einstellen. Während manche jugendlichen/heranwachsenden Angeklagten bereits durch den Umstand, dass sie überhaupt vor Gericht erscheinen müssen „völlig fertig" sind und die Tat offensichtlich bereuen, gibt es andere Angeklagte, denen scheinbar alles egal ist. Je nachdem sollten Sie den Angeklagten nicht zu hart angehen oder aber verdeutlichen, dass sein Verhalten nicht geduldet wird. Entscheidend ist im Strafverfahren gegen Jugendliche und Heranwachsende daher auch weniger ein juristisch ausgefeiltes Plädoyer zu halten, sondern vielmehr dem Angeklagten klarzumachen, dass er derartigen „Scheiß"[206] künftig nicht mehr anstellen soll und wo Wiederholungstaten letztlich hinführen können.

---

[204] Nicht maßgeblich ist hingegen, wie alt der Angeklagte zum Zeitpunkt der Hauptverhandlung ist. Eine Besonderheit gilt für Jugendschutzsachen, die unabhängig vom Alter des Angeklagten bei Tatbegehung vor dem Jugendgericht verhandelt werden.

[205] Auch wenn Sie bei manchen Angeklagten bald merken werden, dass es für Erziehung schon recht spät scheint.

[206] Häufig zur Verhandlung kommen z.B. frisierte Mofas, Disco-Schlägereien und Vandalismus in alkoholisiertem Zustand nach einer Party, z.B. Blumen aus Blumenkübeln reißen.

Daher müssen Sie, auch wenn Sie in der Vorbereitung natürlich einen Ahndungsantrag für Ihr Plädoyer entwerfen, in der Hauptverhandlung sehr flexibel sein und diesen häufig noch anpassen.

B. Besonderheiten des Ablaufs der Hauptverhandlung

I. Bericht der Jugendgerichtshilfe

390   Meist ist ein Vertreter der Jugendgerichtshilfe in der Hauptverhandlung anwesend, der einen Bericht über den Angeklagten erstattet. In diesem Bericht, der dem Gericht bei der Findung der richtigen Ahndung helfen soll, wird auf den Werdegang des Angeklagten, sein soziales Umfeld, seinen Entwicklungsstand, die strafrechtliche Verantwortlichkeit sowie die Frage, ob Jugend- oder Erwachsenenstrafrecht zur Anwendung kommen soll eingegangen. Diese Informationen beruhen auf einem vorbereitenden Gespräch des Jugendgerichtshelfers mit dem Angeklagten. Hat sich dieser jedoch nicht bei der Jugendgerichtshilfe vorgestellt, kann kein oder nur ein verkürzter Bericht aufgrund von ggf. früher bekannt gewordenen Umständen erstellt werden. Zudem unterbreitet die Jugendgerichtshilfe oft einen Ahndungvorschlag. Sofern kein Vertreter der Jugendgerichtshilfe anwesend ist, wird der Bericht der Jugendgerichtshilfe verlesen. Die Ausführungen der Jugendgerichtshilfe sind beim Plädoyer zu berücksichtigen, sie sind aber nicht bindend. Insbesondere der Ahndungsvorschlag der Jugendgerichtshilfe ist nicht ungeprüft zu übernehmen.

II. Einstellung des Verfahrens

391   Das Verfahren kann mit Zustimmung der Staatsanwaltschaft endgültig oder vorläufig unter Auflagen eingestellt werden, § 47 JGG. Gerade bei noch nicht straffällig gewordenen Jugendlichen/Heranwachsenden sollte von der Möglichkeit einer Verfahrenseinstellung großzügig Gebrauch gemacht werden. Vom Ergebnis hat eine solche Einstellung im Wesentlichen die gleichen Wirkungen, wie eine Einstellung nach den §§ 153 ff. StPO.[207] Als Auflagen kommen vor allem Arbeitsstunden (gemeinnützige Arbeit) oder eine Geldauflage in Betracht. Je nach angeklagtem Delikt können aber auch andere Auflagen angezeigt sein.

---

[207] Hinzu tritt ein beschränkter Strafklageverbrauch, § 47 III JGG.

> **Praxistipp:** Hat der Angeklagte eine Arbeit und eigenes Einkommen ist in der Regel eine Geldauflage angezeigt. Ist er arbeitslos oder noch in Ausbildung ist regelmäßig eine Arbeitsauflage sinnvoll.

III. Verständigung

Eine Verständigung nach § 257c StPO ist grundsätzlich auch im Jugendstrafverfahren möglich. Im Hinblick auf den hier vorherrschenden Erziehungsgedanken sollte dies jedoch nicht ohne Mitwirkung eines Verteidigers erfolgen.[208] Offen bleibt, ob im Rahmen einer Verständigung auch die Anwendung von Jugendstrafrecht oder Erwachsenenstrafrecht auf einen Heranwachsenden vereinbart werden kann.[209] In § 257 II 3 StPO ist dies zwar nicht verboten. Ich halte eine solche Vereinbarung jedoch für sehr fragwürdig, da die Anwendung von Jugend- oder Erwachsenenstrafrecht und die daran anküpfenden Sanktionen dem Entwicklungsstand des Heranwachsenden Rechnung tragen sollen und dieser nicht zur Disposition der Verfahrensbeteiligten steht. **391a**

C. Das Plädoyer

I. Vorbemerkungen

Der **Aufbau des Plädoyers** gleicht grundsätzlich dem Plädoyer im Verfahren gegen Erwachsene. **Besonderheiten** ergeben sich, wie bereits erwähnt, vor allem im **Rechtsfolgenbereich**, der sich im Jugendstrafrecht wegen des zugrundeliegenden vorrangigen Erziehungsgedankens deutlich vom Erwachsenenstrafrecht unterscheidet. Der Vorrang des Erziehungsgedankens bedeutet aber *nicht*, dass Jugendstrafrecht „Softi-Recht" ist. Sie müssen in der jeweiligen Verhandlung sorfältig beurteilen, ob beim Angeklagten (erzieherische) Härte oder eher Nachsicht angezeigt ist. **392**

Die maßgeblichen Abweichungen im Jugendstrafrecht sind: **393**
— Soll auf Verurteilung plädiert werden, ist gemäß § 3 JGG die strafrechtliche Verantwortlichkeit bei Jugendlichen stets positiv festzustellen; in der Praxis müssen hierzu aber im Plädoyer in aller Regel nur kurze Ausführungen erfolgen.

---

[208] *Meyer-Goßner*, StPO, § 257c Rn. 7.
[209] Dafür: *Meyer-Goßner*, StPO, § 257c Rn. 7 mit Nachweisen auch zur früheren Rechtsprechung.

- Bei Heranwachsenden ist zumindest stets zu erörtern, ob Jugend-
  oder Erwachsenenstrafrecht anzuwenden ist.
- Im Rahmen der Strafzumessung sind, sofern Jugendstrafrecht zur
  Anwendung kommt, die Besonderheiten der möglichen Sanktionen
  des Jugendstrafrechts zu berücksichtigen.
- **Terminologisch** ist darauf hinzuweisen, dass Jugendli-
  che/Heranwachsende nur dann bestraft werden bzw. vorbestraft
  sind, wenn Jugendstrafe verhängt wird/wurde. Andernfalls liegt nur
  eine Ahndung/Vorahndung vor.

II. Besonderheiten des Plädoyers

394   **Aufbau des Plädoyers im Jugendstrafverfahren:**
1. Anrede
2. Festgestellter Sachverhalt
3. Beweiswürdigung
4. Rechtliche Würdigung
5. Feststellung der strafrechtlichen Verantwortlichkeit (nur bei
   Jugendlichen)
6. Feststellung der Anwendbarkeit von Jugend- oder Erwachsenenstrafrecht (nur bei Heranwachsenden)
7. Strafzumessung
8. Kostenantrag
9. Zusammenfassender Antrag

1. Feststellung der strafrechtlichen Verantwortlichkeit

394   Diese muss **bei Jugendlichen**, d.h. bei Angeklagten, die bei Begehung der Tat zwischen 14 und 18 Jahren alt waren (§ 1 II JGG) immer
kurz festgestellt werden.

395   Gemäß § 3 JGG ist der Jugendliche strafrechtlich verantwortlich,
wenn er zur Zeit der Tat nach seiner sittlichen und geistigen Entwicklung reif genug war, das Unrecht der Tat einzusehen und nach dieser
Einsicht zu handeln. Die Jugendgerichtshilfe geht in ihrem Bericht
auch auf diese Frage ein. Wenn, wie im Regelfall, keine Anhaltspunkte
bestehen, an der strafrechtlichen Verantwortlichkeit zu zweifeln, können Sie der Einschätzung der Jugendgerichtshilfe folgen.[210]

---

[210] Bei Zweifeln an der strafrechtlichen Verantwortlichkeit des Jugendlichen
ist die Erholung eines Sachverständigengutachtens zu dieser Frage erforderlich.

Formulierungsbeispiel: *„Der Angeklagte war zum Zeitpunkt der Tatbegehung 16 Jahre alt und damit Jugendlicher. Er war auch strafrechtlich für die begangene Tat verantwortlich. "*

Bei **Heranwachsenden**, d.h. Angeklagten, die bei Begehung der **396** Tat zwischen 18 und 21 Jahre alt waren, § 1 II JGG, ist die strafrechtliche Verantwortlichkeit – wie bei Erwachsenen – **nicht** gesondert festzustellen. Sie sind stets strafmündig.[211] Eine fehlende strafrechtliche Verantwortlichkeit kann sich bei Heranwachsenden nur aus den allgemeinen Vorschriften ergeben, z.B. § 20 StGB.

2. Feststellung der Anwendbarkeit von Jugend- oder Erwachsenenstrafrecht

Bei **Jugendlichen** kommt stets zwingend Jugendstrafrecht zur An- **397** wendung. Es kann daher kurz konstatiert werden:

Formulierungsbeispiel: *„Da der Angeklagte zum Tatzeitpunkt Jugendlicher war, ist auf ihn Jugendstrafrecht anzuwenden. "*

Bei **Heranwachsenden** hingegen kommt nach der Entscheidung des **398** Gesetzgebers grundsätzlich Erwachsenenstrafrecht zur Anwendung.[212] Ausnahmsweise kann aber unter den Voraussetzungen des § 105 JGG auch Jugendstrafrecht angewendet werden, soweit dieser darauf verweist.[213]

Praxistipp: Die Jugendgerichte haben dieses Regel-Ausnahme-Verhältnis quasi umgedreht, indem auch auf Heranwachsende fast immer Jugendrecht angewendet wird. Dem müssen Sie sich nicht anschließen. Trauen Sie sich ruhig, der gesetzgeberischen Entscheidung zu folgen und bei Heranwachsenden auch die Anwendung von Erwachsenenstrafrecht zu fordern. Nicht die Anwendung von Erwachsenenstrafrecht, sondern die ausnahmsweise Anwendung von Jugendstrafrecht bedarf einer besonderen Rechtfertigung.

§ 105 I JGG sieht zwei Fälle vor, in denen ein Heranwachsender – **399** ausnahmsweise – nach Jugendstrafrecht geahndet wird.

---

[211] *Eisenberg*, JGG, § 3 Rn. 2.

[212] Sind schwere Straftaten angeklagt, sollten Sie bei Anwendung von Erwachsenenstrafrecht zumindest einen Blick in § 106 JGG werfen, der gewisse Milderungen vorsieht.

[213] Die Verweisung ist recht weitgehend; lediglich Hilfe zur Erziehung, § 12 JGG, kann bei Heranwachsenden nicht mehr angeordnet werden.

400   **Nr. 1:** Wenn die Gesamtwürdigung der Persönlichkeit des Täters bei Berücksichtigung auch der Umweltbedingungen ergibt, dass er zur Zeit der Tat nach seiner sittlichen und geistigen Entwicklung **noch** einem **Jugendlichen gleichsteht.**

Ob dies der Fall ist kann nur jeweils im Einzelfall entschieden werden. Hier sollten Sie bei der Entscheidungsfindung auch die Ausführungen der Jugendgerichtshilfe berücksichtigen.

401   **Für** die Annahme einer Reifeverzögerung (und damit der Anwendung von Jugendstrafrecht) kann sprechen:[214]

– Mangelnde Eigenständigkeit (lebt noch bei Eltern)
– Vorherrschen des Gefühlslebens
– Keine ernsthafte Lebensplanung
– Fehlende Kontinuität im Berufsweg
– Niedriger Intelligenzquotient
– Tatteilnahme aufgrund von „Gruppenzwang"

402   **Gegen** die Annahme von Reifeverzögerungen kann hingegen sprechen:

– Eigene Wohnung
– Wirtschaftliche Selbständigkeit
– Eigene Kinder
– Bei Begehung einer Verkehrsstraftat: Wer als Führer eines Kraftfahrzeuges gleichberechtigt am Straßenverkehr teilnimmt, hat in aller Regel keine Reifeverzögerung hinsichtlich dieser Tätigkeit. Lägen derartige Reifeverzögerungen vor, müsste die Tauglichkeit des Angeklagten zum Führen von Kraftfahrzeugen insgesamt in Frage gestellt werden.

403   **Nr. 2:** Wenn eine **Jugendverfehlung** vorliegt. Dies ist dann der Fall, wenn entweder Art und Umstände der Tat eine jugendtümliche Verhaltensweise zeigen oder die Beweggründe bzw. die Veranlassung der Tat solche Merkmale erkennen lassen.[215] Eine Jugendverfehlung ist bei keinem Tatbestand von vornherein ausgeschlossen.[216] Insbesondere eine Tatbegehung aus Übermut, Mangel an Besonnenheit, Hemmungsvermögen oder Beherrschung kommt hier in Betracht. Im Klartext: Unsinn, den vor allem Jugendliche „zum Spaß" machen, wie z.B. Vandalismus, Schlägerei aus nichtigem Grund wegen verletzter Ehre.

404   **Formulierungsbeispiele:**

„Der Angeklagte war zum Zeitpunkt der Tat 19 Jahre alt und damit Heranwachsender. Daher ist auf ihn grundsätzlich Erwachsenen-

---

[214] Vertiefend zu den Beurteilungskriterien: *Eisenberg*, JGG, § 105 Rn. 10 ff.
[215] *Eisenberg*, JGG, § 105 Rn. 34.
[216] *Eisenberg*, JGG, § 105 Rn. 35.

strafrecht anzuwenden. Umstände, die vorliegend ausnahmsweise
zur Anwendung von Jugendstrafrecht führen können, liegen nicht
vor. Beim Angeklagten sind keine Reifeverzögerungen zu erkennen.
Eine Jugendverfehlung liegt ebenfalls nicht vor. "

,,Der Angeklagte war zum Zeitpunkt der Tat 19 Jahre alt und damit
Heranwachsender. Daher ist auf ihn grundsätzlich Erwachsenen-
recht anzuwenden. Vorliegend ist jedoch die Anwendung von Ju-
gendstrafrecht angezeigt, weil der Angeklagte zum Zeitpunkt der
Tat nach seiner sittlichen und geistigen Entwicklung noch einem
Jugendlichen gleichstand. Bereits der Eindruck in der heutigen
Hauptverhandlung hat gezeigt, dass der Angeklagte extrem schüch-
tern und leicht beeinflussbar ist. Er hat sich kaum getraut, auf Fra-
gen zu antworten. Zudem hat er, nachdem er dreimal eine Klasse
wiederholen musste, erst vor wenigen Monaten die Hauptschule
abgeschlossen. Er hat keinerlei Pläne, was er nun beruflich machen
will. Zurzeit lebt er bei seiner Mutter, die für ihn alle Angelegenhei-
ten des täglichen Lebens regelt. "

Ein **Sonderfall** liegt vor, wenn mehrere Taten angeklagt sind, von **405**
denen einige im Jugendlichen-/Heranwachsendenalter und weitere im
Erwachsenenalter begangen wurden. Für diesen Fall regelt § 32 JGG,
dass insgesamt entweder nur Jugend- oder nur allgemeines Strafrecht
angewendet wird. Jugendrecht kommt dabei nur dann zur Anwendung,
wenn auf die vor Vollendung des 21. Lebensjahres begangenen Straftaten nach obigen Darlegungen Jugendstrafrecht anzuwenden ist *und* das
Schwergewicht des Verfahrens bei diesen Taten liegt. Andernfalls
kommt für alle Taten das allgemeine Strafrecht zur Anwendung.

3. Rechtsfolgen der Tat

a) Vorbemerkungen

Kommt Jugendstrafrecht zur Anwendung, richten sich die Rechts- **406**
folgen der Tat nach dem JGG. Als mögliche Rechtsfolgen der Tat hält
das JGG in den §§ 9–24 ein fein differenziertes Instrumentarium bereit,
das einen weiten Handhabungsspielraum belässt. Da das Jugendstrafrecht in erster Linie erzieherisch wirken soll, sollen Staatsanwaltschaft
und Gericht die zur Erreichung dieses Zwecks bestmöglichen Sanktionen ergreifen können. Für die Praxis sind dabei drei Punkte besonders
wichtig:
– Es gibt **keinen Strafrahmen** für die einzelnen Taten. Die Strafrahmen **407**
   des StGB gelten nicht. Es gibt demgemäß z.B. auch bei Anklagen we-

gen Meineid, Raub o.ä. keine Mindeststrafe. Auch diese Delikte können also theoretisch mit z.B. 30 Arbeitsstunden geahndet werden.

408 — Es gibt **keine Einzel- und** folglich auch keine **Gesamtstrafen**; unabhängig davon, wie viele Taten des Angeklagten abgeurteilt werden
wird nur auf eine einheitliche Rechtsfolge erkannt, § 31 I 1 JGG. Demgemäß sind im Plädoyer auch keine Einzelstrafen zu begründen, sondern nur die einheitliche Rechtsfolge für alle Taten.
Sehr praxisrelevant ist dabei die durch § 31 II JGG eingeräumte Möglichkeit, auch bereits abgeurteilte Taten in die einheitliche Rechtsfolge
einzubeziehen, solange die verhängte Rechtsfolge noch nicht vollständig ausgeführt, verbüßt oder sonst erledigt ist. Einbezogen werden
können dabei auch Urteile, die einen Schuldspruch nach § 27 JGG enthalten. Bei Heranwachsenden können auch frühere Verurteilungen
nach Erwachsenenstrafrecht einbezogen werden, § 105 II JGG.
Eine Einbeziehung unterbleibt nach § 31 III JGG nur dann, wenn die
Einbeziehung aus erzieherischen Gründen nicht zweckmäßig ist. In
der Praxis erfolgt meist die Einbeziehung.

Formulierungsbeispiel: *„Ich beantrage unter Einbeziehung des
Urteils vom 14.4.2010 gegen den Angeklagten eine Arbeitsauflage
von 80 Stunden festzusetzen."*

409 — Es gilt **grundsätzlich** das **Subsidiaritätsprinzip**, § 5 II JGG, d.h. es
sind immer die mildestmöglichen Rechtsfolgen zu wählen. Nur wenn
diese nicht ausreichen kann zur nächstschwereren Stufe übergegangen
werden. Zuchtmittel dürfen daher erst verhängt werden, wenn Erziehungsmaßregeln nicht mehr ausreichen. Jugendstrafe kommt nur als
ultima ratio in Betracht. Durch § 8 JGG wird indes die Kombination
von Erziehungsmaßregeln und Zuchtmitteln ermöglicht, d.h. das Subsidiaritätsprinzip ist nicht dahingehend zu verstehen, dass immer nur
Rechtsfolgen einer Ahndungsstufe gewählt werden könnten. Im Einzelnen sieht das JGG folgende mögliche Rechtsfolgen vor:

410   Rechtsfolgen im JGG

1. Erziehungsmaßregeln (§ 9 JGG) in Form von:
    a) Weisungen (§ 10 JGG), insbesondere
       – eine Ausbildungs- oder Arbeitsstelle anzunehmen
       – Arbeitsleistungen zu erbringen

       – an einem sozialen Trainingskurs (z.B. Anti-Aggressions-

       training) teilzunehmen

       – an einem Verkehrsunterricht teilzunehmen

b) Hilfe zur Erziehung (§ 12 JGG; nur bei Jugendlichen)[217]

2. Zuchtmittel (§ 13 II JGG) in Form von:

    a) Verwarnung (§ 14 JGG)
    b) Auflagen (§ 15 JGG), insbesondere
    – Schadenswiedergutmachung
    – Arbeitsleistungen
    – Zahlung eines Geldbetrages
    c) Jugendarrest (§ 16 JGG)

3. Jugendstrafe (§§ 17 ff. JGG)

Praxistipp: Sie müssen im Plädoyer nicht darlegen oder begründen, wie die von Ihnen beantragte Rechtsfolge rechtlich einzuordnen ist. Wichtig ist aber, zu beachten, dass Jugendstrafe lediglich mit Weisungen, Auflagen und Erziehungsbeistandsschaft kombiniert werden kann (§ 8 II JGG).

---

b) Erziehungsmaßregeln und Zuchtmittel

Hinsichtlich der besonders häufig zur Anwendung kommenden **Er-** **411** **ziehungsmaßregeln** und **Zuchtmittel** ist auf Folgendes hinzuweisen:
– **Arbeitsstunden** in Form von gemeinnütziger Arbeit kommen insbesondere bei Erstverfehlungen oder bei weniger schwer wiegenden Delikten in Betracht (Fahren mit frisiertem Mofa, Ladendiebstahl). Bei Ersttätern schwankt in Anzahl in der Regel zwischen 10 und 30 Stunden. Höhere Stundenzahlen kommen bei Wiederholungstaten oder bei schwerwiegenderen Verfehlungen (z.B. Vandalismus mit erheblichem Sachschaden) in Betracht. Wo die Arbeitsstunden abzuleisten sind, kann und muss nicht in das Plädoyer aufgenommen erden, da hierüber das Gericht nach eigenem Ermessen entscheidet.
– Die Anordnung von **Schadenswiedergutmachung** ist dann sinnvoll, wenn der Angeklagte über ein eigenes Einkommen oder ausreichend Taschengeld hierfür verfügt oder er den Schaden durch Einsatz der eigenen Arbeitskraft beheben kann. Andernfalls droht die Gefahr, dass der Schaden – zu dessen Ersatz der Angeklagte zivilrechtlich ohnehin verpflichtet ist – mangels Leistungsfähigkeit des Angeklagten durch dessen Eltern wiedergutgemacht wird. Rechtsfolgenaussprüche, für welche die Eltern gerade stehen müssen, verfehlen aber den Erziehungszweck. Diese Überlegung erklärt auch die Regelung

---

[217] Auf Heranwachsende ist § 12 JGG nicht anwendbar, da er von der Verweisung des § 105 JGG nicht umfasst ist.

des § 15 II Nr. 1 JGG, der nicht nur für die Zahlung eines Geldbetrages zur Schadenswiedergutmachung, sondern auch für die Verhängung einer **Geldauflage**, § 15 I Nr. 4 JGG, gilt.

– **Arrest** bedeutet „Knast light", d.h. der Verurteilte wird für die
Dauer des Arrests eingesperrt. Der Arrest wird in einer speziellen
Jugendarrestanstalt, d.h. nicht im Jugendgefängnis verbüßt. Es gibt
drei verschiedene Arrestarten, die sich durch die mögliche Dauer
unterscheiden: Der **Freizeitarrest** dauert 1 Wochenende. Es können
maximal zwei Freizeitarreste verhängt werden, § 16 II JGG, d.h. der
Verurteilte kann für maximal zwei Wochenenden eingesperrt werden. Werden zwei Freizeitarreste verhängt und erscheint es erzieherisch sinnvoller, diese nicht auf zwei Wochenden verteilt, sondern
am Stück zu vollstrecken, kann **Kurzarrest** von 4 Tagen beantragt
werden, § 16 III JGG. **Dauerarrest** kann 1–4 Wochen betragen,
§ 16 IV JGG. Zwar kann die Dauer nach Wochen und Tagen bemessen werden, d.h. möglich sind z.B. 1 Woche 3 Tage Dauerarrest, in
der Praxis werden indes meist nur volle Wochen beantragt.

Ein Arrest ist für viele Jugendliche/Heranwachsende eine erhebliche
Sanktion, wird er doch als „Knast" empfunden und wirkt in vielen
Fällen auch durchaus nachhaltig. Schon von daher wird er bei weniger schweren Delikten nur bei hartnäckiger Wiederholung in Betracht kommen. Bei Ersttätern ist er bei entsprechend schweren Taten indes nicht ausgeschlossen, insbesondere, wenn der Angeklagte
sich anderweitig nicht beeindrucken lässt.

412   **Formulierungsbeispiel:** „*Es bleibt die Frage, wie die Tat des Angeklagten zu ahnden ist. Zu seinen Gunsten spricht, dass er bislang
noch nicht vorgeahndet ist, die Tat gestanden hat und diese auch
bereut. Zudem hat er den entstandenen Schaden bereits wieder gut-
gemacht. Aus erzieherischen Gründen ist es daher erforderlich aber
auch ausreichend, dem Angeklagten 20 Arbeitsstunden aufzuerlegen.*"

c) Jugendstrafe

413   Die Verhängung von Jugendstrafe ist die ultima ratio im Jugendstrafrecht. Das Gesetz hat daher recht strenge Voraussetzungen für
deren Verhängung geschaffen. Sind diese Hürden indes einmal genommen, trifft die Verhängung einer Jugendstrafe den Angeklagten
hart, da das Mindestmaß 6 Monate beträgt. Das Höchstmaß beträgt 5
Jahre. Bei Verbrechen, die nach allgemeinem Strafrecht mit einer
Höchststrafe von mehr als 10 Jahren bedroht sind, beträgt das Höchstmaß 10 Jahre, § 18 I JGG.

aa) Voraussetzungen

Jugendstrafe kann in zwei Fällen verhängt werden, § 17 II JGG: **414**
– Wenn beim Täter schädliche Neigungen vorliegen und deswegen Erziehungsmaßregeln oder Zuchtmittel nicht mehr ausreichen *oder*
– wenn wegen der Schwere der Schuld eine Jugendstrafe erforderlich ist.

Schädliche Neigungen sind erhebliche Anlage- oder Erziehungs-   **415** mängel, die ohne längere Gesamterziehung des Täters die Gefahr von Störungen der Gemeinschaftsordnung durch weitere Straftaten begründen, wobei sich der Täter bereits daran gewöhnt haben muss, aus einer in seiner Persönlichkeit wurzelnden falschen Trieb- oder Willensrichtung zu handeln.[218]

Für das Vorliegen von schädlichen Neigungen können vor allem mehrfache Vorahndungen oder auch Vorstrafen sprechen, die den Täter gleichwohl nicht von weiteren Straftaten abgehalten haben, so dass offensichtlich ist, dass Maßregeln oder Zuchtmittel des Jugendrechts nicht ausreichen, um den Angeklagten zu beeindrucken. Auch die Einschätzung der Jugendgerichtshilfe zu dieser Frage sollten Sie nicht unbeachtet lassen. Untechnisch gesprochen sind bei unbelehrbaren Tätern schädliche Neigungen meist zu bejahen. Gleichwohl dürfen Sie auch hier nicht vergessen, dass vorrangiges Ziel des Jugendstrafrechts nicht die Bestrafung, sondern die Erziehung des Angeklagten ist.

Die **Schwere der Schuld** kann sich aus dem Gewicht der Tat und   **416** der persönlichkeitsbegründenden Beziehung des Täters zu seiner Tat ergeben.[219] Aufgrund der Schwere der Schuld kann v.a. bei besonders schweren Straftaten auch gegen einen Ersttäter Jugendstrafe verhängt werden. Auch besonders schwere Tatfolgen (z.B. dauerhafte schwere Behinderung des Opfers einer Körperverletzung) können die Schwere der Schuld begründen. In der Praxis wird die Schwere der Schuld erfahrungsgemäß eher zurückhaltend bejaht. Indes sollten Sie sich nicht scheuen, diese – wo tatsächlich gegeben – zu bejahen. Andernfalls würde das Jugendstrafrecht doch allzu schnell ein „Freibrief für Ersttäter ".

Für die Festsetzung der **Höhe der Jugendstrafe** (mindestens 6 Mo-   **417** nate) können Sie bei der erstmaligen Verhängung einer Jugendstrafe orientierend berücksichtigen:
– Werden schädliche Neigungen wegen wiederholter Begehung von Taten der leichteren Kriminalität (z.B. wiederholte Ladendiebstähle

---

[218] *Von Heintschel-Heinegg*, Rn. 245; *Brunner/Dölling*, JGG, § 17 Rn. 11.
[219] *Brunner/Dölling*, JGG, § 17 Rn. 14.

oder Fahren mit frisiertem Mofa) bejaht, sollte die Strafe im Bereich von 6–7 Monaten bleiben.
- Bei wiederholten Taten mittlerer Kriminalität kann die Jugendstrafe mit 8–12 Monaten beantragt werden.
- Jugendstrafe von mehr als 1 Jahr kommt nur bei schweren Delikten, Verurteilung wegen einer größeren Anzahl von Delikten oder einschlägiger Vorstrafe in Betracht.

> **Praxistipp**: Da der Jugendrichter nach § 39 I JGG zuständig ist, wenn nur Erziehungsmaßregeln, Zuchtmittel, Nebenstrafen oder Nebenfolgen nach JGG, sowie die Entziehung der Fahrerlaubnis zu erwarten sind, können Sie aus der Anklage zum Jugendrichter bereits erkennen, dass der anklagende Staatsanwalt i.d.R. keine Jugendstrafe erwartet. Der Jugendrichter kann aber, wenn eine Jugendstrafe nach dem Ergebnis der Verhandlung erforderlich ist, gleichwohl maximal 1 Jahr Jugendstrafe verhängen. Eine Anklage zum Jugendschöffengericht beim AG oder zur Jugendkammer des LG[220] hingegen lässt darauf schließen, dass aus Sicht des anklagenden Staatsanwalts eine Jugendstrafe in Betracht kommt.

bb) Strafaussetzung zur Bewährung

418   Die Jugendstrafe kann, ebenso wie eine Freiheitsstrafe im allgemeinen Strafrecht, zur Bewährung ausgesetzt werden. Der Aufbau des Plädoyers folgt dem Aufbau im Erwachsenenrecht. Die Voraussetzungen für eine Strafaussetzung zur Bewährung und deren Ausgestaltung sind in den §§ 21 ff. JGG geregelt. Sie gleichen im Wesentlichen den Regelungen im Erwachsenenstrafrecht in den § 56 ff. StGB, die im Jugendverfahren aber nicht zur Anwendung kommen. Es gilt jedoch auch einige Besonderheiten zu beachten.

419   **Voraussetzungen** der Strafaussetzung:
- Bei Freiheitsstrafen von **nicht mehr als 1 Jahr** ist die Jugendstrafe bei günstiger Sozialprognose auszusetzen, wobei in die Prognose einzubeziehen ist, ob die erzieherische Einwirkung auf den Verurteilten während der Bewährungszeit durch den Bewährungshelfer und Bewährungsweisungen und -auflagen ausreichend sein wird, um ihn von künftigen Straftaten abzuhalten, § 21 I JGG.
- Bei Freiheitsstrafen von mehr als **1 Jahr bis 2 Jahren** muss zu den soeben erwähnten Voraussetzungen hinzukommen, dass die Vollstreckung nicht im Hinblick auf die Entwicklung des Jugendlichen/Heranwachsenden geboten ist, § 21 II JGG. Anders als bei § 56

---

[220] Als Referendar dürfen Sie nur vor dem Jugendrichter tätig werden, so dass Ihnen diese Fallgestaltung nur als Berufsstaatsanwalt unterkommen kann.

II StGB sind also nicht „besondere Umstände" entscheidend, sondern allein die Frage, ob zur Einwirkung auf die Entwicklung des Jugendlichen die Vollstreckung der Strafe erforderlich ist.

— Bei Freiheitsstrafen von **mehr als 2 Jahren** kommt, wie im Erwachsenenstrafrecht, eine Strafaussetzung zur Bewährung nicht mehr in Betracht.

Die **Bewährungszeit** beträgt mindestens 2 und höchstens 3 Jahre, **420** § 22 I JGG. In der Regel werden 2 Jahre beantragt und festgesetzt.

Ein **Bewährungshelfer** ist zwingend zu bestellen, § 24 I JGG. Die **421** Bestellung muss nicht für die gesamte Bewährungszeit beantragt werden, die Höchstgrenze sind 2 Jahre. Meist ist es jedoch sinnvoll, die Bewährungszeit und die Bestellung eines Bewährungshelfers einheitlich mit jeweils 2 Jahren zu beantragen.[221]

Regelmäßig sind zudem **Bewährungsauflagen oder -weisungen** zu **422** beantragen. § 23 I 3 JGG verweist insoweit auf die §§ 10 und 15 I, II, III 2 JGG. Sinnvoll sind auch hier häufig die bereits oben näher erläuterten Weisungen oder Auflagen. Auch hier gilt, dass diese Weisungen und Auflagen in erster Linie den Verurteilten erzieherisch beeinflussen sollen; dazu gehört aber natürlich auch, dass die Auflagen/Weisungen dem Verurteilten deutlich machen, dass seine Verfehlung Konsequenzen hat.

d) Sonderfall: Aussetzung der Verhängung der Jugendstrafe zur Bewährung

aa) Das Plädoyer

§ 27 JGG eröffnet die Möglichkeit, wenn am Ende der Hauptver- **423** handlung nicht mit Sicherheit beurteilt werden kann, ob beim Angeklagten schädliche Neigungen in einem Umfang hervorgetreten sind, dass eine Jugendstrafe erforderlich ist, die Verhängung einer Jugendstrafe zur Bewährung auszusetzen. Nicht möglich ist dies indes, wenn Jugendstrafe wegen der Schwere der Schuld erforderlich ist, da § 27 JGG nur auf schädliche Neigungen abstellt.[222]

Formulierungsbeispiel: *„Ich beantrage, den Angeklagten des Diebstahls schuldig zu sprechen und die Entscheidung über die Verhängung einer Jugendstrafe zur Bewährung auszusetzen."*

Eine bestimmte Strafhöhe wird nicht beantragt. Zu beantragen sind **424** jedoch eine Bewährungszeit von mindestens einem und höchstens

---

[221] Entwickelt sich der Verurteilte im Laufe der Bewährungszeit gut, kann das Gericht die Bewährungshelferunterstellung vorzeitig beenden, § 24 II JGG.

[222] *Eisenberg*, JGG, § 27 Rn. 9.

2 Jahren, § 28 I JGG, die Unterstellung unter einen Bewährungshelfer, § 29 JGG, sowie die Anordnung von Bewährungsweisungen/-auflagen.

425 Damit bei Beantragung einer unbezifferten Jugendstrafe unter Aussetzung der Verhängung zur Bewährung der Verurteilte ein entsprechendes Urteil nicht zu leichtfertig hinnimmt, v.a. weil ihm unklar bleibt, welche Freiheitsstrafe konkret droht, müssen Sie die Bedeutung Ihres Antrages deutlich darlegen. Anders als bei der Verhängung einer bezifferten Jugendstrafe zur Bewährung, bei der deutlich wird, was bei erneuter Straffälligkeit auf dem Spiel steht, erweckt die „Aussetzung der Entscheidung über die Verhängung einer Jugendstrafe zur Bewährung" ansonsten beim Angeklagten schnell den Anschein einer milden Sanktion.

bb) Das Nachverfahren

426 Stellt sich – vor allem wegen schlechter Führung des Verurteilten oder Begehung neuer Straftaten während der Bewährungszeit – heraus, dass die Tat auf schädlichen Neigungen beruhte, ist in einem Nachverfahren eine bezifferte Jugendstrafe zu verhängen, § 30 I JGG. In diesem Verfahren – dem keine neue Anklageschrift zugrunde liegt – geht es nur darum, ob nunmehr rückblickend festgestellt werden kann, dass die Tatbegehung auf diesen schädlichen Neigungen beruhte. Dann ist diejenige Jugendstrafe zu beantragen, die im Vorverfahren verhängt worden wäre, wenn schon damals schädliche Neigungen sicher festgestellt worden wären. Im Nachverfahren ist auch zu entscheiden, ob die nunmehr bezifferte Jugendstrafe zur Bewährung ausgesetzt werden kann. Dabei ist diese Frage nicht auf dem hypothetischen Stand des Vorverfahrens, sondern im Zeitpunkt der Entscheidung im Nachverfahren zu beantworten. Hat der Verurteilte zwischenzeitlich weitere Straftaten begangen und ist er wegen diesen verurteilt worden, ist diese Verurteilung in die bezifferte Jugendstrafe regelmäßig einzubeziehen, § 31 II JGG.

427 **Formulierungsbeispiel:** *„Hohes Gericht. Der Verurteilte wurde durch Urteil des AG Müsterli vom 2.10.2010 wegen gefährlicher Körperverletzung verurteilt. Die Entscheidung über die Verhängung einer Jugendstrafe wurde zur Bewährung ausgesetzt. Bereits am 5.11.2010 hat er erneut eine gefährliche Körperverletzung begangen, wegen der er vom AG Müsterli zwischenzeitlich rechtskräftig zu einer Jugendstrafe von 9 Monaten verurteilt wurde. Durch die erneute Tat, sowie durch den Umstand, dass der Verurteilte trotz mehrfacher Aufforderung keinerlei Kontakt zum Bewährungshelfer gehalten hat, hat sich nunmehr herausgestellt, insoweit schließt sich die Staatsanwaltschaft auch der Einschätzung der*

Jugendgerichtshilfe an, dass auch die am 2.10.2010 abgeurteilte Tat auf schädlichen Neigungen beruhte. Diese haben einen Umfang, die eine Jugendstrafe erforderlich machen. Es ist daher für die am 2.10.2010 abgeurteilte Tat eine Jugendstrafe zu verhängen. Bei der Bemessung der Strafe ist zu Gunsten des Angeklagten zu berücksichtigen, dass er die Tat gestanden hatte. Zu seinen Lasten ist indes zu sehen, dass er bereits viermal wegen Körperverletzungsdelikten vorgeahndet war. Die zu verhängende Jugendstrafe ist daher mit 8 Monaten zu bemessen. Unter Einbeziehung des Urteils des AG Müsterli vom 6.1.2011 wegen der am 5.11.2010 begangenen Tat beantrage ich, die Jugendstrafe auf 11 Monate festzusetzen.

Diese Strafe kann nach Auffassung der Staatsanwaltschaft noch zur Bewährung ausgesetzt werden, weil [...]"

4. Weitere Anträge

Gemäß §§ 7, 105 JGG können auch gegen Jugendliche und Heran- **428** wachsende Maßregeln der Besserung und Sicherung angeordnet werden. Damit ist insbesondere die Entziehung der Fahrerlaubnis (§§ 69, 69a StGB), sowie die Unterbringung in einer Entziehungsanstalt oder in einem psychiatrischen Krankenhaus (§§ 63, 64 StGB) möglich. Entsprechende Anträge sind daher, wenn die Voraussetzungen vorliegen, auch im Jugendgerichtsverfahren zu stellen.

Auch ein Fahrverbot nach § 44 StGB als Nebenstrafe kann gegen Jugendliche und Heranwachsende verhängt werden, §§ 2, 6, 8 III, 76, 105 II JGG. Nicht möglich ist indes die Verhängung eines Fahrverbotes, wenn lediglich ein Schuldspruch nach § 27 JGG erfolgt.[223]

Wird beantragt, ein früheres Urteil einzubeziehen, muss ggf. auch beantragt werden, dessen Nebenfolgen aufrechtzuerhalten.

5. Kostenantrag

Grundsätzlich gelten für den Kostenantrag die Vorschriften der **429** StPO, § 2 JGG. Danach hat der Verurteilte die Kosten des Verfahren zu tragen, soweit er verurteilt wird. §§ 465 StPO, 2 JGG. Wird er freigesprochen, trägt die Staatskasse die Verfahrenskosten und notwendigen Auslagen des Angeklagten

Gemäß § 74 JGG kann jedoch davon abgesehen werden, dem Ver- **430** urteilten die Verfahrenskosten und notwendigen Auslagen aufzuerle-

---

[223] *Fischer*, StGB, § 44 Rn. 13.

gen. Maßgeblich ist, ob die Auferlegung der Verfahrenskosten erzieherisch angezeigt ist. Hat der Verurteilte kein oder nur ein geringes
Einkommen, ist es in aller Regel angezeigt, von der Auferlegung der
Verfahrenskosten abzusehen, zumal in diesen Fällen letztlich häufig
die Eltern die Verfahrenskosten aufbringen werden (müssen). Seine
notwendigen Auslagen sollte der Verurteilte indes in aller Regel
(sofern er nicht freigesprochen wird) selber tragen. Nach *BGH* NStZ
1989, 239 ist es sogar unzulässig, bei voller Verurteilung davon abzusehen, dem Angeklagten seine notwendigen Auslagen aufzuerlegen.

> **Formulierungsbeispiel:** *„Abschließend beantrage ich, davon ab-
> zusehen, dem Angeklagten die Kosten des Verfahrens aufzuerlegen.
> Er ist Lehrling im ersten Lehrjahr. Dafür erhält er eine monatliche
> Ausbildungsvergütung von 200 €. Von diesem Geld muss er 50 € für
> die Monatsfahrkarte zum Betrieb und zur Berufsschule bezahlen.
> Vom Rest muss er seinen Schulbedarf und das Mittagessen bezah-
> len. Aufgrund der beengten finanziellen Situation des Angeklagten
> erscheint eine Auferlegung der Verfahrenskosten nicht angezeigt."*

431   Ist der Angeklagte hingegen regulär erwerbstätig, ist eine Abweichung von den allgemeinen Regelungen der StPO meist nicht angezeigt. In diesen Fällen ist es häufig erzieherisch sinnvoll, den Angeklagten auch die finanziellen Folgen seiner Tat spüren zu lassen.

Kapitel 4. Das Berufungsverfahren**

Das Berufungsverfahren unterscheidet sich für den Sitzungsvertreter **432** der Staatsanwaltschaft nicht grundsätzlich vom Verfahren in erster Instanz. Einige Besonderheiten gilt es gleichwohl zu berücksichtigen. Die wichtigsten sollen im Folgenden dargestellt werden.

A. Nichterscheinen des Angeklagten

Hat der Angeklagte Berufung eingelegt und erscheint er ohne genü- **433** gende Entschuldigung nicht zur Berufungsverhandlung und ist auch kein Vertreter für den Verurteilten gem. § 411 II 1 StPO erschienen (was nur zulässig ist, wenn gegen den Angeklagten ursprünglich ein Strafbefehl erlassen wurde), beantragt der Staatsanwalt gem. § 329 I StPO, die Berufung des Angeklagten auf dessen Kosten zu verwerfen. Dies ist nur ausnahmsweise *nicht* möglich, wenn das Berufungsgericht erneut verhandelt, nachdem die Sache vom Revisionsgericht zurückverwiesen wurde, § 329 I 2 StPO.

Über eine Berufung der Staatsanwaltschaft kann trotz Ausbleibens **434** des Angeklagten in dessen Abwesenheit verhandelt werden, § 329 II StPO.

Eine Vorführung des Angeklagten zu einem neuen Termin oder des- **435** sen Verhaftung kann gem. § 329 IV StPO beantragt werden. Liegt ein Fall des § 329 I StPO vor, ist allerdings eine Vorführung oder Verhaftung nur möglich, wenn ausnahmsweise ein Verwerfungsurteil nicht erlassen werden kann, weil ein Fall des § 329 I 2 StPO vorliegt oder der Angeklagte zwar gem. § 411 II 1 StPO zulässig vertreten wird, seine persönliche Anhörung jedoch geboten erscheint.[224] Im Fall des § 329 II StPO darf die Anwesenheit des Angeklagten nur erzwungen werden, wenn die Aufklärungspflicht oder andere zwingende Gründe seine Anwesenheit erfordern.[225]

---

[224] *Meyer-Goßner*, StPO, § 329 Rn. 45.
[225] *Meyer-Goßner*, StPO, § 329 Rn 45.

B. Der Gang des Berufungsverfahrens

436   Der Gang der Berufungsverhandlung unterscheidet sich für den Sitzungsvertreter der Staatsanwalt vor allem dadurch, dass er die **Anklageschrift nicht** nochmals **verliest**. Vielmehr erstattet der Vorsitzende einen Bericht über den bisherigen Verfahrensverlauf, § 324 I StPO.

437   In welchem Umfang das Berufungsgericht das erstinstanzliche Urteil sodann überprüft, hängt davon ab, inwieweit Berufung eingelegt wurde, § 327 I StPO. Sowohl der Verurteilte, als auch die Staatsanwaltschaft können gegen das erstinstanzliche Urteil vollumfänglich oder auch beschränkt auf einen abtrennbaren Teil der erstinstanzlichen Verurteilung Berufung einlegen. Wurde vollumfänglich Berufung gegen das Urteil eingelegt, hat dies zur Folge, dass das Berufungsgericht als zweite Tatsacheninstanz die Beweisaufnahme komplett wiederholen und sich eine eigene Überzeugung von der Täterschaft des Angeklagten bilden muss. Die Verhandlung unterscheidet sich dann im Verauf nicht von der vor dem Amtsgericht. Liegt eine wirksam beschränkte Berufung vor,[226] ist lediglich über den Teil der Verurteilung neu zu verhandeln und zu entscheiden, der angefochten wurde (z.B. Rechtsfolgenausspruch).

438   Im Rahmen der Hauptverhandlung – gegebenenfalls nach Durchführung einer Beweisaufnahme – rät der Vorsitzende häufig zur Rücknahme aussichtsloser Berufungen. Wird die Berufung zurückgenommen, ist nur noch ein Antrag zur Kostentragungspflicht zu stellen.

Nimmt der **Angeklagte** seine Berufung zurück, muss der Staatsanwalt der Berufungsrücknahme zustimmen, § 303 S. 1 StPO. In aller Regel erteilt der Sitzungsvertreter diese Zustimmung und beantragt gem. § 473 I 1 StPO,

> *„[...] dem Verurteilten die Kosten der zurückgenommenen Berufung aufzuerlegen.“*

War ein Nebenkläger am Berufungsverfahren beteiligt, so sind auch dessen notwendige Auslagen dem Verurteilten aufzuerlegen, § 473 I 2 StPO.

439   Hat nur die **Staatsanwaltschaft** Berufung eingelegt und nimmt sie diese zurück, beantragt sie gem. § 473 II StPO,

---

[226] Zu Einzelheiten siehe die Kommentierung des § 318 StPO bei *Meyer-Goßner*, StPO.

„[...] die Kosten der zurückgenommenen Berufung und die hierdurch entstandenen notwendigen Auslagen des Verurteilten der Staatskasse aufzuerlegen."

Wenn nur der **Nebenkläger** Berufung eingelegt hat und diese zurücknimmt, sind gem. § 473 I 3 StPO
439a

„[...] die Kosten des Rechtsmittels und die notwendigen Auslagen des Verurteilten dem Nebenkläger aufzuerlegen."

Haben sowohl der **Angeklagte** wie auch die **Staatsanwaltschaft** Berufung eingelegt und nehmen beide ihre Berufung zurück, lautet der Kostenantrag:
440

„[...] dem Verurteilten die Kosten seines zurückgenommenen Rechtsmittels und seine notwendigen Auslagen aufzuerlegen, mit Ausnahme derjenigen ausscheidbaren notwendigen Auslagen, die durch die Berufung der Staatsanwaltschaft verursacht wurden. Die Kosten der zurückgenommenen Berufung der Staatsanwaltschaft und die dem Verurteilten hierdurch entstandenen ausscheidbaren notwendigen Auslagen sind der Staatskasse aufzuerlegen."

C. Das Plädoyer

Das Plädoyer und die Anträge müssen dem Umstand Rechnung tragen, dass über das erstinstanzliche Urteil im Berufungsumfang entschieden wird.
441

I. Vorbemerkungen

Im Berufungsverfahren plädiert nicht wie in der ersten Instanz der Staatsanwalt stets als erster. Zuerst plädiert vielmehr der Berufungsführer bzw. (wenn sowohl Verurteilter als auch Staatsanwaltschaft Berufung eingelegt haben) derjenige, der das weitergehende Rechtsmittel eingelegt hat. Dies stellt der Vorsitzende fest und fordert zum Plädoyer auf, so dass Sie sich über diese Frage nicht viele Gedanken machen müssen. Sofern Sie jedoch nicht als erster plädieren, sollten Sie in Ihrem Plädoyer, falls angezeigt, auch auf die vorangegangenen Plädoyers eingehen.
442

Zu beachten ist, dass eine Verschlechterung des Rechtsfolgenausspruches wegen des **Verbotes** der **reformatio in peius**, § 331 StPO, stets ausscheidet, **wenn nur** der **Angeklagte Berufung** eingelegt hat.
443

Eine Änderung des Schuldspruchs zu Ungunsten des Angeklagten scheidet hingegen nur dann aus, wenn die Berufung auf den Rechtsfolgenausspruch beschränkt ist. Bei vollumfänglicher Berufung gegen das erstinstanzliche Urteil durch den Angeklagten kann der Schuldspruch auch zu dessen Ungunsten geändert werden.[227] Hat hingegen (auch) die Staatsanwaltschaft Berufung eingelegt, kann im Umfang der Berufungseinlegung durch die Staatsanwaltschaft das erstinstanzliche Urteil sowohl zugunsten als auch zu Lasten des Verurteilten abgeändert werden.

Praxistipp: Ein wichtiger **Sonderfall** ist zu beachten: Hat der Verurteilte vollumfänglich Berufung eingelegt, die Staatsanwaltschaft jedoch nur Strafmaßberufung und wird der Schuldspruch nunmehr zu Ungunsten des Angeklagten abgeändert, kann das Strafmaß nur bis zur Obergrenze der im erstinstanzlichen Urteil angewendeten Vorschriften erhöht werden.[228]

In der Handakte finden Sie Berufungseinlegung und eine ggf. erfolgte Berufungsbegründung,[229] so dass Sie bereits bei der Vorbereitung erkennen können, wer in welchem Umfang Berufung eingelegt hat. Die Berufung der Staatsanwaltschaft ist immer zu begründen, so dass Sie auch wissen, was der Sachbearbeiter am Ersturteil beanstandet und welches Ziel die von Ihnen vertretene Berufung verfolgt.

II. Besonderheiten des Berufungsplädoyers

444   Das Plädoyer ist ähnlich aufgebaut wie ein erstinstanzliches Plädoyer. Besonderheiten ergeben sich erst beim notwendigen Vergleich des Ergebnisses der Berufungsverhandlung mit dem erstinstanzlichen Urteil, das durch das Berufungsurteil bestätigt, geändert oder aufgehoben werden soll. Das Plädoyer ist – bei vollumfänglicher Berufung – aufzubauen wie folgt:

Aufbau des Berufungsplädoyers:
1. Anrede
2. Festgestellter Sacherhalt
3. Beweiswürdigung
4. Rechtliche Würdigung
5. Strafzumessung

---

[227] *Meyer-Goßner*, StPO, § 331 Rn. 8.
[228] *Meyer-Goßner*, StPO, § 331 Rn. 9 m.w.N.
[229] Der Verurteilte muss seine Berufung nicht schriftlich begründen; die Staatsanwaltschaft hingegen ist gehalten, eine Berufung stets zu begründen.

6. ggf. Nebenstrafen/Maßregeln der Besserung und Sicherung
7. Vergleich des gefundenen Ergebnisses mit erstinstanzlichem Urteil
8. Schlussfolgerungen für die eingelegten Rechtsmittel
9. Anträge hinsichtlich der eingelegten Berufung
10. Kostenantrag

Zu den vom erstinstanzlichen Plädoyer abweichenden Punkten im Folgenden einige kurze Anmerkungen.

1. Vergleich des gefundenen Ergebnisses mit dem erstinstanzlichen Urteil

Der Sitzungsvertreter vergleicht das von ihm aufgrund der Beru- **445** fungsverhandlung gefundene Ergebnis mit der erstinstanzlichen Verurteilung. Dadurch werden die nachfolgenden Anträge vorbereitet.

Formulierungsbeispiel: *„Ich bin daher der Ansicht, dass der Angeklagte sich einer vorsätzlichen Körperverletzung schuldig gemacht hat und hierfür eine Geldstrafe von 80 Tagessätzen zu je 40 € sachgerecht ist. Durch das vom Angeklagten mit der Berufung angegriffene Urteil des AG Mustergültich wurde er wegen vorsätzlicher Körperverletzung zu just einer Geldstrafe von 80 Tagessätzen zu je 40 € verurteilt. "*

2. Schlussfolgerung für das eingelegte Rechtsmittel

Deckt sich die Beurteilung des Staatsanwalts hinsichtlich Schuld- **446** und Rechtsfolgenausspruch mit dem erstinstanzlichen Urteil, kann die Berufung des Angeklagten aus Sicht der Staatsanwaltschaft nicht erfolgreich sein.

Formulierungsbeispiel: *„Das erstinstanzliche Urteil ist daher aus Sicht der Staatsanwaltschaft fehlerfrei. Die Berufung des Angeklagten kann daher nicht zu einer Abänderung des angegriffenen Urteils führen. "*

Hält der Staatsanwalt hingegen das erstinstanzliche Urteil nach dem **447** Ergebnis der Berufungsverhandlung für unzutreffend, ist dies hervorzuheben.

Formulierungsbeispiel: *„Die Staatsanwaltschaft ist daher der Ansicht, dass die vom Amtsgericht verhängte Strafe dem Unrechts- und Schuldgehalt der Tat nicht gerecht wird. Das hiergegen eingelegte Rechtsmittel muss daher dazu führen, dass das angegriffene Urteil im Rechtsfolgenausspruch keinen Bestand haben kann."*

3. Anträge zur Berufung

448   Die Anträge richten sich danach, wer Berufung eingelegt hat und ob Sie die Berufung nach dem Ergebnis der Berufungsverhandlung für begründet halten.

a) Berufung des Angeklagten ist unbegründet

449   Ist die Berufung des Angeklagten[230] vollumfänglich unbegründet, ist zu beantragen,

„die Berufung des Angeklagten als unbegründet zu verwerfen."

b) Berufung ist begründet

450   Ist die Berufung des Angeklagten oder der Staatsanwaltschaft begründet, muss eine Änderung des erstinstanzlichen Urteils erfolgen. In der Regel genügt es, wenn das Berufungsgericht das angefochtene Urteil *abändert*. Nur wo dies z.B. wegen des Umfanges der Änderungen nicht möglich ist, wird das erstinstanzliche *Urteil aufgehoben* und vom Berufungsgericht ein neues Urteil erlassen. Eine Aufhebung kommt vor allem in Betracht, wenn das Amtsgericht den Angeklagten zu Unrecht freigesprochen oder zu Unrecht verurteilt hat. Eine *Zurückverweisung* der Sache an das Amtsgericht ist hingegen grundsätzlich[231] *nicht* möglich.

Formulierungsbeispiele: *„Ich beantrage daher, das Urteil des AG Schlampert auf die Berufung des Angeklagten dahingehend abzu-*

---

[230] Stellt sich im Laufe der Hauptverhandlung heraus, dass die Berufung der Staatsanwaltschaft unbegründet ist, wird diese zurückgenommen oder bei nur teilweiser Unbegründetheit teilweise zurückgenommen. Ein Plädoyer, dass die eigene Berufung für unbegründet erklärt, wird der Staatsanwalt nicht halten.

[231] Eine Ausnahme hiervon gilt nur, wenn das Amtsgericht rechtsirrtümlich von einer Sachentscheidung abgesehen hat, *Meyer-Goßner*, StPO, § 328 Rn. 4.
Zudem erfolgt eine Verweisung des Verfahrens unter Aufhebung des Ersturteils, wenn das Amtsgericht seine Zuständigkeit zu Unrecht bejaht hat, § 328 II StPO.

ändern, dass die Vollstreckung der verhängten Freiheitsstrafe von 6 Monaten zur Bewährung ausgesetzt wird. "

„Ich beantrage daher, das mit der Berufung angegriffene Urteil des AG Schlampert auf die Berufung der Staatsanwaltschaft aufzuheben und den Angeklagten wegen gefährlicher Körperverletzung zu einer Freiheitsstrafe von 3 Jahren zu verurteilen. "

c) Berufung ist nur teilweise begründet

Ist die Berufung des Angeklagten[232] nur teilweise begründet, ist zu **451** beantragen, in welchem Umfang und mit welchen Folgen aus der Sicht der Staatsanwaltschaft eine Abänderung des erstinstanzlichen Urteils erfolgen muss. Im Übrigen ist zu beantragen, die weitergehende Berufung des Angeklagten zu verwerfen.

d) Berufung von Staatsanwaltschaft und Angeklagten eingelegt

Haben Staatsanwaltschaft und Angeklagter mit, wie meist, unter- **452** schiedlichen Zielen Berufung eingelegt, hat mindestens eine Berufung keinen oder allenfalls einen Teilerfolg. Es sind dann die oben dargestellten Anträge entsprechend zu kombinieren.

Formulierungsbeispiele: *„Ich beantrage daher, auf die Berufung der Staatsanwaltschaft das Urteil des AG Schlampert dahingehend abzuändern, dass gegen den Angeklagten eine Geldstrafe von 120 Tagessätzen zu je 40 € verhängt wird. Die Berufung des Angeklagten beantrage ich als unbegründet zu verwerfen. "*

„Ich beantrage daher, auf die Berufung des Angeklagten das Urteil des AG Schlampert dahingehend abzuändern, dass der Angeklagte wegen fahrlässiger statt wegen vorsätzlicher Trunkenheit im Verkehr verurteilt wird. Die weitergehende Berufung des Angeklagten beantrage ich zu verwerfen. Des Weiteren beantrage ich, auf die Berufung der Staatsanwaltschaft das amtsgerichtliche Urteil dahingehend abzuändern, dass die verhängte Sperrfrist für die Wiedererteilung der Fahrerlaubnis auf noch 12 Monate festgesetzt wird. "

4. Kostenanträge

Die Kostenanträge können mitunter recht komplex werden. Als **453** **Praxistipp** können Sie daher in Erinnerung behalten, dass Sie im Plädoyer zur Not einfach formulieren können:

---

[232] Stellt sich heraus, dass die Berufung der Staatsanwaltschaft teilweise unbegründet ist, nimmt der Staatsanwalt diese insoweit zurück, s.o. Rn. 449.

„Die Kostenfolge ergibt sich aus dem Gesetz."

454   Besser ist es jedoch, die Kostenanträge detailliert zu stellen. Dazu geben die folgenden Ausführungen einen Einstieg in die Problematik. Vorliegend nicht behandelt wird, da dies seltener praxisrelevant wird und den Rahmen sprengen würde, die Behandlung notwendiger Auslagen eines Nebenklägers; insoweit wird auf die Kommentierung des § 473 StPO bei *Meyer-Goßner* verwiesen.

455   Maßgeblich ist für die Kostentragungspflicht in erster Linie § 473 StPO. Dieser regelt indes die Kostenproblematik für die Berufungsinstanz nicht abschließend. Grundsätzlich gilt, dass derjenige, der in der Berufungsinstanz unterliegt, die Kosten des Rechtsmittelverfahrens und die notwendigen Auslagen des Angeklagten trägt. Haben sowohl Staatsanwaltschaft als auch der Angeklagte Berufung eingelegt ist zu beachten, dass für jedes Rechtsmittel eine eigene Kostenentscheidung beantragt werden muss.

a) Berufung des Angeklagten erfolglos

456   Hat die Berufung des Angeklagten keinen Erfolg, trägt dieser die Kosten des Berufungsverfahrens, § 473 I StPO. Seine eigenen Auslagen trägt er in diesem Fall ebenfalls selbst, was jedoch nicht unbedingt gesondert beantragt werden muss.

Formulierungsbeispiel: *„Die Kosten seines erfolglosen Rechtsmittels trägt der Angeklagte."*

457   Erfolglos ist die Berufung auch dann, wenn sie nur einen ganz unbedeutenden Teilerfolg hat.[233]

458   Hat der Angeklagte mit seiner Berufung gegen die Entziehung der Fahrerlaubnis gewandt und wird auf die Berufung hin die Entziehung der Fahrerlaubnis aufgehoben, so gilt nach § 473 V StPO die Berufung dennoch als erfolglos mit der Kostenfolge des § 473 I StPO, wenn die Aufhebung nur darauf beruht, dass die Voraussetzungen für diese Maßnahme zwischenzeitlich weggefallen sind.

b) Berufung des Angeklagten oder zugunsten des Angeklagten eingelegte Berufung erfolgreich

459   Ist die Berufung des Angeklagten vollumfänglich erfolgreich, trägt mangels eines anderen Kostenschuldners die Staatskasse die Kosten des Berufungsverfahrens und die notwendigen Auslagen des Ange-

---

[233] Fallbeispiele bei *Meyer-Goßner*, StPO, § 473 Rn. 6 f., 21.

klagten.[234] Gleiches gilt, wenn die zugunsten des Angeklagten von der Staatsanwaltschaft eingelegte Berufung Erfolg hat, § 473 II 2 StPO. Bei Freispruch oder Verfahrenseinstellung in der Berufungsinstanz trägt die Staatskasse darüber hinaus gemäß § 467 I StPO die Verfahrenskosten insgesamt.

Ob die Berufung des Angeklagten vollumfänglich Erfolg hat, richtet **460** sich danach, ob die vom Angeklagten angestrebte Änderung des angefochtenen Urteils im Wesentlichen erreicht wird.[235] Hat der Angeklagte daher nur eine beschränkte Berufung, z.B. hinsichtlich einer angestrebten Strafaussetzung zur Bewährung, eingelegt und hat diese im Wesentlichen Erfolg, trägt entsprechend § 467 I StPO ebenfalls die Staatskasse die Kosten des Berufungsverfahrens und die notwendigen Auslagen des Angeklagten, § 473 III StPO.

Dies gilt indes nur eingeschränkt, wenn die Beschränkung erst nach- **461** träglich erfolgt ist. Die nachträgliche Berufungsbeschränkung ist wie eine Teilrücknahme mit der Kostenfolge des § 473 I StPO zu behandeln, so dass der Angeklagte diejenigen Berufungskosten und notwendigen eigenen Auslagen selber tragen muss, die bei einer alsbald nach Urteilszustellung erfolgten Rechtsmittelbeschränkung vermeidbar gewesen wären.[236]

Formulierungsbeispiel: *„Die Kosten des Berufungsverfahrens und die hierdurch dem Angeklagten erwachsenen notwendigen Auslagen des Angeklagten trägt die Staatskasse."*

c) Berufung der Staatsanwaltschaft zu Ungunsten des Angeklagten vollumfänglich erfolgreich

Ist die zu Lasten des Angeklagten eingelegte Berufung erfolgreich, **462** trägt der Angeklagte die Kosten des Berufungsverfahrens als Teil der Verfahrenskosten und seine notwendigen Auslagen, § 465 StPO. Dabei ist die gegen einen Freispruch gerichtete Berufung der Staatsanwaltschaft bereits dann in vollem Umfang erfolgreich, wenn das Berufungsverfahren zu einer Verurteilung führt.[237] Beantragen Sie daher in einem solchen Fall einen Schuldspruch, müssen Sie die volle Kostentragungspflicht des Angeklagten beantragen.

Formulierungsbeispiel: *„Die Kosten des Berufungsverfahrens und seine notwendigen Auslagen trägt der Angeklagte."*

---

[234] *Meyer-Goßner*, StPO, § 473 Rn. 2.

[235] *Meyer-Goßner*, StPO, § 473 Rn. 21.

[236] *Meyer-Goßner*, StPO, § 473 Rn. 20.

[237] *Meyer-Goßner*, StPO, § 473 Rn. 25.

d) Berufung nur teilweise erfolgreich

463   Ist die Berufung nur teilweise erfolgreich, ist – insbesondere bei beschränkten Berufungen – zunächst zu beachten, dass ein im Wesentlichen erfolgreiches Rechtsmittel als vollumfänglich erfolgreich, ein im Wesentlichen erfolgloses Rechtsmittel als vollumfänglich erfolglos gilt und dann die Kostentragungspflicht vollumfänglich den Angeklagten oder die Staatskasse trifft.

464   Führt die Berufung zu einem Teilfreispruch des Angeklagten, sind insoweit die Kosten des Verfahrens (einschließlich der Kosten erster Instanz) und die notwendigen Auslagen des Angeklagten der Staatskasse aufzuerlegen, § 467 I StPO. Im Übrigen trägt der Angeklagte die Kosten der Berufung.

465   Andernfalls bleibt es bei einem **Teilerfolg**, der für den **Angeklagten** bei einem vollumfänglich eingelegten Rechtsmittel vor allem in einer Strafaussetzung zur Bewährung oder einer wesentlichen Herabsetzung der Strafe bestehen kann, bei der Kostentragungspflicht des Angeklagten. Dies ergibt sich inzident aus § 473 IV StPO, wonach in diesem Fall unter Billigkeitsgesichtspunkten lediglich die Gerichtsgebühr für das Berufungsverfahren gemindert werden kann und die notwendigen Auslagen des Angeklagten teilweise oder ganz der Staatskasse auferlegt werden können. Die Ermäßigung ist i.d.R. nur angezeigt, wenn anzunehmen ist, dass der Berufungsführer die Berufung nicht eingelegt hätte, wenn bereits das erstinstanzliche Urteil entsprechend dem Ergebnis der Berufungsverhandlung gelautet hätte.[238] Maßgeblich ist bei dieser Abwägung und Bemessung der Ermäßigung bzw. Auferlegung der notwendigen Auslagen auf die Staatskasse, in welchem Umfang die Berufung einen Teilerfolg hat.[239]

466   Ist die **Berufung der Staatsanwaltschaft** nur teilweise zurückgenommen worden, beantragt der Staatsanwalt, die Kosten des Berufungsverfahrens dem Angeklagten aufzuerlegen, mit Ausnahme der durch die zurückgenommene Berufung der Staatsanwaltschaft verursachten Verfahrenskosten und ausscheidbaren notwendigen Auslagen des Angeklagten. Diese sind der Staatskasse aufzuerlegen.

467
> **Formulierungsbeispiele:** *„Da auf die Berufung des Angeklagten die 9-monatige Freiheitsstrafe zur Bewährung auszusetzen ist, hat dessen Berufung, mit der er eine Verurteilung wegen fahrlässiger statt gefährlicher Körperverletzung sowie die Verhängung einer Geldstrafe anstrebte, nur teilweise Erfolg. Da es dem Angeklagten, wie sich in der Verhandlung gezeigt hat, vor allem um die Bewäh-*

---

[238] *Meyer-Goßner*, StPO, § 473 Rn. 26 m.w.N.
[239] *Meyer-Goßner*, StPO, § 473 Rn. 26.

rungsfrage ging, ist anzunehmen, dass er auch eine Bewährungs-strafe bei Verurteilung wegen gefährlicher Körperverletzung in erster Instanz akzeptiert hätte. Es wäre daher unbillig, den Ange-klagten mit den vollen Kosten des Berufungsverfahrens zu belasten, wobei jedoch zu berücksichtigen ist, dass die vom Gericht zu tref-fende Entscheidung gleichwohl weit vom Berufungsziel des Ange-klagten entfernt bleiben wird. Ich beantrage daher zwar, dem Angeklagten die Kosten des Berufungsverfahrens aufzuerlegen, dabei jedoch die Verfahrensgebühr um 30 % zu ermäßigen. Zudem bean-trage ich, 30 % der dem Angeklagten im Berufungsverfahren er-wachsenen notwendigen Auslagen der Staatskasse aufzuerlegen."

„Da auf die Berufung des Angeklagten die 9-monatige Freiheits-strafe zur Bewährung auszusetzen ist, hat dessen Berufung, mit der er einen Freispruch anstrebte, nur teilweise Erfolg. Eine Ermäßi-gung der Verfahrensgebühr für das Berufungsverfahren oder eine teilweise Auferlegung der notwendigen Auslagen des Angeklagten für das Berufungsverfahren auf die Staatskasse kann jedoch nicht erfolgen. Der Anwendung des § 473 IV StPO steht entgegen, dass der Angeklagte weiterhin einen Freispruch anstrebt. Es kann daher nicht angenommen werden, dass er das erstinstanzliche Urteil ak-zeptiert hätte, wenn er bereits dort zu einer Bewährungsstrafe ver-urteilt worden wäre. Daher erscheint es auch nicht unbillig, ihn mit den Kosten des nur teilweise erfolgreichen Rechtsmittels zu bela-sten."

e) Zusammentreffen von Berufung der Staatsanwaltschaft und des Angeklagten

In dieser äußerst praxisrelevanten Konstellation ist im Plädoyer ent-sprechend der Anträge des Staatsanwalts zum Umfang des Erfolges oder Misserfolges der jeweiligen Berufung der Kostenantrag für jedes Rechtsmittel *getrennt* anhand der oben dargelegten Grundsätze zu ermitteln. Folgende Konstellationen sind möglich: **468**

– Haben sowohl **Angeklagter** als auch **Staatsanwaltschaft** die Beru-fung **zurückgenommen oder** ist die Berufung des Angeklagten **er-folglos**, während die Staatsanwaltschaft ihre Berufung insgesamt zurückgenommen hat,[240] **469**

„[...] trägt der Angeklagte die Kosten seiner Berufung. Die Kosten der Berufung der Staatsanwaltschaft trägt die Staatskasse. Die

---

[240] Bereits mehrfach erwähnt wurde, dass der Sitzungsvertreter nicht auf Verwerfung seiner eigenen Berufung plädiert.

> *durch das Rechtsmittel der Staatsanwaltschaft verursachten aus-*
> *scheidbaren notwendigen Auslagen des Angeklagten trägt ebenfalls*
> *die Staatskasse.*"[241]

470 — Hat die Berufung des **Angeklagten keinen** oder nur unwesentlichen
      Erfolg, während die Berufung der **Staatsanwaltschaft** vollumfäng-
      lich oder im Wesentlichen **erfolgreich** ist,

> *„[...] trägt der Angeklagte die Kosten des Berufungsverfahrens und*
> *seine notwendigen Auslagen.*"

471 — Hat die Berufung des **Angeklagten vollumfänglich** oder im We-
      sentlichen **Erfolg**, während die **Staatsanwaltschaft** ihre Berufung
      insgesamt **zurückgenommen** hat,

> *„[...] sind die Kosten des Berufungsverfahrens und die notwendi-*
> *gen Auslagen des Angeklagten der Staatkasse aufzuerlegen.*"

472 — Hat die Berufung des **Angeklagten teilweise Erfolg**, während die
      Staatsanwaltschaft ihre Berufung insgesamt **zurückgenommen**
      hat,

> *„[...] sind die Kosten der Berufung der Staatsanwaltschaft und die*
> *dem Angeklagten hierdurch entstandenen ausscheidbaren notwen-*
> *digen Auslagen der Staatskasse aufzuerlegen. Die Kosten der Beru-*
> *fung des Angeklagten und seine notwendigen Auslagen trägt dieser*
> *im Übrigen selbst.*"

Liegen bezüglich des Teilerfolges der Berufung des Angeklagten die
Voraussetzungen des § 473 IV StPO vor,

> *„[...] sind die Kosten der Berufung der Staatsanwaltschaft und die*
> *dem Angeklagten hierdurch entstandenen ausscheidbaren notwen-*
> *digen Auslagen der Staatskasse aufzuerlegen.*
>
> *Die Kosten der Berufung des Angeklagten und seine notwendigen*
> *Auslagen trägt dieser im Übrigen selbst. Die Gerichtsgebühr ist*

---

[241] *Meyer-Goßner*, StPO, § 473 Rn. 18. Soweit indes solche Mehrkosten offensichtlich ausgeschlossen sind, können die Rechtsmittelkosten auch insgesamt
dem Angeklagten auferlegt werden. Als Dienstanfänger werden Sie dies indes
meist nicht beurteilen können, so dass sich der obige Antrag empfiehlt. Sind
dem Angeklagten durch die Berufung der Staatsanwaltschaft keine gesonderten
notwendigen Auslagen entstanden, läuft der Antrag insoweit leer.

*hinsichtlich der Berufung des Angeklagten jedoch um [z.B.] 30 %
zu mindern und seine notwendigen Auslagen sind insoweit zu [z.B.]
30 % der Staatskasse aufzuerlegen."*

— Ist die **Berufung** des **Angeklagten erfolglos oder nur teilweise**   473
   erfolgreich, während die Berufung der **Staatsanwaltschaft teilweise erfolgreich** (und im Übrigen zurückgenommen) ist,

*„[...] trägt der Angeklagte die Kosten seines Rechtsmittels und
seine notwendigen Auslagen selbst.*

*Die Kosten der Berufung der Staatsanwaltschaft trägt ebenfalls der
Angeklagte. Soweit die Staatsanwaltschaft ihre Berufung zurückgenommen hat trägt die Staatskasse die durch die Berufung der
Staatsanwaltschaft verursachten Kosten und ausscheidbaren notwendigen Auslagen des Angeklagten."*

Liegen hinsichtlich des Teilerfolges des Angeklagten die Voraussetzungen des § 473 IV StPO vor,

*„[...] trägt der Angeklagte die Kosten seines Rechtsmittels und
seine notwendigen Auslagen selbst. Die Gerichtsgebühr ist hinsichtlich der Berufung des Angeklagten jedoch um [z.B.] 30 % zu
mindern und seine notwendigen Auslagen sind insoweit zu [z.B.]
30 % der Staatskasse aufzuerlegen.*

*Die Kosten der Berufung der Staatsanwaltschaft trägt ebenfalls der
Angeklagte. Soweit die Staatsanwaltschaft ihre Berufung zurückgenommen hat trägt die Staatskasse die durch die Berufung der
Staatsanwaltschaft verursachten Kosten und ausscheidbaren notwendigen Auslagen des Angeklagten."*

Anhang

A. Checkliste Sitzungsvorbereitung

1. Wie viele Anklagen liegen vor?
2. Wurde ggf. abweichend eröffnet?
3. Änderung in der Anklageschrift von „Angeschuldigter" bzw. „Sie" in „Angeklagter"; beim Strafbefehl auch Verben anpassen!
4. Bei Vorliegen eines Strafbefehls: wurde ggf. nur beschränkt Einspruch eingelegt?
5. Ist der Sachverhalt klar? Ist die rechtliche Würdigung zutreffend?
6. Ist aus in der Handakte befindlichen (Anwalts-)Schriftsätzen erkennbar, was problematisch wird? Wird die Tat in tatsächlicher Hinsicht bestritten? Müssen Rechtsprobleme vorbereitet werden?
7. Befinden sich Zeugenaussagen oder Gutachten in der Handakte? Diese deuten i.d.R. bereits auf eventuelle Probleme hin.
8. Sind noch Asservate sichergestellt/beschlagnahmt (Asservatenbogen liegt in Handakte)? Dann müssen Sie vermerken, dass diese in der Hauptverhandlung nicht vergessen werden dürfen.
9. Vorbereitung des Strafantrags:
   - Ist ein Mindeststrafmaß zu beachten?
   - Welche Strafzumessungsgesichtspunkte sind aus der Handakte ersichtlich? Schadenshöhe, Höhe der BAK (s. Anklageschrift), Geständnis (s. Liste der Beweismittel in Anklage), Vorstrafen, Tatbegehung in offener Bewährung (s. BZR), ggf. Voreintragungen im VZR.
   - Kommt eine nachträgliche Gesamtstrafe in Betracht (angeklagte Tat vor letzter Verurteilung im BZR begangen)?
   - Sind Nebenfolgen zu beantragen (Führerschein, Fahrverbot; siehe v.a. die Paragraphenliste am Ende des Anklagesatzes. Bei Sperrfrist nach § 69a StGB: Mindestdauer? Wie lange ist Führerschein bereits sichergestellt/beschlagnahmt/Fahrerlaubnis entzogen)?
   - Ist der Angeklagte in Untersuchungshaft oder besteht ein Haftbefehl (s. Kopf der Anklageschrift)? – Dann ist ein Antrag zum Haftbefehl vorzubereiten.
10. Bei Berufungen:
    - Wer hat Berufung eingelegt?
    - Ist Berufung beschränkt eingelegt?
    - Wie wurde die Berufung begründet?

B. Sitzungsrenner

1. Plädoyer auf Verurteilung

Hohes Gericht,

die Staatsanwaltschaft hält aufgrund der in der heutigen Hauptverhandlung durchgeführten Beweisaufnahme

– den in der Anklageschrift niedergelegten Sachverhalt für erwiesen.

Oder:

– folgenden Sachverhalt für erwiesen: (kurze Sachverhaltsangabe)

Dieser Sachverhalt steht fest aufgrund
– Einlassung des Angeklagten (ggf.: soweit ihr gefolgt werden kann)

– Aussage d. Zeugen

– Sonstiges (z.B. Augenscheinnahme, Angaben des Sachverständigen)

Aufgrund dieses Sachverhaltes hat sich der Angeklagte schuldig gemacht
des/der ...
gemäß §§ ...

Bei der Strafzumessung ist zugunsten des Angeklagten zu berücksichtigen, dass...

Zu Lasten des Angeklagten wirkt sich aus, dass...

Unter Berücksichtigung dieser Strafzumessungsgesichtspunkte hält die Staatsanwaltschaft eine Geld-/Freiheitsstrafe von
für tat- und schuldangemessen.
(Bei Freiheitsstrafe): Die Strafe kann (nicht) zur Bewährung ausgesetzt werden, weil...
ggf.: Bewährungsauflagen

ggf. Nebenentscheidungen:

– Dem Angeklagten ist die Fahrerlaubnis zu entziehen, der Führerschein ist einzuziehen und eine Sperrfrist für die Wiedererteilung der Fahrerlaubnis von noch ...... Monaten zu verlängen.

– Der Angeklagte hat sich als leichtsinniger und nachlässiger Kraftfahrer erwiesen, weshalb gegen ihn ein Fahrverbot von ...... Monaten zu verhängen ist.

– Der Haftbefehl des AG .... vom ....
ist aufzuheben/aufrechtzuerhalten.

Zusammenfassend beantrage ich daher,
den Angeklagten wegen
zu einer ......strafe von
zu verurteilen.

(Bei Freiheitsstrafe ggf.: Die Vollstreckung der Strafe kann zur Bewährung ausgesetzt werden.)

Ggf.: Ich beantrage ferner, ... (Führerschein, Haftbefehl, Bewährungsauflagen o.ä.)

Abschließend beantrage ich, dem Angeklagten als Verurteiltem die Kosten des Verfahrens aufzuerlegen.

2. Plädoyer auf Verurteilung im Jugendstrafverfahren

Hohes Gericht,

die Staatsanwaltschaft hält aufgrund der in der heutigen Hauptverhandlung durchgeführten Beweisaufnahme

– den in der Anklageschrift niedergelegten Sachverhalt für erwiesen.

Oder:

– folgenden Sachverhalt für erwiesen: (kurze Sachverhaltsangabe)

Dieser Sachverhalt steht fest aufgrund
– Einlassung des Angeklagten (ggf.: soweit ihr gefolgt werden kann)

– Aussage d. Zeugen

– Sonstiges (z.B. Augenscheinnahme, Angaben des Sachverständigen)

Aufgrund dieses Sachverhaltes hat sich der Angeklagte schuldig gemacht
des/der …
gemäß §§ …

Nur bei *Jugendlichen*: Der Angeklagte ist für diese Tat auch strafrechtlich verantwortlich, da er zum Tatzeitpunkt nach seiner sittlichen und geistigen Entwicklung reif genug war, das Unrecht der Tat einzusehen und nach dieser Einsicht zu handeln.
Nur bei *Heranwachsenden*: Der Angeklagte war zum Tatzeitpunkt Heranwachsender. Daher ist **grundsätzlich** Erwachsenenstrafrecht anzuwenden.
– Vorliegend ist **gleichwohl** Jugendstrafrecht anzuwenden, weil die Voraussetzungen des § 105 I JGG vorliegen. (Nr. 1: Angekl. stand zum Zeitpunkt der Tat nach sittlicher u. geistiger Entwicklung noch Jugendlichem gleich; Nr. 2: es handelt sich der Art der Tat nach um eine Jugendverfehlung) *oder*:
– Da die Voraussetzungen des § 105 JGG **nicht** vorliegen, kann auch nicht ausnahmsweise Jugendstrafrecht angewendet werden. Weder liegt eine Jugendverfehlung vor, noch stand der Angeklagte zum Zeitpunkt der Tat nach seiner Entwicklung einem Jugendlichen gleich.

a) Bei Anwendung von *Jugendstrafrecht*, ohne dass Jugendstrafe beantragt wird:

Bei der Ahndung der Tat des Angeklagten ist zu seinen Gunsten zu sehen, dass...

Zu seinen Lasten wirkt sich aus, dass...

Im Hinblick auf diese Umstände hält die Staatsanwaltschaft aus erzieherischen Gründen folgende Rechtsfolgen für erforderlich aber auch ausreichend: [...]
Als mögliche Rechtsfolgen kommen in Betracht v.a.:

– Arbeitsstunden	– Arrest:
– Schadenswiedergutmachung	– 1–2 Freizeitarreste
– Geldauflage	– 1–4 Wochen Dauerarrest

b) Bei *Jugendstrafe oder* Anwendung von *Erwachsenenstrafrecht*:

Bei der Strafzumessung ist zugunsten des Angeklagten zu berücksichtigen, dass...

Zu Lasten des Angeklagten wirkt sich aus, dass...

Unter Berücksichtigung dieser Strafzumessungsgesichtspunkte hält die Staatsanwaltschaft eine Jugendstrafe von .... für erzieherisch notwendig (Jugenstrafrecht) bzw.: eine Geld-/Freiheitsstrafe für tat- und schuldangemessen (Erwachsenenstrafrecht).
(Bei Freiheitsstrafe): Die Strafe kann (nicht) zur Bewährung ausgesetzt werden, weil...
Beachte bei Jugendstrafe § 21 JGG: entscheidend ist, ob Vollstreckung erzieherisch erforderlich ist.
ggf.: Bewährungsauflagen

ggf. Nebenentscheidungen:

– Dem Angeklagten ist die Fahrerlaubnis zu entziehen, der Führerschein ist einzuziehen und eine Sperrfrist für die Wiedererteilung der Fahrerlaubnis von noch …. Monaten zu verhängen.

– Der Angeklagte hat sich als leichtsinniger und nachlässiger Kraftfahrer erwiesen, weshalb gegen ihn ein Fahrverbot von … Monaten zu verhängen ist.

– Der Haftbefehl ist aufzuheben/aufrechtzuerhalten

Zusammenfassend beantrage ich daher,
den Angeklagten wegen …
zu verurteilen und deswegen gegen ihn … anzuordnen/festzusetzen.

Oder (bei Erwachsenenstrafrecht oder Antrag auf Jugendstrafe):

den Angeklagten wegen ...
zu einer ……Strafe von
zu verurteilen.
(Bei Jugend- oder Freiheitsstrafe ggf.: Die Vollstreckung der Strafe kann zur Bewährung ausgesetzt werden.)

Ggf.: Ich beantrage ferner, … (Führerschein, Haftbefehl, Bewährungsauflagen o.ä.)

Abschließend beantrage ich, dem Angeklagten als Verurteiltem die Kosten des Verfahrens aufzuerlegen.

Oder:

Abschließend beantrage ich, davon abzusehen, dem Angeklagten die Kosten des Verfahrens aufzuerlegen, da…(z.B. noch Schüler, kein eigenes Einkommen o.ä.)

3. Plädoyer auf Freispruch

Hohes Gericht,

die der in der heutigen Hauptverhandlung durchgeführten Beweisaufnahme hat den angeklagten Sachverhalt nicht bestätigt.

Dem Angeklagten liegt zur Last, ...
(kurze Schilderung des Tatvorwurfes)

Fest steht, dass ... (Schilderung des festgestellten Sachverhalts)

Dieser Sachverhalt beruht auf:
– (ggf.) Einlassung des Angeklagten

– Aussage d. Zeugen

– Sonstiges (z.B. Augenscheinnahme, Angaben des Sachverständigen)

Aufgrund dieses Sachverhaltes kann eine Verurteilung wegen der angeklagten Tat nicht erfolgen, weil ...

(Darlegung warum aus tatsächlichen oder rechtlichen Gründen eine Verurteilung nicht erfolgen kann)

Ggf. Ausführungen zu vom Angeklagten erlittenen Strafverfolgungsmaßnahmen (U-Haft, Hausdurchsuchung, Führerscheinentzug) und der Frage, ob der Angeklagte hierfür dem Grunde nach zu entschädigen ist.

Zusammenfassend beantrage ich daher, den Angeklagten freizusprechen und die Kosten des Verfahrens sowie die notwendigen Auslagen des Angeklagten der Staatskasse aufzuerlegen.

4. Gemischtes Plädoyer (Teilfreispruch/Teilverurteilung)

Ein Teilfreispruch kann nur bezüglich Taten, die in Tatmehrheit zueinander stehen erfolgen. Es sind – bis auf den Kostenantrag – zunächst gemäß der obigen Renner getrennt die Ausführungen zur (Teil-) Verurteilung und sodann die Ausführungen zum (Teil-)Freispruch vorzunehmen. Anschließend folgt der zusammenfassende Antrag einschließlich des Kostenantrags sowie ggf. weitere Anträge.

Hohes Gericht,

die in der heutigen Hauptverhandlung durchgeführte Beweisaufnahme hat den Anklagevorwurf nur teilweise bestätigt.

---

1. Ausführungen zum Antrag auf Verurteilung
   – Festgestellter Sachverhalt bezüglich Verurteilung
   – Beweiswürdigung
   – Rechtliche Würdigung
   – Strafzumessung
   – Antrag auf Verurteilung
2. Ausführungen zum Teilfreispruch
   – Schilderung des weiteren Anklagevorwurfes
   – Darlegung der hinsichtlich dieses Vorwurfes erfolgten tatsächlichen Feststellungen
   – Ggf. Beweiswürdigung
   – Bewertung
   – Antrag auf Freispruch
3. Zusammenfassender Antrag nebst Kostenantrag („Soweit der Angeklagte verurteilt wird, trägt er die Kosten des Verfahrens. Soweit er freigesprochen wird, fallen die Kosten des Verfahrens und die notwendigen Auslagen der Staatskasse zur Last.")
4. Ggf. weitere Anträge
   (z.B. Haftbefehlsaufhebung, StrEG-Ausspruch)

5. Plädoyer nach beschränktem Einspruch gegen Strafbefehl

In der Praxis am häufigsten ist die Beschränkung des Einspruchs auf den Rechtsfolgenausspruch. Der folgende Renner muss, je nach dem Umfang der Beschränkung, für Ihr Plädoyer ggf. modifiziert werden.

Hohes Gericht,

der Angeklagte hat seinen Einspruch gegen den Strafbefehl auf den Rechtsfolgenausspruch (ggf. z.B.: und dort auf die Frage der Entziehung der Fahrerlaubnis) beschränkt. Damit steht rechtskräftig fest, dass er des/der ...
schuldig ist.

Sofern Beschränkung auf Rechtsfolgenausspruch ingesamt:
Bei der Strafzumessung ist zugunsten des Angeklagten zu berücksichtigen, dass ...

Zu Lasten des Angeklagten wirkt sich aus, dass ...

Unter Berücksichtigung dieser Strafzumessungsgesichtspunkte hält die Staatsanwaltschaft eine Geldstrafe (ggf. Freiheitsstrafe) von ... für tat- und schuldangemessen.

Ggf. Nebenentscheidungen. Wenn Beschränkung des Einspruches auf Entziehung der Fahrerlaubnis, ist dieser Punkt ausführlicher zu erörtern: Dem Angeklagten ist die Fahrerlaubnis zu entziehen, der Führerschein ist einzuziehen und eine Sperrfrist für die Wiedererteilung der Fahrerlaubnis von noch ... Monaten zu verhängen.

Zusammenfassend beantrage ich daher, festzustellen, dass der Angeklagte aufgrund des insoweit rechtskräftigen Strafbefehls des/der ...
schuldig ist und
– deswegen eine Geldstrafe von .. Tagessätzen zu je ... € zu verhängen.
– bei Beschränkung des Einspruchs auf Nebenfolgen: deswegen zu einer Geldstrafe von ... Tagessätzen zu je ...€ verurteilt wurde.

Ggf.: Ich beantrage ferner, ... (Führerschein o.ä.)

Abschließend beantrage ich, dem Angeklagten als Verurteiltem die Kosten des Verfahrens aufzuerlegen.

6. Plädoyer in der Berufungsverhandlung

Hohes Gericht,

die Staatsanwaltschaft hält aufgrund der in der heutigen Hauptverhandlung durchgeführten Beweisaufnahme folgenden Sachverhalt für erwiesen: (kurze Sachverhaltsangabe)

Dieser Sachverhalt steht fest aufgrund

– Einlassung des Angeklagten (ggf.: soweit ihr gefolgt werden kann)

– Aussage d. Zeugen

– Sonstiges (z.B. Augenscheinnahme, Angaben des Sachverständigen)

Aufgrund dieses Sachverhaltes hat sich der Angeklagte schuldig gemacht
des/der ...
gemäß §§ ...

Bei der Strafzumessung ist zugunsten des Angeklagten zu berücksichtigen, dass ...

Zu Lasten des Angeklagten wirkt sich aus, dass ...

Unter Berücksichtigung dieser Strafzumessungsgesichtspunkte hält die Staatsanwaltschaft eine Geld-/Freiheitsstrafe von ... für tat- und schuldangemessen.
(Bei Freiheitsstrafe): Die Strafe kann (nicht) zur Bewährung ausgesetzt werden, weil...
ggf.: Bewährungsauflagen
ggf. Nebenentscheidungen:
Führerschein, Fahrverbot, Haftbefehl

Die Staatsanwaltschaft ist daher der Ansicht, dass das erstinstanzliche
Urteil
vollumfänglich/teilweise
richtig/unrichtig ist.

Die Berufung
des Angeklagten/der Staatsanwaltschaft ist daher
vollumfänglich/teilweise
begründet/unbegründet.

Ich beantrage daher,
– die Berufung des Angeklagten als unbegründet zu verwerfen
– auf die Berufung der Staatsanwaltschaft/des Angeklagten
das Urteil des AG
dahingehend abzuändern, dass ...
Oder:
aufzuheben und den Angeklagten
freizusprechen/wegen ... zu ... zu verurteilen
– ggf. (bei nur teilweise erfolgreicher Berufung des Angeklagten): und
die weitergehende Berufung des Angeklagten zu verwerfen.

Kostenantrag:
1. Berufung der Staatsanwaltschaft erfolgreich und/oder Berufung des
   Angeklagten erfolglos oder zurückgenommen:
   Dem Angeklagten sind die Kosten des Berufungsverfahrens
   aufzuerlegen.
2. Berufung des Angeklagten voll erfolgreich und Staatsanwaltschaft
   hat keine Berufung eingelegt oder diese zurückgenommen:
   Die Kosten des Berufungsverfahrens und die notwendigen Auslagen
   des Angeklagten sind der Staatskasse aufzuerlegen.
3. Berufung des Angeklagten nur teilerfolgreich (ohne dass Fall des
   § 473 IV StPO vorliegt; sonst noch Gebührenermäßigung) oder zurückgenommen und Staatsanwaltschaft hat ihre Berufung zurückgenommen:
   Die durch seine Berufung verursachten Kosten des Berufungsverfahrens und seine eigenen notwendigen Auslagen sind dem Angeklagten aufzuerlegen mit Ausnahme seiner ausscheidbaren notwendigen Auslagen, soweit die Berufung der Staatsanwaltschaft diese
   verursacht hat. Die Staatskasse trägt die durch die Berufung der
   Staatsanwaltschaft verursachten Kosten des Berufungsverfahrens,
   sowie die hierdurch verursachten ausscheidbaren notwendigen Auslagen des Angeklagten.

C. Übersichten zu Problemen der Hauptverhandlung und des Plädoyers

I. Nichterscheinen des Angeklagten

Ist der ordnungsgemäß (§§ 216, 217 StPO) geladene Angeklagte nicht erschienen richtet sich der Antrag des Staatsanwalts nach dem jeweiligen Verfahren:
– Verhandlung wegen Einspruch gegen Strafbefehl: Verwerfungsantrag
– Anklage:
  – Vorführ- oder Sitzungshaftbefehl
  – Mündlicher Antrag auf Übergang ins Strafbefehlsverfahren mit Angabe, welche Sanktion verhängt werden soll.
– Beschleunigtes Verfahren: Vorführbefehl zu neuem Termin oder Übergang ins Hauptverfahren; kein Sitzungshaftbefehl möglich.
– Berufungsverhandlung:
  – Verwerfungsantrag, wenn Angeklagter Berufungsführer ist.
  – Verhandlung über Berufung der StA gleichwohl möglich.

II. Beweisanträge

Ein ordnungsgemäßer Beweisantrag muss enthalten:

1. Den formellen **Antrag** auf die Erhebung eines Beweises.
2. Die Benennung einer **bestimmten** Beweis**tatsache**, die für die Schuld- oder Rechtsfolgenfrage von Bedeutung ist.
3. Die Benennung eines **bestimmten** Beweis**mittels**, sowie
4. in Ausnahmefällen eine Begründung für den Zusammenhang zwischen Beweistatsache und -mittel, sofern dieser nicht ersichtlich ist.

Der Beweisantrag muss sorgfältig formuliert werden, etwa:
„Ich beantrage zum Beweis der Tatsache, dass [genaue Schilderung, welche Tatsache bewiesen, nicht welche Schlussfolgerung gezogen werden soll] *die Vernehmung des Zeugen* [Benennung des Zeugen einschließlich Anschrift]. "
Zu Beweisanträgen der Verteidigung kann sich der Sitzungsvertreter darauf beschränken, keine Stellungnahme abzugeben.

III. Befragung von Zeugen

Bei der Befragung von Zeugen sollten Sie:
- Sachliche, klare, offene Fragen stellen. Günstig sind vor allem die sog. „W-Fragen" (wer, wie, was, wieso, weshalb, warum usw.).
- Ausschweifende Antworten nicht zu früh unterbrechen.
- Frühere abweichende Aussagen nicht zu früh vorhalten.

Vermeiden sollten Sie:
- Suggestive Fragen.
- Geschlossene Fragen.
- Ja-Nein-Fragen.
- Fragen, die auf Schlussfolgerungen/Wertungen des Zeugen zielen.
- Fragen, die juristische Fachbegriffe oder Fremdwörter enthalten.

IV. Würdigung von Zeugenaussagen

Für eine wahrheitskonforme (glaubhaftige und glaubwürdige) Aussage können sprechen:
- Präzise, detailreiche Angaben.
- Widerspruchsfreiheit, die auch bei Nachfragen fortbesteht.
- Bekundung eigener Wahrnehmungen.
- Fehlendes Interesse des Zeugen am Verfahrensausgang.
- Fehlender Belastungseifer.
- Spontane, d.h. nicht durch Nachfragen bedingte, Korrektur der eigenen Aussage.

Gegen eine wahrheitskonforme Aussage können sprechen:
- Deutlicher Belastungseifer.
- Schwammige, unpräzise Angaben.
- Beschränkung der Aussage auf die Kernfrage unter Verwendung von Erfahrungswerten.
- Starkes Eigeninteresse am Verfahrensausgang.
- Mangelnde Möglichkeit der Wahrnehmung der geschilderten Situation.
- Erhebliche Abweichungen der Aussage in der Hauptverhandlung von früheren Aussagen im Ermittlungsverfahren.
- u.U. verdächtiges Verhalten des Zeugen, wie etwa Rotwerden, Hyperventilieren, Fahrigkeit oder Stottern, sowie die Suche nach Hilfe beim Anwalt.

V. Prüfschema Strafzumessung

1. Festlegung des Strafrahmens

a) Zunächst für jedes verwirklichte Delikt gesondert

  aa) Bestimmung des Regelstrafrahmens (beachte: Qualifikationstatbestände haben eigenen Strafrahmen)

  bb) Prüfung von Strafrahmenverschiebungen

      – Strafrahmenschärfung: Besonders schwerer Fall? Durch Regelbeispiel indiziert? Sonst ist eine Gesamtabwägung der Umstände erforderlich.

      – Strafrahmenmilderung in 2 Prüfschritten:

        – Zunächst – wo gesetzlich vorgesehen – minderschweren Fall prüfen unter Abwägung aller Umstände des Falles, einschließlich vertypter Milderungsgründe.

        – (Ggf. weitere) Milderung(en) über § 49 I StGB, soweit vertypte Milderungsgründe nicht zur Bejahung eines minderschweren Falles verbraucht wurden.

Übersicht Strafrahmenverschiebung gem. § 49 I StGB (z.B. bei Vorliegen vertypter Milderungsgründe, §§ 13 II, 17, 21, 23 II, 27 II 2 StGB):

Strafrahmen	1. Milderung	ggf. 2. Milderung
Mindestmaß:		
5 oder 10 Jahre	2 Jahre	6 Monate
2 oder 3 Jahre	6 Monate	1 Monat (gesetzliches Mindestmaß)
1 Jahr	3 Monate	1 Monat (gesetzliches Mindestmaß)
unter 1 Jahr	1 Monat (gesetzliches Mindestmaß)	1 Monat (gesetzliches Mindestmaß)
Höchstmaß:		
15 Jahre	11 Jahre 3 Monate	8 Jahre 5 Monate
10 Jahre	7 Jahre 6 Monate	5 Jahre 7 Monate
5 Jahre	3 Jahre 9 Monate	2 Jahre 9 Monate
3 Jahre	2 Jahre 3 Monate	1 Jahr 8 Monate
2 Jahre	1 Jahr 6 Monate	1 Jahr 1 Monat
1 Jahr	9 Monate	6 Monate 3 Wochen
Sonderfälle:		
Lebenslange Freiheitsstrafe	Freiheitsstrafe von 3 bis 15 Jahren	Freiheitsstrafe von 6 Monaten bis 11 Jahre 3 Monate
Bei Geldstrafe: 360 Tagessätze	270 Tagessätze	202 Tagessätze

b) Bei mehreren tateinheitlich verwirklichten Delikten: ggf. Strafrahmenharmonisierung

2. Abwägung der Strafzumessungsgesichtspunkte

a) Zu Gunsten des Angeklagten z.B.
- Geständnis.
- Keine Vorstrafen.
- Bei Verkehrsdelikten: kein Eintrag im VZR.
- Schuldeinsicht.
- Bereits erfolgte Schadenswiedergutmachung.
- Entschuldigung beim Geschädigten.
- Geringer Beutewert.
- Spontantat.
- Einfluss Dritter.
- Erlittener Eigenschaden.

b) Zu Lasten des Angeklagten z.B.
- Vorstrafen, v.a. wenn einschlägig.
- Hohe Rückfallgeschwindigkeit.
- Tatbegehung in offener Bewährung.
- In der Tat hervorgetretene kriminelle Energie, z.B. durch sorgfältige Planung oder brutale Tatbegehung.
- Bleibende Schäden.
- Hoher Beutewert (zumindest beabsichtigt).
- Treibende Kraft bei Beteiligung mehrerer Personen.
- Beeinflussung von Zeugen.

3. Festlegung und Begründung der Strafart

Begründung, ob Geld- oder Freiheitsstrafe. Wenn vom Gesetz beide Strafarten zugelassen sind kann für Freiheitsstrafe v.a. sprechen:
- Vorstrafen, v.a. wenn einschlägig.
- Bisher verhängte Geldstrafen nicht ausreichend.
- Hohe kriminelle Energie.
- Großer Schaden.

Bei kurzer Freiheitsstrafe unter 6 Monaten ist Begründung erforderlich, warum diese unerlässlich ist, § 47 StGB. Dies kommt v.a. bei Wiederholungstaten in Betracht. Wenn nicht unerlässlich, ggf. § 47 II StGB beachten!

4. Festlegung und Begründung der Strafhöhe

a) Geldstrafe

    aa)   Festlegung und Begründung der Tagessatzanzahl.

    bb)   Festlegung der Tagessatzhöhe (= bereinigtes Nettoeinkommen geteilt durch 30), dazu

        (1)   Addition sämtlicher Einkünfte (ggf. Schätzung erforderlich) ausgenommen zweckgebundene Sozialleistungen, z.B. Kindergeld.
Sonderfall: Wenn kein eigenes Einkommen vorhanden ist, ist Teilhabe am Familieneinkommen maßgeblich.

        (2)   Abzug von
           – Steuern (sofern nicht unter (1) ohnehin Nettoeinkommen angegeben).
           – Versicherungsbeiträgen.
           – Aufwendungen, die durch zur Einkommenserzielung erforderlich sind.
           – Unterhaltsverpflichtungen, sofern diese tatsächlich erbracht werden. Lebt Angeklagter mit Unterhaltspflichtigen zusammen kann vom Netto-Einkommen pauschal 10% pro Kind, sowie 20% für Ehegatten abgezogen werden.
           – Krankheitsbedingter Sonderaufwand.
        Nicht abzugsfähig sind:
        – Mietkosten.
        – Strom-, Wasser- und Heizkosten.
        – Ratenzahlungen auf Kredit, der zur Anschaffung von Gütern der Lebenshaltung dient.
        – Zahlungen auf Geldstrafen oder Strafverfahrenskosten.

b) Freiheitsstrafe
    Festlegung und Begründung der konkreten Dauer der Freiheitsstrafe.

5. Gegebenenfalls Bildung und Begründung von Gesamtstrafen

a) Feststellung, welche Strafen gesamtstrafenfähig sind, einschließlich Strafen für eine mögliche nachträgliche Gesamtstrafenbildung.

b) Falls erforderlich Umwandlung einzelner Geldstrafen in Freiheitsstrafen.

c) Abwägung der maßgeblichen Gesichtspunkte für Höhe der Gesamtstrafe, v.a.:

- Zeitlicher Zusammenhang.
- Situativer Zusammenhang.
- Berücksichtigung der übrigen Strafzumessungsgesichtspunkte.

d) Bei nachträglicher Gesamtstrafenbildung oder Nachteilsausgleich
   aa) Voraussetzungen des § 55 StGB:
       – Angeklagte Tat wurde zeitlich vor einer früheren Verurteilung begangen **und**
       – Strafe aus dieser Verurteilung noch nicht erledigt durch Vollstreckung, (Vollstreckungs-)Verjährung oder Erlass.
   bb) Sonderfälle:
       – Zusammentreffen von Geld- und Freiheitsstrafe.
       – Veränderung der wirtschaftlichen Verhältnisse.
       – Aufrechterhaltung von Nebenfolgen aus dem Vorurteil.
   cc) Wenn Strafe aus Vorurteil bereits erledigt:
       – Prüfen, ob nachträgliche Gesamtstrafe mit Strafe aus späterer noch nicht erledigter Verurteilung möglich ist.
       – Wenn keine derartige nachträgliche Gesamtstrafe möglich ist, muss Nachteilsausgleich (Härteausgleich) erfolgen.

6. Bei Freiheitsstrafen zusätzlich: Prüfung der Strafaussetzung zur Bewährung

a) Freiheitsstrafen **bis 6 Monate**:
§ 56 I StGB – bei günstiger Sozialprognose zwingend Aussetzung zur Bewährung.

Abwägungsgesichtspunkte im Rahmen der Sozialprognose:

Für eine günstige Sozialprognose können sprechen:
- Keine oder länger zurückliegende Vorstrafen.
- Stabile familiäre Situation.
- Stabile finanzielle Situation.
- Erhalt des Arbeitsplatzes.
- Gesicherter Arbeitsplatz.
- Sozial eingeordnete Lebensverhältnisse.
- Therapie bei Drogen- oder Alkoholabhängigkeit; lediglich vage Therapiebemühungen oder die bloße Bekundung einer Therapiebereitschaft sind indes mit Vorsicht zu würdigen.

- Sonstige Maßnahmen, welche der Ursache der Tatbegehung entgegenwirken, z.B. Anti-Aggressions-Training.
- Längeres straffreies Verhalten nach Tatbegehung.
- Erfolgreiches Durchstehen früherer Bewährungen.
- Wiedergutmachung.

Gegen eine günstige Sozialprognose können sprechen:
- Vorstrafen, insbesondere einschlägiger Art.
- Hohe Rückfallgeschwindigkeit nach letzter Verurteilung.
- Tatbegehung in offener Bewährungsfrist.
- Begehung weiterer Straftaten seit Begehung der angeklagten Tat.
- Widerruf früherer Bewährungen.
- Rechtsgleichgültigkeit oder -feindlichkeit des Angeklagten, insbesondere bei Ankündigung weiterer Straftaten.
- Uneinsichtigkeit (diese darf indes nicht aus dem Bestreiten der Tat entnommen werden!).

b) Freiheitsstrafen von **mehr als 6 Monaten bis 1 Jahr**:
§ 56 I, III StGB – Strafaussetzung zur Bewährung nur, wenn
- die Sozialprognose günstig ist (s.o.) *und*
- die Verteidigung der Rechtsordnung die Vollstreckung nicht gebietet.

Gesichtspunkte, die den Vollzug der Freiheitsstrafe zur Verteidigung der Rechtsordnung gebieten können:

- Erhebliche verbrecherische Intensität.
- Hartnäckiges rechtsmissachtendes Verhalten.
- Rasche Wiederholungstaten.
- Tatbegehung während des Laufes einer Bewährungsfrist.
- Einschlägige Vorstrafen.
- Trunkenheitsfahrten mit besonders schweren Tatfolgen (z.B. Tötung).
- Gefahr eines Nachahmungseffektes.
- Häufung von Straftaten, die zu einer Bedrohung des Rechtsfriedens führt.
- Straftatbegehung während des Hafturlaubes.

c) Freiheitsstrafen **über 1 Jahr bis 2 Jahre**:
§ 56 II iVm. I, III StGB – Strafaussetzung zur Bewährung nur ausnahmsweise, wenn
- die Sozialprognose günstig ist (s.o.) *und*

– besondere Umstände vorliegen, die sich aus einer Gesamtwürdigung von Tat und Persönlichkeit des Täters ergeben und die Aussetzung zur Bewährung rechtfertigen *und*
– die Verteidigung der Rechtsordnung die Vollstreckung nicht gebietet (s.o.)

Besondere Umstände in diesem Sinne können sein:

– Dauer der erlittenen Untersuchungshaft, insbesondere bei nicht vorbestraften Angeklagten.
– Umfassendes Geständnis, das eine umfangreiche Beweisaufnahme erspart hat.
– Bemühen um Schadenswiedergutmachung.
– Schwere Erkrankung.
– Erfolgversprechende Drogentherapie.
– Drohender Verlust des Arbeitsplatzes, insbesondere, wenn abgeurteilte Tat schon länger zurückliegt.
– Verlust der Beamtenstellung.

d) Freiheitsstrafen **über 2 Jahre**:
   Keine Bewährung möglich.

VI. Entzug der Fahrerlaubnis

Voraussetzungen, § 69 I, II StGB:

1. a) Verurteilung wegen rechtwidriger Tat
   - bei oder im Zusammenhang mit dem Führen eines Kraftfahrzeuges

   oder
   - unter Verletzung der Pflichten eines Kraftfahrzeugführers

   oder

   b) Verurteilung wegen einer solchen Tat erfolgt nur deshalb nicht, weil Schuldunfähigkeit erwiesen oder nicht ausschließbar ist.
2. Aus der Tat ergibt sich, dass der Täter körperlich, geistig oder charakterlich ungeeignet zum Führen von Kraftfahrzeugen ist:
   - Grundsätzlich Einzelfallprüfung.
   - Wenn jedoch Regelvermutung des § 69 II StGB greift, ist Absehen vom Entzug nur bei Widerlegung der Vermutung durch besondere Umstände möglich. Kein besonderer Umstand ist das Angewiesensein des Angeklagten auf die Fahrerlaubnis.

   Eine Verhältnismäßigkeitsprüfung erfolgt nicht, §§ 69 I 2, 62 StGB!

   Eine Ausnahme bestimmter Klassen/Arten von der Entziehung ist nicht möglich.

   Zu beantragen ist der *Entzug* der Fahrerlaubnis und die *Einziehung* des Führerscheines.

   Bei ausländischen Führerscheinen gilt § 69b StGB.

Sperrfrist, § 69a StGB:

Dauer grundsätzlich 6 Monate bis 5 Jahre, ausnahmsweise auch Sperre für immer möglich, § 69a I StGB.

Mindestdauer 1 Jahr, wenn in den letzten 3 Jahren vor der Tat bereits eine Sperre angeordnet wurde, § 69a III StGB.

Das Mindestmaß der noch anzuordnenden Sperre verkürzt sich um Zeit, die Führerschein sichergestellt/beschlagnahmt bzw. die Fahrerlaubnis vorläufig entzogen war, darf jedoch 3 Monate nicht unterschreiten, § 69a IV, VI StGB.

Bei Bestimmung der Dauer der Sperrfrist ist ebenfalls Zeit der Sicherstellung/Beschlagnahme/vorläufigen Entziehung zu berücksichtigen.

Eine Ausnahme bestimmter Klassen/Arten von Kraftfahrzeugen von der Sperrfrist ist möglich, § 69a II StGB.

VII. Fahrverbot nach § 44 StGB

Voraussetzungen:

1. Verurteilung wegen einer Straftat (daher nicht bei Ordnungswidrigkeiten oder Schuldspruch nach § 27 JGG möglich)
   – bei oder im Zusammenhang mit dem Führen eines Kraftfahrzeuges
   oder
   – unter Verletzung der Pflichten eines Kraftfahrzeugführers

2. Angeklagter hat sich durch diese Tat als nachlässiger oder leichtsinner Kraftfahrer erwiesen, weshalb Fahrverbot als „Denkzettel" erforderlich ist:
   – Grundsätzlich Ermessensfrage.
   – Wenn jedoch die Regelvermutung des § 44 I 2 StGB greift, ist ein Absehen vom Fahrverbot nur bei Vorliegen besonderer Umstände möglich.

Ausnahmen:

Das Fahrverbot kann auch nur für Fahrzeuge bestimmter Art angeordnet oder bestimmte Arten können vom Fahrverbot ausgenommen werden (vergl. Wortlaut des § 44 I 1 StGB), wenn das eingeschränkte Fahrverbot als Denkzettel ausreicht. Die „Fahrzeuge bestimmter Art" werden i.d.R. über die Führerscheinklassen spezifiziert (z.B. „ausgenommen Fahrzeuge der Klasse T").

Dauer:

1–3 Monate.
Es kann nur ein einheitliches Fahrverbot verhängt werden. Auch wenn mehrere Taten abgeurteilt werden kann nur ein Fahrverbot verhängt werden, unabhängig davon, ob eine Gesamtstrafe gebildet wird. Auch wenn wegen einer Tat ein Fahrverbot nach § 25 StVG und wegen einer weiteren Tat ein Fahrverbot nach § 44 StGB angezeigt wäre, kann nur ein einheitliches Fahrverbot verhängt werden, wobei § 44 StGB vorgeht.
Zeiten, in denen der Führerschein sichergestellt/beschlagnahmt oder die Fahrerlaubnis vorläufig entzogen war, werden kraft Gesetzes angerechnet, so dass insoweit kein Antrag erforderlich ist.

VIII. Fahrverbot nach § 25 StVG

Voraussetzungen:

1. Es kommt kein strafrechtliches Fahrverbot nach § 44 StGB in Betracht, weil
   - eine Verurteilung wegen einer Straftat nicht erfolgt *oder*
   - die tateinheitlich mit der OWi begangene Straftat kein Fahrverbot nach § 44 StGB, die OWi jedoch ein Fahrverbot nach § 25 StVG rechtfertigt *oder*
   - die Verkehrs-OWi in Tatmehrheit zu einer Straftat steht und wegen der Straftat kein Fahrverbot nach § 44 StGB verhängt wird.
2. Beharrlicher Verstoß gegen Straßenverkehrsvorschriften (§ 24 StVG iVm. StVO)
3. Fahrverbot ist als „Denkzettel" erforderlich:
   - Grundsätzlich Ermessensfrage.
   - Wenn jedoch ein Regelfahrverbot nach § 25 I 2 StVG vorliegt, ist ein Absehen vom Fahrverbot nur bei Vorliegen besonderer Umstände möglich.

Ausnahmen:

I.E. wie bei § 44 StGB, vergl. § 25 StVG.

Dauer:

I.E. wie bei § 44 StGB, vergl. § 25 StVG.

IX. Unterbringung im psychiatrischen Krankenhaus, § 63 StGB

Voraussetzungen:

1. Begehung einer rechtswidrigen Tat.
2. Vorliegen einer der in § 20 StGB genannten seelischen Störungen.
3. Zweifelsfreies Vorliegen von Schuldunfähigkeit i.S.d. § 20 StGB oder zumindest erheblich verminderter Schuldfähigkeit i.S.d. § 21 StGB.
4. Gefährlichkeitsprognose, deren Bejahung voraussetzt:
   a) Andauern der psychischen Störung, die bereits der verhandelten Tat zugrunde lag.
   b) Kausalität dieser Störung für weitere rechtswidrige Taten
   c) Die Begehung weiterer Taten ist zu erwarten, d.h. diese werden wahrscheinlich, nicht nur möglicherweise, begangen.
   d) Erheblichkeit der zu erwartenden Taten, d.h. Taten zumindest der mittleren Kriminalität.
   e) Gefährlichkeit des Täters für die Allgemeinheit. Droht lediglich einer einzelnen Person Gefahr vom Täter, ist diese als Mitglied der Allgemeinheit ebenfalls geschützt, wenn der Täter in einer für die Allgemeinheit nicht hinnehmbaren Weise gefährlich ist.
5. Verhältnismäßigkeit der Unterbringung, § 62 StGB; problematisch v.a. wenn nur Taten mittlerer Kriminalität zu erwarten sind.

Liegen die Voraussetzungen des § 63 StGB vor ist **zwingend** die Unterbringung zu beantragen.

Eine bestimmte Dauer der Unterbringung ist nicht zu beantragen.

Bewährung:

Unter den Voraussetzungen des § 67b StGB ist die Unterbringung jedoch **zwingend** zur Bewährung auszusetzen, insbesondere, wenn das Ziel der Unterbringung auch ambulant erreicht werden kann.

Folge der Bewährungsaussetzung kraft Gesetz: Führungsaufsicht.

X. Unterbringung in einer Entziehungsanstalt, § 64 StGB

Voraussetzungen:

1. Begehung einer rechtswidrigen Tat.
2. Hang, berauschende Mittel im Übermaß zu sich zu nehmen.
3. Zusammenhang zwischen Tatbegehung und diesem Hang (nicht erforderlich ist, dass der Hang sich auf die Schuldfähigkeit des Angeklagten ausgewirkt hat).
4. Gefährlichkeitsprognose, deren Bejahung voraussetzt:
   a) Andauern der Abhängigkeit, die bereits der verhandelten Tat zugrunde lag.
   b) Bestehen der Gefahr der Begehung weiterer Taten; es reicht die Befürchtung der Begehung weiterer Taten, wobei insoweit ein geringerer Wahrscheinlichkeitsgrad als im Rahmen des „Erwartens" bei § 63 StGB ausreicht.
   c) Suchtbedingtheit der zu befürchtenden Taten, d.h. diese werden entweder im Rauschzustand oder zur Befriedigung der Sucht begangen werden.
   d) Erheblichkeit der zu befürchtenden Taten, d.h. Taten zumindest der mittleren Kriminalität.
   (Anders als bei einer Unterbringung nach § 63 StGB muss im Rahmen des § 64 StGB nicht festgestellt werden, dass der Täter für die Allgemeinheit gefährlich ist!)
5. Erfolgsaussicht der Therapie.
6. Verhältnismäßigkeit der Unterbringung (§ 62 StGB); problematisch v.a., wenn nur Taten mittlerer Kriminalität zu befürchten sind.

Liegen die Voraussetzungen des § 63 StGB vor ist zwingend die Unterbringung zu beantragen.
Eine bestimmte Dauer der Unterbringung ist nicht zu beantragen.

Bewährung:

Unter den Voraussetzungen des § 67b StGB ist die Unterbringung jedoch **zwingend** zur Bewährung auszusetzen, insbesondere, wenn Ziel der Unterbringung auch ambulant erreicht werden kann.
Folge der Bewährungsaussetzung kraft Gesetz: Führungsaufsicht.

D. Vergleich von Praxis- und Klausurplädoyer

Um die Unterschiede zwischen Praxis- und Klausurplädoyer, insbesondere hinsichtlich der erforderlicher Ausführlichkeit, zu verdeutlichen finden Sie hier exemplarisch ein „Praxisplädoyer" und ein „Klausurplädoyer" für einen (sehr einfach gelagerten) Ladendiebstahl. Der kinderlose und ledige Angeklagte hat im Vorfeld die Tat geleugnet, ist nunmehr aber geständig. In der Verhandlung wurde als Zeuge der Ladendetektiv vernommen, welcher den Angeklagten auf frischer Tat ertappt hat. Es bestehen keine Zweifel an der Richtigkeit der Zeugenaussage und dem Wahrheitsgehalt des Geständnisses.

Die Angaben in den Klammern sind natürlich nicht Teil des Plädoyers, sondern dienen nur der besseren Vergleichbarkeit.

I. Praxisplädoyer

„Hohes Gericht,

(Sachverhaltsschilderung:) Die heute durchgeführte Beweisaufnahme hat den Anklagevorwurf in vollem Umfang bestätigt. (Beweiswürdigung:) Der Angeklagte hat den Ladendiebstahl gestanden. Der Zeuge hat den Angeklagten zudem bei der Tat beobachtet. (Rechtliche Würdigung:) Der Angeklagte ist deshalb wegen Diebstahls zu bestrafen. (Strafzumessung:) Hinsichtlich der zu verhängenden Strafe spricht zugunsten des Angeklagten, dass er die Tat eingeräumt hat, bislang nicht vorbestraft ist, der Beutewert gering war und letztlich kein bleibender Schaden entstanden ist. Zu Lasten des Angeklagten ist die nicht unerhebliche kriminelle Energie zu berücksichtigen, die in der Tatausführung deutlich wurde. Der Angeklagte versteckte die Beute in extra zu diesem Zweck in seinen Mantel eingenähten Taschen. Unter Abwägung dieser zugunsten und zu Lasten des Angeklagten sprechenden Gesichtspunkte erscheint vorliegend eine Geldstrafe von 25 Tagessätzen tat- und schuldangemessen. Der Angeklagte ist Hartz-IV-Empfänger. Unter Berücksichtigung des Mietzuschusses, der Teil des Einkommens ist und nicht unberücksichtigt bleiben kann, hat er dadurch monatlich ein Einkommen in Höhe von insgesamt 456 Euro. Die Höhe eines Tagessatzes ist daher auf 15 Euro festzusetzen. (Kosten:) Als Verurteilter trägt der Angeklagte die Kosten des Verfahrens.

(Zusammenfassender Antrag:) Ich beantrage daher, den Angeklagten wegen Diebstahls zu einer Geldstrafe von 25 Tagessätzen zu je 15 Euro zu verurteilen und ihm die Kosten des Verfahrens aufzuerlegen."

II. Klausurplädoyer:

„Hohes Gericht,

(Sachverhaltsschilderung:) Die heute durchgeführte Beweisaufnahme hat den Anklagevorwurf in vollem Umfang bestätigt. Der Angeklagte nahm am 18.1.2010 in den Geschäftsäumen der Fa. D-Center, Schoppingstr. 5, 11833 Musterling, zwei Tafeln Schokolade im Wert von je 65 Cent aus dem Regal und versteckte diese in einer extra zu diesem Zweck in seinen Mantel eingenähten Tasche. Der Angeklagte wollte dabei die Schokoladentafeln ohne Bezahlung für sich behalten. Anschließend verließ er entsprechend dieser Absicht die Geschäftsräume der Fa. D-Center, ohne die Schokolade zu bezahlen. Strafantrag wurde von der Fa. D am 19.1.2010 form- und fristgerecht gestellt. (Beweiswürdigung:) Dieser Sachverhalt steht fest aufgrund des Geständnisses des Angeklagten. Dieses Geständnis ist glaubhaft. Es deckt sich mit den Angaben des Zeugen, der den Angeklagten bei der Tat beobachtet hat. Der Zeuge hat das Tatgeschehen sachlich und detailliert geschildert, so dass auch keine Zweifel an der Richtigkeit von dessen Angaben bestehen. (Rechtliche Würdigung:) Aufgrund dieses Sachverhaltes hat sich der Angeklagte eines Diebstahls gem. §§ 242 I, 248a StGB schuldig gemacht. (Strafzumessung:) Für diese Tat sieht das Gesetz Geldstrafe von 5 bis 360 Tagessätzen oder Freiheitsstrafe von 1 Monat bis 5 Jahren vor, §§ 242 I, 38 II, 40 I StGB. Hinsichtlich der konkret zu verhängenden Strafe spricht zugunsten des Angeklagten, dass er die Tat eingeräumt hat, bislang nicht vorbestraft ist, der Beutewert gering war und letztlich kein bleibender Schaden entstanden ist. Zu Lasten des Angeklagten ist die nicht unerhebliche kriminelle Energie zu berücksichtigen, die in der sorgfältig geplanten Tatausführung deutlich wurde. Der Angeklagte versteckte die Beute in extra zu diesem Zweck in seinen Mantel eingenähten Taschen. Unter Abwägung dieser zugunsten und zu Lasten des Angeklagten sprechenden Strafzumessungsgesichtspunkte erscheint vorliegend eine Geldstrafe von 25 Tagessätzen tat- und schuldangemessen. Die Höhe eines Tagessatzes richtet sich nach dem bereinigten Nettoeinkommen des Angeklagten. Als Hartz-IV-Empfänger erhält der Angeklagte monatlich 364 Euro[242] Grundsicherung, sowie 92 Euro Mietzuschuss, mithin insgesamt 456 Euro. Dieses Einkommen kann auch in voller Höhe bei Bemessung der Tagessatzhöhe zugrunde gelegt werden. Insbesondere ist es nicht angezeigt, den Mietzuschuss unberücksichtigt zu lassen. Mietkosten können nämlich als Kosten der allgemeinen Lebenshaltung nicht bei der Ermittlung des Nettoeinkommens vom Bruttoeinkommen

---

[242] Ab 1.1.2012: 367 €.

abgezogen werden und es ist kein Grund ersichtlich, den Angeklagten anders zu behandeln, als einen in Arbeit stehenden Angeklagten. Es sind auch sonst keine Umstände ersichtlich, die noch Abzüge vom Einkommen des Angeklagten begründen. Mithin ist die Höhe eines Tagessatzes auf 15 Euro festzusetzen. (Kosten:) Als Verurteilter trägt der Angeklagte gemäß § 465 I StPO die Kosten des Verfahrens.

(Zusammenfassender Antrag:) Zusammenfassend beantrage ich daher, den Angeklagten wegen Diebstahls zu einer Geldstrafe von 25 Tagessätzen zu je 15 Euro zu verurteilen und ihm die Kosten des Verfahrens aufzuerlegen."

Stichwortverzeichnis

Die Ziffern beziehen sich auf Seitenzahlen.